本书系内江师范学院科研项目(18SB02)、内江师范学院博士
科研启动项目(18B08),获四川省社会科学重点研究基地沱江流
域高质量发展研究中心资助出版

西北地区土地利用碳排放效率研究

RESEARCH ON CARBON EMISSION EFFICIENCY OF LAND USE IN NORTHWEST CHINA

唐洪松 著

西南财经大学出版社
Southwestern University of Finance & Economics Press

中国·成都

图书在版编目（CIP）数据

西北地区土地利用碳排放效率研究/唐洪松著 . —成都:西南财经大学出版社,2021.3
ISBN 978-7-5504-4350-1

Ⅰ.①西… Ⅱ.①唐… Ⅲ.①土地利用—影响—碳循环—研究—西北地区 Ⅳ.①F321.1②X511

中国版本图书馆 CIP 数据核字（2020）第 013185 号

西北地区土地利用碳排放效率研究
XIBEI DIQU TUDI LIYONG TAN PAIFANG XIAOLÜ YANJIU

唐洪松　著

策划编辑:李邓超
责任编辑:植苗
封面设计:张姗姗
责任印制:朱曼丽

出版发行	西南财经大学出版社(四川省成都市光华村街55号)
网　　址	http://www.bookcj.com
电子邮件	bookcj@swufe.edu.cn
邮政编码	610074
电　　话	028-87353785
照　　排	四川胜翔数码印务设计有限公司
印　　刷	郫县犀浦印刷厂
成品尺寸	148mm×210mm
印　　张	8.875
字　　数	228 千字
版　　次	2021 年 3 月第 1 版
印　　次	2021 年 3 月第 1 次印刷
书　　号	ISBN 978-7-5504-4350-1
定　　价	78.00 元

序　言

　　节能减排是缓解资源环境约束、促进产业结构升级、转变经济发展方式的必由之路。当前，节能减排已成为我国国民经济和社会发展的约束性指标，各地区、各省份都在积极履行国家的节能减排任务。土地资源是人类生产和生活的载体，土地利用强度、土地利用规模、土地利用类型和土地利用方式不仅影响社会经济的发展速度，而且在土地利用和开发过程中所产生的温室气体，还会对全球气候变化、生态环境系统产生不利的影响，对土地利用和开发进行管制成为节能减排的重要手段之一。为此，我们需要深入系统地分析区域土地利用碳排放及其环境效率，尤其要关注西北欠发达地区土地利用节能减排中的相关科学问题。唐洪松博士撰写的《西北地区土地利用碳排放效率研究》一书，在土地利用碳排放核算体系、碳排放效率时空规律、收敛性及影响因素等方面进行了相关探索。

　　该书以 IPCC 排放清单和我国《省级温室气体清单编制指南（试行）》为依据，构建了土地利用碳排放清单，提出了单要素与全要素碳排放效率的测算方法，分析了西北地区土地利用碳排放及其效率的时空演变特征。在此基础上，该书研究了土地利用碳排放效率的收敛性及其影响因素，并检验了碳排放效率与经济发展之间的 "U" 形曲线关系，提出了一些有价值的结论和建议。

该书具有以下两个创新点：

第一，注重视角创新。该书以 IPCC 排放清单、中国省级温室气体碳排放清单以及各位学者研究列出的碳排放源为依据，对照土地利用类型进行筛选、识别和归类，选出不同土地利用类型上承载的碳排放源，将碳排放源一一对应于不同的土地利用类型，构建起土地利用碳排放核算清单，为深入研究区域土地利用碳排放的相关问题提供了新视角。

第二，注重理论创新。经典的环境库兹涅茨曲线假说提出经济发展水平与环境质量之间存在倒"U"形曲线关系，而该书提出经济发展水平与碳排放效率之间存在"U"形曲线关系，进一步深化和拓展了环境库兹涅茨曲线假说。

加快转变发展方式是当前我国面临的现实问题。绿色低碳发展已经成为国家战略，但还面临严峻挑战，尤其是在西北欠发达地区。我们必须要从该地区的自然环境属性、人文历史特质、经济发展基础等方面进行研究，并提出针对性对策。唐洪松博士的研究成果，在理论与实践方面对西北欠发达地区的绿色低碳发展均具有一定的参考价值。

李益樹　2020.9.20

前　言

　　节能减排已成为全世界实现可持续发展的必由之路，成为各国经济社会发展的重大战略。对于中国而言，国际社会要求承担减排"大国责任"的压力越来越大。总体而言，我国区域发展极为不平衡，低碳经济发展面临诸多挑战，尤其是西北欠发达地区在低碳经济发展过程中，面临着促进经济发展、完善基础设施建设、实现节能减排"三统筹、三促进"的现实问题。

　　土地利用碳排放效率是土地利用过程中资源和环境双重约束下的生态效率，能够衡量区域土地低碳利用的水平。在我国全面提倡发展低碳经济的当下，西北地区如何通过调控土地利用强度、结构、规模来提高碳排放效率，对于协调西北地区经济发展与碳减排之间的矛盾以及全面建成低碳经济社会有着重要意义。

　　本书共分为9章，每章内容具体如下：

　　第1章绪论，介绍了本书所做研究的国际背景、国家背景和区域背景，明确了研究的理论意义和现实意义，介绍了本书的研究内容和研究方法，梳理并归纳总结了国内外有关碳排放及碳排放效率研究的主要内容和观点。

　　第2章概念界定与理论基础，界定了与本书相关的概念，并从微观经济学角度分析了土地利用碳排放及减排中蕴藏的经济学原理，明确了研究的理论依据。

第3章土地利用碳排放核算体系的构建及效率的研究与测算方法，主要阐述了相关国际机构和研究学者从不同视角编制的碳排放清单内容，为土地利用碳排放核算体系的构建提供了实践依据。本章内容将从两个方面进行论述：一是如何构建土地利用碳排放核算体系，为估算西北地区土地利用碳排放量进行铺垫；二是阐述土地利用碳排放效率的研究与测算方法，为探索测算西北地区土地利用碳排放效率及分析其演变规律、影响因素进行铺垫。

第4章西北地区土地利用碳排放格局分析，在介绍西北地区自然地理、社会经济和土地利用情况的基础上，从时间和空间两个维度分析了土地利用碳排放量、碳排放结构和碳排放空间分布的变化特征。

第5章西北地区土地利用碳排放效率特征分析，从单一要素和全要素两个视角测算了西北地区土地利用碳排放效率，同时分析了土地利用碳排放效率的时空特征。

第6章西北地区土地利用碳排放效率的收敛性分析，对土地利用碳排放效率收敛性进行了理论分析，并检验了土地利用碳排放效率的σ收敛、β收敛和随机收敛。

第7章西北地区土地利用碳排放效率的影响因素分析，从经济、社会、自然三个方面分析了土地利用碳排放效率的影响因素，并运用面板数据模型对影响土地利用碳排放效率的因素进行了验证，同时分析验证了土地利用碳排放效率与经济发展水平之间的"U"形曲线关系。

第8章提升西北地区土地利用碳排放效率的措施，综合本书理论研究和实证研究的结果，提出了提升土地利用碳排放效率的具体思路与措施。

第9章结论及展望，总结了本书的研究结论，并进行了研究展望。

如何实现土地节能减排，是一个具有挑战性的研究和实践。本书对此命题仅做了粗浅的探索，希望起到抛砖引玉的作用，并期待今后有更好的研究成果推出。由于研究水平有限，书中观点、内容等可能都存在一些不当之处，恳请同仁和读者多多包涵并指正。

唐洪松

2020 年 9 月于内江

目　录

1 绪论

1.1 研究背景

　　全球气候变化引起的环境问题，备受国际社会和世界各国的关注。近两个世纪以来，人类通过自身的社会、经济行为正在扰动和改变着各种自然过程，这些活动给地球生态系统带来了显著的影响，最突出的就是全球气候变暖的环境问题，而气候变暖引起了极端天气、冰川融化、生态系统改变、水土流失、大气成分改变等一系列突出的环境问题。温室气体对全球气候环境的影响时间长且不可逆，已经被国际社会公认为全球十大环境问题之首。为此，国际社会不断进行高层会晤，商讨应对气候变化的方案和措施。从"联合国大会""第三次缔约方大会"到"哥本哈根协议""坎昆气候变化大会"，再到"华沙气候大会""利马气候大会"；从欧盟、日、韩、美、加等发达国家和地区率先制订节能减排计划，到中国等发展中国家承诺节能减排目标……都表明全球温室气体减排已经达成共识。

　　践行节能减排行动、积极应对气候变化已经成为各国实现可持续发展的必然选择（王宁寰，2010）。进入 21 世纪以来，全球共睹了中国经济发展取得的辉煌成就，中国对世界格局的影响力越来越强，国际社会要求中国承担减排"大国责任"的呼声日盛（黄林军，2013）。国务院印发的《"十三五"节能减排综合工作方案》明确指出，与2015年相比，中国万元国内生产总值能耗在2020年要下降15个百分点，同时对工业领域、建筑业领域、交通业领域、农业领域的减排任务和目标也做了具体部署和详细安排。节能减排是缓解能源资源约束、推进经济结构调整、转变经济发展方式的必由之路。当前，节能减排已成为我国国民经济和社会发展的约束性指标，各地区有必要积极履行国家节能减排的目标任务。

但中国的区域发展极为不平衡，低碳经济发展面临诸多挑战，尤其是西北欠发达地区在低碳经济发展过程中，面临着促进经济发展、完善基础设施建设、实现节能减排"三统筹三促进"的现实问题。西北地区是中国少数民族聚居之地，社会、宗教关系较为复杂，人们的思想观念较为落后，自然地理环境恶劣，经济发展欠发达。因此，加快社会经济发展仍然是西北地区发展的第一要务。从"西部大开发""对口援疆""精准扶贫"到"五个统筹"，意味着我国经济发展的区位选择和战略部署的改变。随着"一带一路"倡议创新性地提出，西北地区作为我国经济后发区域，在未来具有广阔的发展空间和强劲的发展潜力。但西北地区又是中国生态环境较为脆弱和敏感的地区，社会经济发展面临着严峻的环境压力考验。西北地区属于典型的干旱区或半干旱地区，生态环境较为脆弱和敏感，易破坏、难恢复，如果不能正确处理经济及社会发展与节能减排之间的关系，在经济社会尚未得到有效发展和改善时，很可能会因为不合理的生存方式导致生态环境进一步恶化，最终将严重影响人类的生存和发展。因此，尽快制订出符合欠发达地区低碳经济的发展规划，制定符合西北地区特点和现实条件的碳减排政策体系，已成为中国当前碳减排工作中亟待解决的新课题。

土地是人类赖以生存和发展的最基本的自然资源，土地利用对于促进区域社会经济发展有着重要的意义，但对全球气候变化、生态环境系统产生的不利影响也是深刻和长远的。西北地区作为我国经济后发展地区，自 21 世纪以来，随着西部大开发战略、对口援建战略的实施，该地区的土地利用规模、结构、方式发生了巨大的变化，如将未利用土地开发为耕地、建设用地，建设用地侵占耕地、牧草地等。这些土地利用方式的变化，也意味着产业结构变动和经济结构变动，从而导致碳排放源在数量和结构上发生改变。这些变化产生了多大的碳排放量？碳排放效率如何？土地利用过程中节能减排的潜力有多大？如何从土地利用的角度来提高碳排放效率？这些都是值得关注的问题。

1.2 研究意义

1.2.1 理论意义

第一，本书完善了碳排放的研究内容，构建了土地利用碳排放清单，拓展了碳排放的研究视角。土地利用承担了自然和人类活动中所有的碳源，而现有研究没有将土地上的自然碳排放与社会经济碳排放统筹起来，本书则较为全面、系统地分析了土地利用碳排放效率，编制土地利用碳排放清单，从土地利用类型视角出发来研究碳排放，拓展了碳排放的研究视角，而且估算的碳排放量更接近实际情况且更为科学合理，丰富了碳排放的研究内容，拓展了碳排放的研究广度与深度。

第二，本书丰富了土地利用的研究内容。土地利用造成的诸如气候变化、环境污染等生态环境问题得到了许多学者的普遍关注，也有少数学者开始关注土地利用碳排放研究；但是涉及土地利用自然碳排放源的较多，系统测算土地利用过程中碳排放情况的研究不多。所以，本书也是对土地利用研究内容的一个补充和完善。

第三，本书补充了环境库兹涅茨曲线理论的内容。环境库兹涅茨曲线的核心思想是提出了国民收入水平与环境质量呈现出倒"U"形曲线的关系，而本书提出了国民收入水平与碳排放效率呈现出"U"形曲线的关系，对经济发展水平与土地利用碳排放效率之间的"U"形曲线进行了理论与实证研究，深化了环境库兹涅茨曲线理论的内容。

1.2.2　现实意义

第一，本书内容可以缓解经济发展与碳减排之间的矛盾。西北地区作为我国欠发达地区，首要任务是通过发展消除贫困，并提高人们的生活水平。但是由于经济规模小且发展方式传统，西北地区也承担着全国节能减排的任务，国家对西北地区减缓碳排放的期望也是较大的。对西北地区而言，牺牲自我发展以迎合国家和社会的期待是不合适的，但忽视碳排放带来的环境问题是严重不可取的，是不可持续的。因此，研究碳排放效率有利于缓解西北地区经济发展与节能减排之间的矛盾，以及协调社会经济发展过程中人与土地之间的关系。

第二，本书内容有利于节约土地利用过程中的要素资源。碳排放可以被看成资源消耗和污染排放的一个核心指标。经济—社会—资源—环境系统中各子系统的相互作用、相互影响导致了碳排放效率的改善不再是一个孤立的事件，需要采取系统的方法才能得以实现，如采取清洁生产、减量化、资源化、再利用等措施，以减少整个系统的资源消耗。西北地区资源丰富，但是对资源的利用方式较为传统、落后。本书认为，通过改善碳排放效率，会对西北地区土地、水等其他资源的消耗和污染物减排产生积极作用。

第三，本书内容有利于推动我国西北地区在气候问题治理上的国际合作。本书通过研究西北地区土地利用碳排放效率，积极利用清洁发展机制实现节能减排，将有助于我国更深层次地推进国际气候合作，也可以积极地促进西北地区碳排放市场体系的建设。

1.3 研究综述

1.3.1 国外研究进展

1.3.1.1 有关碳排放核算体系及影响因素的研究

（1）有关碳排放核算体系的研究

对碳排放量估算的关键是确定碳排放源。国际上关于碳排放源的确定过程，包括自上而下和自下而上两种核算体系。这两种核算体系均由国际组织或机构提出和建立，被广泛运用于生产实践和学术研究当中。

自上而下的确定过程主要用于国家或区域核算，其中最有代表性、实用性和权威性的是政府间气候变化专门委员会（以下简称"IPCC"）编制的碳排放源核算体系。1995 年 IPCC 首次出版了温室气体清单指南，将碳排放源细分为 6 个部门，即能源、工业过程、溶剂和产品运用、土地利用变化、林地和农业。2006 年，IPCC 将碳排放源进行了合并，即能源，工业过程和产品使用，农业、林业和其他土地利用，废弃物处理。IPCC 并不是侧重于理论研究，而是侧重于方法体系的规范性和统一性，因此被学者们广泛接受和应用。

自下而上的确定过程主要用于产品、企业和项目的核算。世界资源研究所（the World Resources Institute，WRI）和世界可持续发展工商理事会（World Business Council for Sustainable Development，WBCSD）于2004年联合公布了针对组织机构温室气体的核算与报告协议，该协议主要针对公司、政府部门和大学等。随后，国际地方政府环境行动理事会（International Council for Local Environmental Initiatives，ICLEI）、大城市气候领导组织①（C40）、联合国环境规划署（United Nations Environment Programme，UNEP）、联合国人居署（United Nations Human Settlements Programme，UN-HABITAT）、世界银行等组织对WRI和WBCSD提出的组织机构温室气体进行了补充完善。归纳起来，关于自下而上的温室气体清单涵盖3个范围：一是主体能源利用、工业过程、废物处理等；二是电力、热力等间接排放；三是生产机构食品生产、消费过程中的其他产品和服务的间接排放，以及这些产品在运输时所导致的排放。

而碳排放的核算方法主要有实测法、物料平衡法、排放系数法和模型法，每种方法都有其自身的优缺点，适用于不同国家和不同条件下的碳排放核算。目前，应用较为成熟广泛的是排放系数法。如Havlin JL等（1990）估算出，国际旅游城市夏威夷的旅游业能源消耗碳排放占其总量的60%以上；Becken等（2003）计算出国际游客飞行能源碳排放占到了新西兰总量的6%；Takashi Homma等（2012）测算出，2008年美国农业碳排放量达到4.3亿吨，其中一半由农业生产活动排放，近1/3来自动物胃肠发酵；Jon Mckechnie等（2014）计算了28个欧盟成员国之间1991—2012年的温室气体排放量，结果发现，德国是最大的排放国，2012年的净排放量为9.39亿吨的二氧化碳（以下

---

① 大城市气候领导组织已被更名为"世界大都市气候先导集团"。

简称"CO_2") 当量。

（2）有关碳排放作用机理的研究

碳排放作用机理较为复杂，总体上说，受自然干扰和人类活动两大因素的影响。但归根到底，许多自然因素的变化也是由人类活动引起的。也可以说，人类活动对碳排放的影响更为深刻和长远。

有关自然因素对碳排放影响的研究。多数学者研究了 CO_2 浓度变化、氮沉降、气候变化等对碳排放的影响。CO_2 浓度的变化引起了大气碳循环和碳平衡，同时也会作用于土壤碳循环和碳平衡。Bazzar 等（2009）指出，CO_2 浓度的变化对土壤碳库的影响主要体现在三个方面：一是影响植被生长和土壤碳的归还量；二是加速土壤有机碳的分解；三是影响根系的碳通量和微生物的碳供应。氮沉降已成为全球氮元素生物化学循环的一个重要组成部分，氮沉降对生态系统的影响显著。在不同地区、不同自然条件下，氮沉降有可能促进碳排放，但也有可能表现为碳汇[①]作用。气候变化对陆地生态系统碳源与碳汇的影响是多方面的。

碳排放的驱动型因素是指导致碳排放不断增加的深层次的根源，如经济增长、产业结构调整、生产效率提高、人口规模扩张和土地利用方式改变等因素。这些社会经济因素的变动，不直接产生碳排放，却是导致碳排放不断增长的内在驱动力量。碳排放影响因素是多元化的，还有一些学者认为城市化水平、国际贸易、外商直接投资等也是碳排放的驱动因素，而且在不同社会经济发展阶段，对碳排放起主导作用的因素是不一样的。

---

① 碳汇，即通过植树造林、森林管理、植被恢复等措施，利用植物光合作用吸收大气中的 CO_2，并将其固定在植被和土壤中，从而减少温室气体在大气中浓度的过程、活动或机制。

大量学者运用数学计量方法对碳排放影响因素进行了实证分析，既有国家层面和地区层面的研究，也有产业层面和企业层面的研究。文献中的运用方法大致可以分为两类：第一类是基于指数分解法的研究。在最简单的情况下，碳排放量可以被分解为能源强度、人口规模、人均 GDP 和能源消费等几项，这一分解被称为 Kaya 恒等式，最为常见的 Kaya 恒等式是拉氏指数分解、数学平均迪氏指数分解、对数平均迪氏指数分解、帕舍平均指数分解和费雪理想指数分解等。这些分解方法被广泛应用于各个碳排放领域关于碳排放驱动因素的研究。第二类是基于计量回归模型的研究。相对指数分解法，计量分析法在模型设定方面更加灵活，从而可以将更多的影响因素考虑在内。学者们运用的计量回归模型主要有 EKC 模型、VAR 模型和面板数据回归模型等。经济发展作为碳排放最根本、最深层次的原因，其对碳排放的作用机理备受学者们的关注。在以往文献中，探讨经济发展与碳排放关系最为经典的模型是环境库兹涅茨曲线（简称"EKC 曲线"或"倒'U'形曲线"）。此外，碳排放与经济增长存在倒"U"形的关系也得到了许多学者的证明。

　　1.3.1.2　有关碳排放效率测算及其收敛性的研究

　　（1）有关碳排放效率测算方法的研究

　　碳排放效率属于生态效率、环境效率的范畴，如何将 CO_2 排放量纳入生产效率的分析是一个重要的研究主题。一般而言，较高的碳排放效率就是以较小的碳排放量换取较快的经济发展和较小的资源消耗。测度碳排放效率的方法主要有指标比例法、DEA 模型分析法（数据包络分析法）和 SFA 分析法（随机前沿模型分析法）。

　　指标比例法是最简单的衡量碳排放效率的方法，比例指标包括单位能源的碳排放量、单位 GDP 碳排放强度、人均碳排放量等，大量研究在分析中使用了单位 GDP 碳排放强度来表示碳排放效率。单位 GDP 碳排放强度指标简单且易于操作，有其自身的优点，但该指标仅考虑了碳排放量和产出的关系，而忽略了资金、劳动、信息等投入的因素，因此它是一种单要素指标，不能表现出碳排放效率全要素的特点。

DEA 模型分析法是目前测度碳排放效率最主流的方法。对于基于 DEA 模型的环境效率评价，无论是其方法本身还是其应用研究，均取得了许多研究成果。早期 DEA 模型被广泛用于测度经济活动运行的有效性，如土地利用效率、水资源利用效率、能源利用效率等，但是在实际生产过程中，不可避免地会产生环境污染物，所以环境效率评价应运而生。在理论研究方面，Charnes A 等（1987）指出，DEA 模型的技术效率和全要素生产效率分析是对单要素生产效率分析的改进和完善，但是并没有将环境污染物纳入考虑范围，因此仍然有待进一步改进。为了合理地描述同时包含期望产出和非期望产出的环境生产技术，不同学者提出了不同的处理方法。如 Seiford 的做法是把非期望产出作为投入纳入模型，但 Forsund 并不赞同这种做法，他认为将非期望产出作为投入处理会导致平衡方程出现冲突，他的做法是将数据先做变换，再采用传统的效率进行评价（Criqui P et al., 1999）。被普遍认同的一个处理办法是 Fare 等（2002）提出的非期望产出的弱可初值性和零和性。在实际运用方面，Fanyi Meng 等（2016）运用传统 DEA 模型测算了中国能源碳排放效率。Yong Zha 等（2016）运用随机非径向 DEA 模型研究发现，CO_2 排放的不确定性影响区域能源的使用效率和 CO_2 的排放效率。

此外，SFA 分析法也是测度环境效率的一种研究方法。SFA 分析法的好处是可以将随机扰动因素纳入分析，但无法将距离函数的性质以约束条件形式纳入分析。通常情况下，SFA 分析法会首先基于全部观察值估计出各生产单位的环境技术效率；

其次事后检验方向距离函数的各项性质是否得到满足，那些不满足约束性质的观察值将被删除；最后仅用剩下的观察值进行分析，这可能在一定程度上会造成估计偏差。近年来，SFA 模型也被广泛应用于碳排放效率的评价。如 Risto Herrala 和 Rajeev K. Goel（2009）运用随机成本边界分析模型，研究了约 170 个国家在 1997 年和 2007 年的碳排放效率；Zhongfei Chen 等（2015）利用贝叶斯随机前沿模型分析了 1999—2011 年的中国化石燃料发电企业的技术效率；等等。

（2）有关碳排放效率收敛性的研究

收敛最早被应用于经济学研究领域，是指贫穷国家的经济增长具有向富裕国家收敛的趋势，即贫穷国家的经济增长速度快于富裕国家。经济的收敛一般可分为 σ 收敛、β 收敛、γ 收敛、俱乐部收敛和随机性收敛。其中：σ 收敛是指经济发展水平的离差随着时间的推移而不断减小。β 收敛有绝对和条件之分，绝对 β 收敛是指不同地区之间经济发展水平差异随着时间的推移而不断减小，最终收敛于相同的均衡状态；条件 β 收敛是指不同地区之间经济发展水平的差异随着时间的推移而不断减小，最终收敛于各自的均衡状态。随机收敛认为经济发展水平受到的冲击是暂时的，会随着时间的推移而减弱。

随着研究的深入和拓展，收敛性也被广泛应用于生态、资源、环境领域，如生态效率收敛、劳动生产效率收敛、能源效率收敛和碳排放效率收敛等。目前，关于碳排放效率收敛性的研究文献较少。其中具有代表性的有：Panopoulou 等（2009）研究了 128 个国家的碳排放收敛情况；Evans 等（2016）利用空间动态面板模型研究了 11 个亚洲国家碳排放的条件收敛问题；Huang 等（2013）研究发现，中国城市人均 CO_2 排放存在收敛现象。

1.3.1.3 有关碳减排潜力及减排成本的研究

有大量学者针对某一部门和具体行业的碳减排潜力进行了研究，研究主要集中在电力部门。如 Cai W 等（2020）对比分析了印度和中国的电力部门 1990—2020 年的节能减排潜力，指出印度电力部门技术上升空间很大，具有较大的节能减排空间。有关行业碳减排潜力的研究主要集中在工业领域，如水泥行业、钢铁行业、化学行业等。从长期来看，要实现碳减排，可通过提高能效、提升技术水平、调整产业结构和调整能源结构来实现。系统优化模型可以用于估计碳减排的边际成本，其基本思想是通过设定不同的碳源增长速度和碳排放约束，通过系统优化找出最优的成本效益组合，然后通过动态模拟，考察整个经济系统为此需要付出的成本。常用的方法有 POLES 模型、EPPA 模型、FUND 模型、RICE 模型、LEAP 模型和 MARKAL-MACR 模型。但是系统优化模型是一个黑箱，缺乏透明性，而且需要设定大量参数，因此对模型的运用存在一些争议。

1.3.1.4 有关碳减排政策措施的研究

碳减排责任关乎各国切身利益，碳减排政策的设计不仅要考虑本国经济的发展、资源禀赋情况，还要考虑其他国家对于碳减排的态度。这使得减排方案的设计困难重重，一些政策的可执行性较差。碳减排政策主要有碳关税、碳税和碳排放权交易等。

碳关税被认为是一种全球碳减排的有效手段。Lockwood 和 Whalley（2010）认为碳关税是中性的，并不能给碳关税征收国带来竞争优势。Burniaux 等（2002）认为，在全球碳减排合作不是很好的情况下，碳关税的确定可以减少碳排放泄漏问题，碳关税虽然可能给全球福利造成损失，但是这种损失是很小的。

碳税作为一种主要的碳减排措施也受到大量关注，碳税在实现碳减排的同时，还可以使得其他污染物得到控制，因此存在额外的收益。在一个开放的经济中，一个国家单方面征税，将对产出和就业造成显著影响，不仅会使税基缩小，还会导致净损失增加。因此，碳税是一项成本很高的政策。Brannlund 等（2004）通过数据模拟发现，碳税存在地区分配效应，人口稀少地区的家庭将承担更大比重的碳税。Garbaccio 等（2002）以动态可计算均衡模型为基础，估计了碳税对中国经济的影响。他们的研究发现，中国开征碳税不仅可以降低碳排放量，而且还可以实现经济的增长，存在"双重红利"效应。Zhang 等（2009）学者则认为，中国开征碳税将对宏观经济、社会福利、就业等造成一定的负面影响，但是可以通过生产部门补贴、对家庭进行补贴等措施予以消除。

碳排放权交易是碳减排的重要途径之一，而且已经在欧盟国家进行了大量实践。碳排放权交易作为治理温室气体的重要经济手段，需要全球各个国家的协同合作，然而在气候谈判上，由于各方利益的非对称性，有效的合作框架很难形成。Stavins 等（2005）指出，要确保总量控制排放体系市场的有效性，政府需要对参与者、交易和配额价格进行限制，包括气体类型限制、行业限制、地区限制、额度限制和时间限制等。而碳排放市场的良好发展，关键是要创造一个公平竞争的环境，那么碳排放权如何分配就显得尤其重要。目前，碳排放交易体系初始分配额主要采取免费分配、拍卖和两者混合等方式，但免费分配的方式存在许多不足，不少学者主张采取拍卖的方式，如 Fischer 等（1999）通过研究对比发现，碳排放权的拍卖可以增加成本分配的弹性，并提高企业进行排污技术研发和改革的积极性。Fullerton 等（2001）也认为，拍卖是最具成本效率的分配方式，通过拍卖获得的收益可以提高政府财政收入、激励企业通过创新和引进新技术提高能源使用效率、降低限额排放带来的成本以及减少人力或资金性税收扭曲，最大限度地实现公平。

1.3.2 国内研究进展

1.3.2.1 有关碳排放核算及影响因素的研究

（1）有关碳排放核算方法运用的研究

在国际 IPCC 碳排放清单核算体系下，国家发展和改革委员会（以下简称"国家发展改革委"）原应对气候变化司组织国家发展改革委能源研究所、清华大学、中国科学院大气物理研究所、中国农业科学院农业环境与可持续发展研究所、中国林业科学研究院森林生态环境与保护研究所、中国环境科学研究院气候影响研究中心等单位的专家编写了《省级温室气体清单编制指南（试行）》，碳排放源与国际指标基本一致。国内有关碳排放估算的方法基本上借鉴国外的测算方法，而且绝大多数学者采取排放系数法对碳排放进行核算，这个方法被广泛应用于我国工业、农业、旅游、交通、贸易和居民消费等多个领域碳排放量的估算，如田云等（2012）估算了中国农业的碳排放量；王莉等（2015）从居民消费视角计算了中国城乡碳排放量；冯杰和王涛（2016）计算了中国能源碳排放量。也有一部分学者采取物料平衡法估算碳排放，该方法多应用于工业生产过程中的碳排放，如刘承智（2013）运用物料平衡法估算了水泥企业的碳排放；罗杏玲（2015）运用物料平衡法估算了钢铁供应链上的碳排放。

（2）有关碳排放影响因素的研究

国内学者更多是关注人类活动对碳排放的影响，有关人类活动对碳排放影响的研究成果颇为丰富。张维阳等（2012）认为，经济增长是社会向前发展、提高居民生活水平所追求的目标，但在追求经济增长速度和增长规模的初期，大量的资源开发利用给环境带来的危害也是巨大的。经济结构变动是由市场需求决定的，根据市场对产品需求结构的变化而改变产品的生产结构，经济结构的变化就会导致土地利用结构、能源使用结构和农资使用结构的变化，进而引起碳排放量的变化。洪业应等（2015）指出，劳动力在数量和质量上对碳排放产生影响。王惠等（2015）认为，技术进步往往可以有效降低碳排放的相对量，如在农业领域，通过测土配方施肥、使用生物农药、实行免耕制度和滴灌以及对畜禽粪便的资源化处理等，都可以降低农业（农用地）碳排放的相对量。朱万里等（2014）认为，城市化水平、国际贸易、外商直接投资等也是碳排放的驱动因素。

大量学者借鉴国外 Kaya 恒等式来考察我国碳排放的影响因素。研究得出的结论为经济发展水平是驱动我国碳排放的主要因素，技术进步在很大程度上抑制了我国碳排放的相对量，而劳动力对碳排放的影响具有不确定性。杜运苏和张为付（2012）研究了中国贸易碳排放驱动因素，他们指出，出口规模是导致贸易隐含碳排放增加的主要因素，而直接排放系数、生产技术、出口结构在不同程度上减少了贸易隐含碳排放。曹丽红等（2015）考察了我国养猪行业碳排放驱动因素，分析结果表明，技术进步抑制了我国养猪业碳排放量的增长，养猪业的发展以及养猪从业人员的增加促进了我国养猪业碳排放量的上升。苏洋等（2013）对新疆农用地碳排放驱动因素进行研究，得出农业经济的发展是促进农用地碳排放的最主要因素，农业生产效率在很大程度上对碳排放具有抑制作用，而劳动力在一段时间内表现为促进作用，一段时间内表现为抑制作用。

EKC 模型在国内碳排放领域的运用也较为成熟，中国存在碳排放的 EKC 曲线也得到证明。彭瑜（2014）研究发现，广西壮族自治区农业碳排放与农业经济之间存在明显的倒"U"形曲线关系。许广月等（2010）验证了中国中、东部地区的能源消费存在碳排放环境库兹涅茨曲线。但一些学者研究发现，碳排放与经济增长还存在"U"形曲线、"N"形曲线、倒"N"形曲线，或是更复杂的曲线关系。颜廷武等（2014）研究表明，中国农业碳排放强度与农业经济强度之间存在倒"N"形EKC关系，且存在双拐点。吴文洁等（2011）研究发现，陕西碳排放与经济增长之间存在不明显的"N"形曲线。唐洪松等（2016）研究发现，新疆建设用地碳排放与经济增长存在明显的"U"形曲线关系。还有一些研究证明碳排放与经济增长之间存在线性的关系，如古南正皓等（2015）研究发现，陕西农业碳排放强度与第一产业经济之间不存在EKC关系，而是存在线性递减的关系。

还有相当一部分学者运用STIRPAT模型、VAR模型和面板模型等计量模型来研究碳排放的影响因素。如冯杰和王涛（2016）利用STIRPAT模型分析表明，中国土地利用碳排放与人口数量呈负相关关系，与GDP呈正相关关系。张广海和刘菁（2015）运用VAR模型分析研究得出，山东旅游发展与经济增长、碳排放存在长期协整关系，旅游单向促进经济增长和旅游碳排放量的增长。刘倩等（2012）利用面板回归模型分析得出，外商直接投资、出口贸易与碳排放均存在显著的联动关系，但在欠发达国家，外商直接投资与碳排放在短期内的互动效应明显小于发达国家。魏巍贤和杨芳（2010）运用中国各省（自治区、直辖市）的面板数据，对碳排放的影响因素进行实证分析。研究结果显示，中国碳排放量的上升与经济总量的扩大、工业化水平的提高和自由贸易度进程的加快有正向关系，自主研发和技术进步对中国碳减排有显著的促进作用。

1.3.2.2 有关碳排放效率及其收敛性的研究

（1）有关碳排放效率测算的实证研究

国内对环境效率的研究起步较晚，因此关于碳排放效率测算的方法及理论的系统研究相当薄弱，而对于碳排放效率测算指标以及方法的运用较为广泛。

利用比例指标法来测算碳排放效率的研究较多。如赵雲泰等（2011）以单位 GDP 碳排放量为碳排放效率指标，研究了中国碳排放效率的时空特征。谢守红等（2013）以各行业单位 GDP 碳排放量为碳排放效率指标，考察了中国 1995—2010 年工业、交通运输业、商业和建筑业的碳排放效率。在比例指标法的基础上，国内一些学者从公平性的视角出发，提出了碳排放经济效率。如田云等（2013）在研究中国各省份农业碳排放公平时指出，公平性视角下的碳排放经济效率是指某一地区农业碳排放量所占比重与该地区农业生产总值所占比重之比，若该比值小于 1，表明该地区以低排放实现了高产出，经济效率较高；黄景裕等（2014）提出碳生态效率，即碳排放与碳吸收的比值，并将其运用于计算鄱阳湖生态区的农业碳生态效率。

大量国内学者运用 DEA 模型和 SAF 模型对我国工业、农业、交通运输业、土地和能源等多个领域的碳排放效率进行了实践考察。如路正南和王志诚（2015）运用超效率 DEA 模型测度了中国工业碳排放效率；吴贤荣等（2014）利用 Malmquist 指数模型从时间和空间上测度了中国农业碳排放效率；封永刚等（2015）运用非期望产出的窗式 SBM 模型，从面源污染、碳排放两个视角测算了中国耕地利用效率；郑松华（2014）运用随机前沿模型测算了中国西部地区碳排放效率；张金灿和仲伟周（2015）运用随机前沿模型测算了中国 31 个省（自治区、直辖市）的碳排放效率和全要素生产率；陈黎明和黄伟（2013）运用随机前沿模型测算了中国省域能源碳排放效率。

（2）有关碳排放效率收敛性的研究

关于收敛性理论的研究文献不多，多数学者实证研究了农业、工业、建筑业、交通业和旅游业等领域的碳排放量、碳排放强度及碳排放效率的 σ 收敛、β 收敛和俱乐部收敛，研究结论存在较大的差异。胡宗义等（2015）运用 PS 收敛模型对中国 30 个省（自治区、直辖市）碳排放强度的收敛性特征进行了研究，结果表明这 30 个省（自治区、直辖市）的碳排放强度整体上不存在收敛。杨秀玉（2016）运用面板数据研究了中国农业碳排放强度的收敛性，结果发现不存在 σ 收敛和条件 β 收敛。高鸣和宋洪远（2015）研究了中国农业碳排放绩效，结果发现，我国农业碳排放绩效存在俱乐部收敛效应。周五七等（2012）研究了中国工业碳排放效率的收敛性，研究结果表明，东、西部地区工业碳排放效率存在俱乐部收敛特征，但中部地区和东北地区的工业碳排放效率只存在条件收敛特征。李强谊等（2017）采用 Dagum 基尼系数分解方法和收敛性检验方法研究了中国旅游业碳排放效率的收敛性，结果表明，全国均不存在 σ 收敛现象，但均存在条件 β 收敛特征，同时也存在绝对 β 收敛。

1.3.2.3 有关碳减排潜力及减排成本的研究

一些学者对我国的节能减排潜力进行了初步探讨。宋红印（2013）在 DEA 模型的基础上，提出了 AP-ESER 分析框架，测算了我国 CO_2 的节能减排潜力。于海燕（2016）基于非期望产出 SBM 模型研究了我国西部地区节能减排潜力，研究发现，西部地区平均每年约 21% 的能源消费被浪费，平均每年有 16.8% 的 CO_2 属于过度排放。从长期来看，要实现碳减排，政府可通过提高能效、提升技术水平、调整产业结构和调整能源结构来实现，这都是需要支付成本的。国内关于碳排放减排成本估计的文献，多数也是基于系统优化模型和方向距离函数模型开展研究的，但是基于不同方法和不同数据的研究，其结果差异较大，并没有形成统一的认识。唯一达成一致的观点是：中国东部地区碳减排成本较中、西部地区更高，而且随着时间的推移，中国碳减排的成本变得越来越昂贵。高鹏飞等（2004）基于 MARKAL-MACR 模型估计了中国 CO_2 减排的边际成本，结果表明，单位碳减排成本为 0~250 美元。魏楚等（2010）运用方向距离函数模型对中国 104 个地级市 2001—2008 年的城市碳减排边际成本进行了定量研究，结果发现，样本城市的碳减排边际成本为 967 元/吨，而且东部地区显著高于中、西部地区。吴贤荣等（2014）运用非经向 DEA 模型计算中国农业的边际减排成本，结果显示，东部地区省份的农业碳减排成本较高，西部地区省份的农业碳减排成本相对较低。姚云飞等（2012）基于 CEEPA 模型，比较了不同能源定价机制对中国 CO_2 边际成本的影响，他指出，无论能源定价机制如何进行，国际原油价格上涨都会降低中国的边际减排成本。

1.3.2.4 有关碳减排政策设计的研究

在碳减排政策中，碳税在国际上逐步实施，碳排放权交易在中国也逐渐开始实施和落实。针对发达国家主导的国际碳减排方案，一些学者对这些方案的不合理性提出了质疑，并提出了符合各国现实和利益的碳减排方案。国内关于碳减排政策设计的研究主要集中在碳排放权交易方面。《国家发展改革委办公厅关于开展碳排放权交易试点工作的通知》下发后，国内学术界对碳排放权市场交易的讨论和研究日趋活跃。国内大多数学者对于构建碳排放权交易市场持有积极的态度，如钟小剑等（2017）认为，碳排放限额交易的市场制度被证明是目前最有效的碳减排制度，必将是今后中国低碳经济的必选模式；王文举等（2016）指出，建立碳排放权交易市场有利于树立大国形象，有利于促进企业改进能源使用结构，有利于加强对国外先进技术的引进和学习，有利于争夺国际话语权。借鉴国外碳排放市场体系建设的经验，我国结合国情也开始探索性地构建碳市场体系。如曲如晓等（2009）指出，在中国，碳排放权交易不能"一刀切"，应先开展碳排放权交易的试点，由点到面，循序渐进地推广碳排放权的交易；同时，要积极争取在国际上的碳市场定价权和国际气候谈判的话语权。荆哲峰（2011）认为，我国应调动金融机构参与到碳排放市场体系的建设中去，要建立控制碳交易风险的机制，并在国际上开展碳市场的试点交易。当然，碳市场体系的建设并不是一蹴而就的事，面对碳交易市场，我们应保持一种客观冷静的态度，不应给予过高的期望。在中短期阶段，关于节能减排问题，碳交易市场只能作为一种辅助性市场工具，尚无法成为节能减排的主要依托。随着"清洁发展机制""排放贸易"和"联合履行"三种境外减排机制在国际上执行的日益成熟，中国碳排放市场逐渐活跃起来，有关中国碳排放交易现状、问题及发展趋势的研究也逐渐丰富起来。目前，我国的碳排放权交易市场主要是以项目为基础的交易市场，即清洁发展机制（CDM）交易体系。同时，中国也积极创新，根据企业的实际情况，发展适合自己的碳交易项目，如自愿减排项目交易。中国政府以积极的态度大力推进碳排放权交易市场的建设，但依然存在很多问题。

1.3.3　研究述评

各国学者从不同视角、不同层面对碳排放、碳排放效率和节能减排等内容展开了大量的学术研究，取得了丰富的研究成果。这些研究成果为今后碳排放相关的研究奠定了坚实的基础。目前，人类活动过程中的碳排放源已较为明确，碳排放估算方法也得到了广泛应用，而碳排放效率、碳减排措施和碳排放市场交易等相关问题的研究，将是未来的重点研究方向和趋势。国内外有关碳排放及碳排放效率的研究为我国开展节能减排提供了坚实的理论基础和丰富的实践经验，但是目前的研究还存在一些不足。从土地利用视角研究碳排放的文献不多，而且多数学者对碳排放源的计算并不完整，工业生产过程和废弃物处理等碳排放的估算被遗漏，导致估算出的碳排放量远远低于实际排放量。

　　土地是人类活动的载体，可以说，土地利用承担了自然及人类活动中所有的碳源，而现有研究没有将两者统筹起来全面考虑碳排放效应。本书从土地利用类型视角来研究碳排放，拓展了碳排放的研究视角和内容，而且估算的碳排放量更接近实际情况，更为科学合理。

　　综上所述，本书基于中国西北干旱地区省级面板数据，对中国西北五省（自治区）的土地利用碳排放效率和减排问题进行系统研究，以期在理论上进一步丰富已有研究文献的内容，在实践上为中国区域碳减排政策的制定提供有益的参考，推动中国西北地区在气候问题治理上的国际合作。

1.4　研究范围、内容及方法

1.4.1　研究范围

　　第一，温室气体范围。本书研究的温室气体为 CO_2、甲烷（以下简称"CH_4"）和氧化亚氮[①]（以下简称"N_2O"）三类主要温室气体，折算成碳当量计算，其他温室气体不列入研究范畴。

　　第二，地域和时间范围。由于自然地理划分的区域空间难以获取较为完整和系统的统计数据，本书便从行政划分的视角来确定空间研究范围，以中国西北五省（自治区）为研究对象，即陕西省（以下简称"陕西"）、宁夏回族自治区（以下简称"宁夏"）、甘肃省（以下简称"甘肃"）、青海省（以下简称

---

　　① 氧化亚氮即一氧化二氮，是一种无机物，化学式为 N_2O。

"青海")、新疆维吾尔自治区（以下简称"新疆"）。为了获取统一的数据口径，本书将时间范围确定为2005—2015年，刚好对应于国家的"十一五"规划和"十二五"规划。

1.4.2　研究内容

第1章绪论，介绍了本书所做研究的国际背景、国家背景和区域背景，明确了研究的理论意义和现实意义，介绍了本书的研究内容和研究方法，梳理并归纳总结了国内外有关碳排放及碳排放效率研究的主要内容和观点。

第2章概念界定与理论基础，界定了与本书相关的概念，并从微观经济学角度分析了土地利用碳排放及减排中蕴藏的经济学现象，明确了研究的理论依据。

第3章土地利用碳排放核算体系的构建及效率的研究与测算方法，主要阐述了相关国际机构和研究学者从不同视角编制的碳排放清单内容，为土地利用碳排放核算体系的构建提供了实践依据。本章内容将从两个方面进行论述：一是如何构建土地利用碳排放核算体系，为估算西北地区土地利用碳排放量进行铺垫；二是阐述土地利用碳排放效率的研究与测算方法，为探索测算西北地区土地利用碳排放效率及分析其演变规律、影响因素进行铺垫。

第4章西北地区土地利用碳排放格局分析，在介绍西北地区自然地理、社会经济和土地利用情况的基础上，从时间和空间两个维度分析了土地利用碳排放量、碳排放结构和碳排放空间分布的变化特征。

第5章西北地区土地利用碳排放效率特征分析，从单一要素和全要素两个视角测算了西北地区土地利用碳排放效率，同时分析了土地利用碳排放效率的时空特征。

第6章西北地区土地利用碳排放效率的收敛性分析，对土地利用碳排放效率收敛性进行了理论分析，并检验了土地利用碳排放效率的 σ 收敛、β 收敛和随机收敛。

第7章西北地区土地利用碳排放效率的影响因素分析，从经济、社会、自然三个方面分析了土地利用碳排放效率的影响因素，并运用面板数据模型对影响土地利用碳排放效率的因素进行了验证，同时分析验证了土地利用碳排放效率与经济发展水平之间的"U"形曲线关系。

第8章提升西北地区土地利用碳排放效率的措施，综合本书理论研究和实证研究的结果，提出了提升土地利用碳排放效率的具体思路与措施。

第9章结论及展望，总结了本书的研究结论，并进行了研究展望。

1.4.3 研究方法

本书研究过程中拟采取定量分析和定性分析相结合、归纳分析与演绎分析相结合、理论分析与实证分析相结合等多种方法，具体运用到的主要研究方法如下：

第一，文献研究法。我们从文献数据库、学校图书馆等搜集了大量与碳排放相关的文献资料，包括学术期刊、会议论文、硕博论文和专著等，归纳总结了目前有关碳排放的主流观点和主要研究内容，掌握了国内外有关碳排放的研究重点、难点和不足，为本书研究内容的设定、研究方法的选取、研究视角的切入提供了理论基础和方法支撑。

第二，计量经济模型法。本书运用到的数学模型包括排放系数法、比值法、DEA 模型和面板数据模型。排放系数法用于测算土地利用碳排放量；比值法用于测算单要素土地利用碳排放效率；DEA 模型用于测算全要素土地利用碳排放效率；面板数据模型用于研究土地利用碳排放效率影响因素。

第三，比较分析法。本书运用对比分析法分析了西北五省（自治区）的土地利用碳排放量的差异、土地碳排放效率的差异、土地碳排放效率与经济发展之间"U"形曲线特征的差异，能更为形象地解释西北地区土地利用碳排放及其效率的演变特征和规律。

第四，演绎法。本书根据经济发展水平与环境质量之间存在的倒"U"形曲线关系，提出了本书经济发展水平与碳排放效率之间存在的"U"形曲线关系，进一步深入揭示了经济发展水平对碳排放效率影响的深层次原因。

1.5　创新之处

本书从土地利用视角出发，编制了土地利用碳排放清单，将 IPCC 编制的温室气体碳排放源一一对应于不同的土地利用类型，分别从自然与社会的视角较为全面地估算了不同土地利用类型的碳排放情况，估算结果更接近人类实际活动引起的碳排放量，进一步丰富了碳排放的实证研究。本书还根据环境库兹涅茨曲线假说，即经济发展水平与环境质量之间存在倒"U"形曲线关系，提出了经济发展水平与碳排放效率之间存在"U"形曲线关系，进一步完善了环境库兹涅茨曲线假说。

2 概念界定与理论基础

2.1 相关概念

2.1.1 碳足迹

碳足迹的概念来源于生态足迹。关于碳足迹的定义有两类观点：一类观点认为碳足迹是空间概念，以面积单位来度量，即吸收人类活动排放的 CO_2 或者碳当量所需要的生产力土地面积，这类观点认为碳足迹和碳排放为单向因果关系，即碳足迹的大小是由碳排放的大小所决定；另一类观点认为碳足迹就是碳排放，目前把碳足迹理解为碳排放是较为主要的观点（如表 2.1 所示）。可见，碳足迹是表示由人类生产与消费行为引起的最终会导致气候变化的温室气体排放总量，即一项活动、一个产品的供应链或生命周期直接或间接产生的 CO_2 和其他温室气体的排放总量。国内外有关碳足迹的主要观点见表 2.1。

表 2.1 国内外有关碳足迹的主要观点

代表作者	主要观点
Druckman 等（2009）	某一活动导致的 CO_2 排放总量，或是某一产品在整个生命周期内累积的 CO_2 排放总量

表2.1(续)

代表作者	主要观点
Hertwich 等（2009）	用于终端消费的商品、服务在生产及消费过程中所排放的 CO_2、CH_4 和 N_2O 等温室气体的总量
Larsen 等（2009）	某一固定边界内商品和服务在一个生命周期中排放的温室气体量
付国印（2010）	个人、组织、活动或产品之间导致的温室气体排放总量，描述某个特定活动或实体产生的温室气体排放量
耿涌（2010）	活动、产品（或服务）的整个生命周期或者某一地理范围内产生的 CO_2 排放量

2.1.2 碳排放

由国内外学者和国际组织对碳足迹的定义可知，碳排放是碳足迹的另一种说法，只是在表达范围上存在微小差异。碳排放的概念有狭义和广义之分：狭义的碳排放是指社会经济活动直接或者间接导致 CO_2 产生并排放到大气环境中的过程、活动和机制，仅强调 CO_2 一类温室气体；广义的碳排放是指社会经济活动导致 CO_2、CH_4 和 N_2O 等温室气体产生并排放到大气环境中的过程、活动和机制，包括了《联合国气候变化框架公约的京都议定书》（以下简称《京都议定书》）和《蒙特利尔破坏臭氧层物质管制议定书》中的所有温室气体，更为全面。CO_2 是温室气体的主要构成气体，许多学术论文、研究著作以及政府报告统一将温室气体排放简称为碳排放，虽然存在一定的不科学性，但也被社会各界所接受。可见，碳排放包括在碳足迹之内。

2.1.3 土地利用碳排放

目前，国内外并没有学者对土地利用碳排放的概念进行界定。结合碳排放、碳足迹的概念，我们可将土地利用碳排放定义为某一时段，一个国家或地区土地开发利用（生产生活、经营管理）导致 CO_2、CH_4 和 N_2O 等温室气体产生并排放到大气环境中的过程。

2.1.4 效率

物理意义上的效率是指有用功与总功的比值。经济学意义上的效率包括两层内涵：配置效率和技术效率。配置效率是从投入角度定义的，是指在产出不变的情况下，通过优化要素资源配置实现投入最小化；技术效率是从产出视角定义的，是指在要素资源投入不变的情况下，通过引进新技术实现产出最大化。

2.1.5 生态效率

世界可持续发展工商理事会、世界经济合作与发展组织等多个国际组织对生态效率给出了各自的定义。德国学者Schaltegger 等（2000）也给出了生态效率的定义，即经济增长与环境影响的比值。生态效率的内涵易懂且经济意义强，这一概念提出以后受到国内外许多学者、专家的应用和研究。国际组织机构与国内外学者从不同角度和层面对生态效率的概念进行了解释和阐述，虽然在表述方式上有所不同，但其核心思想和基本内容相似，即生态效率是指用最低的要素投入和最低的环境损失获得经济效益的最大化。国内外生态效率的主要观点见表2.2。

表 2.2　国内外生态效率的主要观点

代表机构（作者）	主要观点
世界可持续发展工商理事会（1996）	环境损失最小，社会服务最大
世界经济合作与发展组织（1998）	生产最大化、产出最大化及投入最小化、环境不良影响最小化
Schaltegger 等（2000）	产出一定时，投入越少，或投入一定时，产出越高，效率越高
Hellweg 等（2005）	资源投入和环境影响的比率
周国梅等（2003）	单位生产损耗对环境产生的不利影响
戴铁军等（2005）	单位产出的原材料消耗和污染物排放量的比值
刘丙泉等（2011）	经济发展过程中有效利用资源、减轻环境的压力所产生的效率

2.1.6　碳排放效率

提高碳排放效率是一个重要的具有可操作性的可持续发展目标。作为生态环境的一个要素，碳排放效率的概念由生态效率演变而来，本质上是一种特殊的生态效率。目前，学术界对其并没有较为权威的界定。碳排放效率强调以尽可能少的要素投入、碳排放以及相关环境代价获得尽可能大的有用产品或者服务。一般来看，碳排放效率本质上是人类在生产与生活过程中消耗大气碳容量所能带来的社会与经济效益，通常用国内生产总值与 CO_2 总量的比值或者单位能源消耗碳排放量来表示。不管从什么角度或者层面来看，碳排放效率的本质都是指以最少的要素投入和最低的温室气体排放获得最大的效益。

2.1.7 土地利用碳排放效率

土地利用碳排放效率是不同视角、不同层次的一种生态效率，是土地利用这种"自然—经济—社会"活动的生态效率。结合碳排放、生态效率的概念，便不难理解土地利用碳排放效率的概念，它是指一个国家或地区一定时间段内在土地上进行一切社会经济活动的过程中（生产生活、经营管理），以最小的要素资源投入和最低温室气体排放引起的环境价值损失来获取最大的效益。土地利用碳排放效率具有动态性、区域差异性等特征。从理论内涵来看，土地利用碳排放效率本质上是从土地利用的角度来看资源、环境（碳排放）、经济三个系统之间的可持续发展能力。

2.1.8 节能减排

世界能源委员会给出的定义是采用技术上可行、经济上合理、环境和社会可以承受的措施，提高能源资源的利用效率，即节能减排。从这个定义来看，其主要强调的是节约能源实现污染物减排，是狭义视角下的节能减排，但推动社会经济发展的资源不仅只是能源，其他诸如土地资源、水资源、劳动力资源和资本同样发挥着不可取代的作用，不能脱离这些要素单独谈节能减排。因此，广义的节能减排应该包括所有能节约的要素资源。

2.1.9 土地利用碳减排潜力

世界能源委员会和《中华人民共和国节约能源法》分别对节能排放潜力进行了定义。根据这个概念内涵，土地利用碳减排潜力（land use carbon emission reduction potential）可以被认为是土地利用过程中通过要素资源的优化配置、引进先进技术、调整土地利用结构等手段在保证经济稳定增长的同时，可以节约的要素资源以及可以减少的碳排放量。其同样强调要素资源的节约和碳排放的最小化。

2.2 理论基础

2.2.1 碳排放效率的经济学根源

2.2.1.1 稀缺性与公共物品属性

碳排放空间具有稀缺性，同时具有典型的公共物品属性。资源的稀缺性具有时间上和空间上的二维性，是时间上和空间上的稀缺性，它是指在给定时间和区域内，与需求相比较，其供给量是相对不足的。而现有社会经济运转体系建立在大量资源消耗的基础上，资源消耗必然产生环境污染，碳排放就是环境污染的一种，所以碳排放空间意味着发展的空间和资源消耗的权利。但是全球大气环境空间是固定不变的，每个国家或地区拥有的大气环境资源是稀缺的，所以，碳排放空间是尤为稀缺的资源。国际气候谈判实际上就是在应对气候变化的旗帜下，各国对碳排放空间这种稀缺资源的争夺。

纯粹的公共产品是指社会上每一个人消费的物品不会导致其他人对这种物品的消费的减少，其具有"非排他性""非竞争性""效用不可分性"三大基本特征。碳排放具有纯公共产品的属性，即一个碳排放主体向环境中排放温室气体以获取利益，不能排挤其他人或集体向环境中排放温室气体，也不会影响其他人或集体在消费环境产品过程中获得的效用，其结果是很难或者不可能对使用环境的主体进行定价收费的，即使某人出资治理理由于温室气体导致的环境问题，他也不可能阻止其他人免费"搭便车"。碳排放这种公共产品属性使个人在减排时缺乏动力。

2.2.1.2　正外部性与负外部性

资源环境经济学的解释是当一些行为主体的社会经济活动对其他行为主体的福利造成了损失，或者改善了其他行为主体的福利，就出现了外部性问题（陶静，2014）。碳排放导致全球气候变暖以及全球集体节能减排行动是一个典型的外部性问题。

（1）正外部性

如果在生产过程中，部分碳排放主体采用低碳生产技术，如测土配方施肥、使用生物农药、碳锁定技术等，减少了碳排放量，遏制生态环境进一步恶化，全社会均可以享受到更好的环境质量，这就出现了外部经济性，即正外部性，如图 2.1 所示。

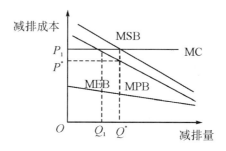

图 2.1　碳排放的正外部性

图 2.1 中，横坐标表示碳排放主体的碳减排量，纵坐标表示碳排放主体的碳减排成本。当出现碳减排的外部经济性时，边际社会效益（MSB）大于边际私人效益（MPB）。而当碳排放主体采取低碳生产技术时，其决策行为由私人边际效益和边际成本（MC）决定，这时碳排放主体的碳减排量（Q_1）小于由边际社会效益和边际成本决定的有效碳减排量（Q^*）。当要求碳

排放主体减排量达到 Q^* 时，必须要降低碳减排的成本，但是碳排放主体若是采用低碳生产技术或低碳产品导致生产成本上升而得不到相应的补贴的话，最终碳排放主体放弃使用低碳生产技术或低碳产品，就会导致碳排放量继续上升。

（2）负外部性

碳排放主体的经济活动强度越来越大，投入的化肥、农膜、化石能源越来越多，在实现自身利益最大化的同时，也导致碳排放量的显著增加，成为全球变暖的因素。但碳排放主体没有为之承担必要的责任，这就出现了外部不经济性，即负外部性，如图 2.2 所示。

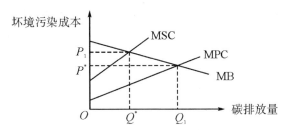

图 2.2　碳排放的负外部性

图 2.2 中，横坐标表示碳排放主体生产活动导致的碳排放量，纵坐标表示碳排放主体的环境污染成本。当出现碳排放的外部不经济性时，边际社会成本大于边际私人成本，其碳排放规模由边际效益（MB）和边际私人成本决定，此时碳排放主体的碳排放规模 Q_1 大于 Q^*，当要求碳排放规模降低到 Q^* 时，必须提高碳排放的环境成本。但在实际中，碳排放空间作为公共产品，社会对其定价相当困难，碳排放主体不会为其增加的碳排放量（$Q_1 - Q^*$）支付相应成本。为了利益最大化，其碳排放行为会持续下去，导致碳排放得不到有效的控制。

在碳排放环境污染问题方面，碳排放主体对于碳排放危害的信息在时间上和空间上都不能做出较好的判断，人们无法判断当前的碳排放对今后的环境会造成怎样的危害，甲地的碳排放主体也无法估算其碳排放行为会对乙地造成何种影响。"道德风险"和"逆向选择"是信息不对称的两种主要体现。

（1）"道德风险"

"道德风险"是指碳排放主体利用其信息优势采取其他不可观察的行为而造成其利益损害的风险。如果碳排放主体承担了碳减排的所有成本，但是其仅在这个过程中获取了小部分的利益，如果政府未实施有效的监管，那么碳排放主体就会降低减排的力度，导致配置在减排上的资源较少，而此时碳排放规模就会远远超出社会所能承担的最佳水平，如图2.3所示。

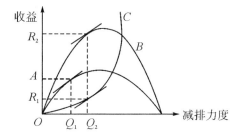

图2.3　碳排放及减排过程中的"道德风险"

图2.3中，横坐标表示碳排放主体的减排力度，纵坐标表示碳排放主体的收益。曲线 OB 表示全社会由一个碳排放主体减排后的总收益，曲线 OA 表示碳排放主体自身减排后获得的效用，曲线 OC 表示碳排放主体的碳减排成本。社会希望碳排放主体达到 Q_2 的减排水平，此时社会边际成本等于社会边际收益，但对于碳排放主体而言，其承担了全社会的减排成本，却不能获取全部的收益，碳排放主体根据曲线 OA 决定将碳减排量控制

在 Q_1 的水平，此时个人边际成本等于个人边际收益。所以，碳排放的环境问题就很难由社会去控制。

（2）"逆向选择"

在减排控制过程中，政府与碳排放主体存在委托代理的关系。当政府无法有效识别碳排放主体是否采取低碳生产技术时，越是存在机会主义的碳排放主体就越容易成为减排的主体，最终导致存在机会主义的碳排放主体驱逐真正实施碳减排的主体，这种现象就被称为"逆向选择"。对于低碳生产技术而言，"逆向选择"是非常严重的问题，低碳生产技术成本比普通生产技术成本高，但对于一般的碳排放主体而言，它们无法识别低碳生产技术与普通生产技术存在何种区别，碳排放主体追求利益最大化，它们没有动力采取成本较高的低碳生产技术，导致低碳生产技术退出市场。低碳生产技术退出市场后，碳排放主体就采取普通的生产技术，碳排放因此得不到有效的控制。碳排放及减排过程中的"逆向选择"如图2.4所示。

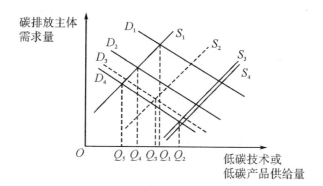

图2.4 碳排放及减排过程中的"逆向选择"

图2.4中，横坐标表示低碳技术或低碳产品供给量，纵坐标表示碳排放主体需求量。由图2.4可知，市场上同时存在低碳生产技术和普通生产技术，本书用供需曲线 S_1 和 D_1 来表示信

息完全情况下低碳生产技术的供需情况，用 S_4 和 D_4 来表示信息完全情况下普通生产技术的供需情况。其中，S_1 曲线位于 S_4 曲线之上，因为采纳低碳生产技术的成本高于普通生产技术；同时 D_1 曲线位于 D_4 曲线之上，因为人们为了保护环境愿意为采纳低碳生产技术支付更高的成本。在市场信息不完全时，碳排放主体在使用生产技术时，无法判断其成本收益的具体情况，只能通过经验和观察预测其平均成本收益，此时碳排放主体的需求曲线为 D_2，介于 D_1 与 D_4 之间，对低碳生产技术的需求均衡点在 Q_1，但实际中其需求下降到 Q_4。此时，会导致两个后果：第一，采用低碳生产技术的主体由于得不到相应的经济效益或者不足以填补其供给成本，进而退出该市场，市场上只剩下普通生产技术，此时低碳生产技术的供给曲线下降到 S_2；第二，当碳排放主体发现低碳生产技术供给量越来越少时，其对低碳生产技术的预期也随之下降，生产主体按照新的预期采纳低碳生产技术，新的需求曲线进一步移动至 D_2。当市场继续这样下去，提供低碳生产技术的供给者继续退出市场，碳排放主体对低碳生产技术的预期再次下降，对低碳生产技术的需求均衡点在 Q_2，但实际中其需求下降到 Q_3。如此往复，碳排放主体对低碳生产技术的预期持续下跌，提供低碳生产技术的供给者不断退出市场，直到普通生产技术完全占领市场，导致低碳生产技术的供给曲线变为 S_4，需求曲线变为 D_4，低碳生产技术供需均为零。此时，碳排放主体也不再采纳低碳生产技术，普遍采用传统的生产技术，使得碳排放继续产生而得不到有效控制。

2.2.1.4 产权不明晰与产权界定

（1）产权不明晰

当碳排放空间产权不明晰时，任何一个碳排放主体都不能够阻碍其他碳排放主体享用碳排放空间，而共同享有碳排放空间会导致碳排放主体对资源滥用，最后的结果就是资源被过度使用，环境质量下降，每个人的利益均受到损失，陷入"囚徒困境"（见表 2.3）。如表 2.3 所示，如果碳排放主体 A、B 都合理利用碳排放空间，两方得到的收益为 X_1；如果 A 过度使用而 B 合理利用，A 获得收益 X_2，B 获得收益 X_3；如果 B 过度使用而 A 合理利用，A 获得收益 X_3，B 获得收益 X_2；如果 A、B 都过度利用，两方得到的收益为 X_4。此外，如果 A 选择了合理利用，则 B 的优势策略是过度利用（因为 $X_2>X_1$）；如果 A 选择了过度利用，则 B 的优势策略依然是过度利用（因为 $X_4>X_3$）。碳排放主体面对的情况一样，所以两者均会选择过度利用，从而造成灾害性的结果，碳排放空间被无限制地占用，即"公地悲剧"出现，这也是目前国际在解决碳排放问题上面临的谈判难题。

表 2.3　"囚徒困境"

博弈主体和策略组合		碳排放主体 B	
		合理利用	过度利用
碳排放主体 A	合理利用	(X_1, X_1)	(X_3, X_2)
	过度利用	(X_2, X_3)	(X_4, X_4)

注：$X_2>X_4>X_1>X_3$。

（2）产权界定

明晰产权是实施碳减排行动的一种措施，碳排放权就是环境产权分割和环境再创的一种表现形式，是一种兼顾社会经济发展和防止"公地悲剧"、由法律创建出来的一种新型产权。产权明晰后，就意味着碳排放权变为了"私人物品"。每个碳排放主体拥有的碳排放空间资源是有限度的，如果超过了这个限度，碳排放主体就会受到相应的制度约束，或者支付一定的成本购买碳排放的权利。在这种情况下，碳排放空间资源的配置效率得到提高，也在一定程度上缓解了碳排放带来的环境问题。目前，碳税和碳排放权交易是明晰碳排放空间产权的两种手段。

人们通过这两种手段可以在一定程度上缓解碳排放的压力，达到节能减排的目的。

图 2.5 为产权明晰下碳税对碳减排作用机制示意图。图中横坐标表示碳排放量，纵坐标表示生产收益，MNPB 表示碳排放主体的边际私人收益，MEC 表示边际碳减排成本，这两条线相较于 E 点，与 E 点相对应的碳排放量（Q）就是资源有效配置情况下的碳排放水平。碳排放主体为了追求利益最大化，希望生产规模扩大到 MNPB 线与横轴的交点 Q^*，但是随着生产规模的扩大，碳排放量也会增加到 Q^*，远远超过了 Q 的碳排放水平。一旦产权明晰后，如果政府向碳排放主体征收碳税（t），此时碳排放主体的私人收益就会下降，MNPB 线将会向左平移至 MNPB*，该线与横轴交于 Q 点，减少的碳排放量为（Q^*-Q），表示碳排放主体将根据其对收益最大化的追求，把生产规模和碳排放量控制在资源有效配置的情况下。而在现实中，由于信息不对称，虽然政府无法制定最佳的碳税，但是碳税有助于碳排放主体减少碳排放量至接近资源有效配置情况下的碳排放水平，达到减少碳排放的目的。

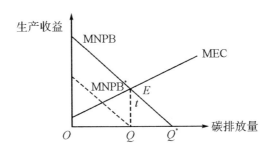

图 2.5   产权明晰下碳税对碳减排作用机制示意图

图 2.6 为产权明晰下碳排放权交易对碳减排作用机制示意图。图中横坐标表示碳排放量，纵坐标表示成本，S 和 D 表示

碳排放权的供给和需求，*MAC* 和 *MEC* 分别表示碳排放治理成本和治理的边际成本。政府明晰碳排放权的目的是节能减排而不是为了获取利润，确定的碳排放权数量不会随着价格的变化而变化。当一部分碳排放主体减少生产规模时，就会使得碳排放权的市场需求减少，需求曲线左移，碳交易价格下降，其他碳排放主体将多购买碳排放权，少削减碳排放量。因此，在保证碳排放总量不变的情况下，我们应尽量减少过度节能减排，以节约保护环境质量的总费用。当一部分碳排放主体增加生产规模，就会使得碳排放权的市场需求增加，需求曲线右移，碳交易价格上升。如果这部分企业的利益较高，边际减排成本低，只需要购买少量的碳排放权就可以使其生产规模和碳排放量控制在合理水平并盈利。

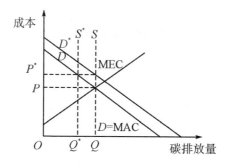

图 2.6　产权明晰下碳排放权交易对碳减排作用机制示意图

2.2.2　碳排放效率的相关理论

2.2.2.1　物质平衡理论

资源利用是在一系列的物理反应和化学反应中完成的"自然—经济—社会"活动，其遵循质量守恒定律。经过生产到消费的过程后，物品的物质实体并未消失，只是从一种形态（原料）变成了另一种形态（好产品、坏产品）。其中，坏产品往往提供坏的服务，如污染环境等，这些坏的服务最终流向生产者和消费者，对其造成相应损失。

资源利用过程中会投入能源、水等要素，经过生产过程后，这些要素一部分转化为有用的商品或服务，如农产品、工业产品等，为人类所消费；另一部分则变成了废水、废弃品、固体废弃物等，通过排放进入环境中。假设在这个过程中，生产和消费不存在累积，要素利用过程中的物质必然以污染物返回环境。无累积的经济系统运行循环见图2.7。

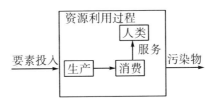

图2.7 无累积的经济系统运行循环

当存在累积时，污染物不一定必然排放进入环境，它有可能返回生产过程，成为要素投入的一部分，并再次被利用。因此，我们根据物质平衡理论可以推断，为了保证生产和居民消费，必须不断投入新的要素资源，但新的要素资源投入可以随着能量转化和物质利用效率，以及污染物回收利用率的提高而减少，此时，碳排放效率就得到了提高。有累积的经济系统运行循环见图2.8。

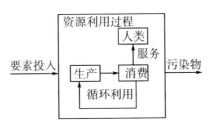

图2.8 有累积的经济系统运行循环

2.2.2.2 边际生产力理论

边际生产力是指在其他条件不变的前提下，每增加单位要素投入所增加的产量。边际生产力理论是用于阐明在生产中相互合作的各种生产要素或资源所得到报酬的一种方法，边际生产力理论对于指导社会生产做出重要贡献的内容是它提出了资源规模报酬递减规律，即若某些要素固定不变，而其他要素的投入量不断增加，则起初每次增加单位要素投入，所得的产出就大于前一单位投入所得的产出，至某点后，产出又依次递减。边际生产力理论可以解释土地利用碳排放效率变动的本质。假设土地利用过程中经济产出和碳排放产出的关系式为

$$Y = F(X_1, X_2, X_3, \cdots\cdots, X_n)$$

其中，Y 表示经济产出或者碳排放量，F 表示函数关系式，X_i 表示各种要素的投入规模。土地利用过程中的投入产出阶段分析如图 2.9 所示。由图 2.9 可知，土地利用碳排放效率动态变化最大的点在 C 点，当要素投入由 O 增加到 C 点时，边际经济产出先增加后减少，经济总产出持续增加，经济产出在 C 点达到最大值，碳排放量也会不断上升，此时的碳排放效率取决于经济总产出与碳排放量的变化速率；当要素投入量超过 C 点后，边际经济产出为负，经济总产出开始下降，而由于要素的继续投入，边际碳排放量不为零，碳排放总量还会持续增加，使得碳排放效率不断下降。所以，不管是从经济角度，还是从生态角度来看，要素投入量都不应该超过 C 点。

2.2.2.3 要素配合利用原理

物质平衡理论和边际生产力理论的启示是：要提高土地利用效率就必须合理配置要素资源。要素相互配合利用原理为此提供了以下两条实现途经：

一是要素资源相互替代。资源利用过程中，要素用途的多样性和互代关系是普遍存在的。为了降低土地利用过程中的碳

排放进而提高碳排放效率，可以通过环境友好型要素或技术来代替环境污染型要素或技术，如农用地利用过程中，用测土配方肥代替化肥，用生物农药代替普通农药；建设用地过程中，用太阳能、风能代替煤炭、石油，用垃圾生物填埋代替垃圾焚烧；等等。但是要素或技术相互替代最主要的影响因素是替代的成本，往往环境友好型要素或技术的成本较高，所以提高土地利用碳排放效率的成本是昂贵的。

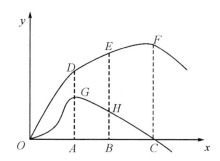

图 2.9　土地利用过程中的投入产出阶段分析

二是要素数量和质量的最佳配置。任何一类经济活动均存在劳动力、资金、水资源等要素的配合。为使各要素的生产能力得到充分发挥，并实现碳排放最小化和经济产出最大化，提高碳排放效率，就应该科学计算，使各种要素达到最优配置，实现要素资源高效利用，实现土地利用碳排放效率的提高。

2.2.2.4　隧道穿越理论

碳减排隧道穿越理论源于环境库兹涅茨曲线。碳排放环境库兹涅茨曲线（CKC）描述了经济增长与碳排放的动态关系。在 CKC 曲线中，经济增长与碳排放的变化可以分为三个阶段：第一个阶段表现为经济迅猛增长和碳排放规模加大；第二阶段表现为碳排放达到峰值后逐渐开始下降；第三阶段表现为碳排放污染改善与经济稳定增长阶段。碳排放环境库兹涅茨曲线如图 2.10 所示。

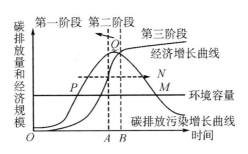

图 2.10　碳排放环境库兹涅茨曲线

对于 CKC 曲线假说学术界主要有三类解释：第一类是从产业结构变化的视角进行解释。这类解释认为当一个国家或地区由以农业经济为主向以工业经济为主转化时，社会经济活动越来越活跃，更多的资源、能源投入土地，导致碳排放量逐渐上升；而当经济结构进一步升级时，从以资源、能源密集型为主的产业向以服务业和技术密集型为主的产业转变，碳排放速度逐渐放缓，强度逐渐下降。第二类是从人类环境需求的视角进行解释。在经济发展初期，碳排放引起的环境问题并不显著，人类对于环境质量的需求较低，对于那些处于脱贫阶段的发展中国家而言，社会的主要任务是如何摆脱贫困加快经济发展。此时，更多的资源、能源投入土地利用过程中，导致碳排放量逐渐上升。而随着经济发展到一定程度，公民收入增加，对生活质量的要求逐渐提高，对环境质量的需求也逐渐上升，于是愿意用收入的一部分来改善环境质量，碳排放引起的环境问题才逐渐减缓。第三类是从政府环境治理能力的视角进行解释。在经济发展初期，因为经济发展水平较低，政府的财政收入较少，且整个社会对碳排放引起的环境问题的关注度不够，所以政府对碳排放的控制能力较差，碳排放随着经济水平的提高逐渐上升。当经济发展到一定水平后，政府财政收入上升，一系列治理碳排放的法律政策相继出台，碳排放速度得到有效控制，强度逐渐下降。

碳排放隧道穿越理论解释了从高碳经济到低碳经济的跨越式发展模式。该模式不是被动跟随环境库兹涅茨曲线的路径，而是构想一个经济主体如何利用低碳生产技术穿过环境库兹涅茨曲线的中部直接到达第三阶段，且不用经过漫长的、代价大的"高增长、高消耗、高排放"的第一阶段的中末期，即从图2.8中 PQ 之间的一点直接穿越到 PM 之间的一点（虚线 N 指示的方向）。碳排放隧道穿越理论对于中国低碳经济实现跨越式发展有重要借鉴意义，中国应主动推动低碳技术的创新和进步以及创新碳排放治理制度，在进入发达国家的进程中提前跨越环境库兹涅茨曲线的顶点，尽早进入"稳定增长、低碳排放"的第三阶段。

2.2.2.5 公平性理论

碳排放空间作为有限的公共资源，如何进行分配才能体现出公平性？我们需要对碳排放空间进行产权的确定，产权确定最重要的方法是碳预算，碳预算是指在给定的一段时间内一个碳排放主体可以排放到大气中的温室气体的数量。鉴于碳排放权涉及环境代价、经济代价和发展权衡，碳减排的预算方案必须兼顾公平性和可持续性目标。

公平性理论对于全球温室气体减排的分配方案提供了理论依据，也为我国节能减排的分配方案提供了理论基础。公平性理论指出，碳预算要体现出碳排放的历史公平性和碳排放量分配的公平性和碳减排任务承担的公平性。碳减排的预算应个人为单位计算碳排放权，而不是以国家实体为计算单位来进行碳预算，其目的是要保障低收入者的基本生存权利，防止一些碳排放主体滥用其碳排放额度；碳减排的预算需要针对自然资源条件、人文风俗等情况进行调整，进而反映真实情况；碳预算内容包括人类基本衣食住行以及学校、医院等社会公共需求，体现出对人权的保障。碳排放的预算也应该考虑历史公平性。目前，欧美发达国家早已进入碳排放环境库兹涅茨曲线的第三阶段，而发展中国家还处在碳排放环境库兹涅茨曲线的第一阶段，如果以现在为碳预算的基期，对于发展中国家是不公平的。因此，公平性理论一方面对于人口多、资源匮乏、经济发展处于关键时期的中国在全球碳减排行动中的谈判具有重要的意义；另一方面对于我国各省（自治区、直辖市）的碳排放空间数量的分配及其减排任务的分配具有现实的指导作用。

2.2.2.6 环境公共治理理论

加尔布雷思、科斯、埃莉诺等经济学家指出，环境公共治理模式经历了"命令—控制型治理模式""市场型治理模式""混合型市场治理模式"的演变更替。碳排放权是人类社会经济行为利用环境资源分割、创建的新型权利，其分割、创建的产权形式，形成不同的权力运行模式和减排制度，其治理过程也会经历这三种模式。

环境干预主义主导的"命令—控制型治理模式"主张运用法律手段来控制碳排放。市场配置碳排放空间这种公共资源是无效率或者低效率的，政府干预是必要的。政府作为人类环境产权委托代理人，选择用法律、行政的手段控制碳排放量，通过法律或者禁令来限制碳排放活动，如国际社会为全球节能减排在国际会议上共同通过的《联合国气候变化框架公约》《京都议定书》《哥本哈根协议》等，再如中国为践行节能减排行动制定的《中华人民共和国清洁生产促进法》《中华人民共和国节约能源法》《中华人民共和国循环经济促进法》《2014—2015 年节能减排低碳发展行动方案》《2015 年工业绿色发展专项行动实施方案》等法律法规。

市场环境主义主导的"市场型治理模式"，是在法律的基础上基于产权利用市场机制来控制碳排放。该模式是将碳排放权界定和碳排放权交易引入碳减排的解决方案中，通过市场机制达到促进经济增长保护环境的目的。与"命令—控制型治理模式"相比，"市场型治理模式"着重于经济导向和市场价格导向，不直接参与碳排放主体的生产决策，实现了以最低的减排成本完成规定的碳减排量。全球碳排放权交易实践始于20世纪90年代，建立了欧盟排放权交易市场、英国排放权交易市场、美国芝加哥气候交易所和澳大利亚国家信托四个碳交易市场。我国的碳排放权交易实践始于21世纪初期，2013年深圳、上海、北京、广东、天津5个碳排放权交易试点基本完成，2015年武汉、重庆2个碳排放权交易试点基本完成。这7个碳交易市场的确立，正式开启了我国碳排放"市场型治理模式"的阶段。

多中心环境主义主导的"混合型市场治理模式"，对"命令—控制型治理模式""市场型治理模式"进行了批判和继承。其理论的中心思想是：在私有权和共有权、"市场型治理模式"和"命令—控制型治理模式"之间存在多种权利组合和多个治理主体，并且各要素之间能够有效运行。"混合型市场治理模式"是碳排放治理的制度创新，在多中心治理系统中，政府、企业不是唯一治理碳排放的主体，法律制度、市场调节不是唯一的治理手段，"命令—控制"不是唯一的治理方式，碳排放权界定不是唯一的解决办法。在该模式下存在政府、企业、社会公共组织、其他社会利益集团、居民等多个碳排放治理和监督的责任人，更加注重社会公共组织、其他社会利益集团、居民在碳减排法律制定、实施、管理等方面的作用和参与方式，各主体之间和各方式之间分工合作、竞争融合。目前，该模式在极少部分发达国家开始运行。

2.2.2.7 可持续发展理论

1962年，美国学者蕾切尔·卡逊（Rachel Carson）出版的《寂静的春天》，标志着可持续发展理论的萌生；1972年，美国学者芭芭拉·沃德和勒内·杜博斯共同出版的《只有一个地球：对一个小小行星的关怀和维护》，促进了可持续发展理论的初步形成；1987 年，世界环境与发展委员会发表的《我们共同的未来》，标志着可持续发展理论的正式形成。《我们共同的未来》给出了可持续发展的定义，即可持续发展是指既满足当代人的需求，又不对后代人满足其自身需求的能力构成危害的发展。可持续发展的内涵强调经济持续性、社会持续性和环境持续性。

可持续发展理论为践行碳减排行动及实现低碳经济发展提供了理论依据。碳减排同样以遵循"经济—社会—生态"三者的协调可持续性为宗旨，实现三者良性互动、均衡协调发展的状态。碳减排行动的经济持续性是指在实现节能减排的同时，要保证经济稳定的发展，如果单纯以节能减排为目的来保护环境，忽略了经济增长，那么社会就不可能进步，甚至会退步；碳减排行动的社会持续性强调节能减排行动的执行不能影响到人类基本的衣食住行、教育、医疗等人类的基本福利，尤其是欠发达国家，温饱问题是其社会稳定的基础，不能一味地为了保护环境，实现节能减排，将人类生存权利抛诸脑后；碳减排行动环境可持续性主要关注资源环境系统的永续生产力和功能，尤其是要维持环境的容量，保证资源环境的基本生产能力。

2.3　本章小结

本章界定了与本书相关的概念，如"碳足迹""碳排放""土地利用碳排放""效率"和"生态效率"等，并从微观经济学角度分析了土地利用碳排放及减排中蕴藏的经济学现象，明确了研究的理论依据。

3 土地利用碳排放核算体系的构建及效率的研究与测算方法

　　自然碳排放过程和人为碳排放过程与土地利用类型关系密切，不同土地利用类型承担的生态、社会、经济，其功能和作用各不相同。因此，不同土地利用类型的碳排放过程存在显著性差异，构建不同土地利用类型的碳排放清单有着重要的现实意义。不少国际机构和研究学者从不同视角编制了碳排放清单，为土地利用碳排放核算体系的构建提供了实践依据。我国自然地理条件、经济发展水平和生产技术水平区域差异明显，因此构建区域差异性的土地利用碳排放核算体系对于制定有针对性的碳减排措施有着重要的现实意义。本章将主要论述两个方面的内容：一是如何构建土地利用碳排放核算体系，为估算西北地区土地利用碳排放量进行铺垫；二是阐述土地利用碳排放效率的研究与测算方法，为探索测算西北地区土地利用碳排放效率及分析其演变规律、影响因素进行铺垫。

3.1 土地利用碳排放核算体系的构建

3.1.1 核算体系的构建原则

土地利用碳排放核算体系的构建主要有五项总体原则。我们在构建核算体系和编制碳排放清单报告时，都要遵循以下五项原则：

一是相关性原则，即要体现出不同土地利用类型碳排放的基本特征，确保核算体系恰当地反映土地利用碳排放的基本情况，服务于决策需要。

二是重要性原则，即在识别和筛选出主要的碳排放源和温室气体排放类型的基础上，尽量覆盖土地利用碳排放清单边界内的所有温室气体的碳排放源与活动。

三是一致性原则，即核算方法体系内部与外部均要保持一致性。内部一致性是为了增加碳排放水平趋势分析与减排措施提出的可靠程度，而在土地利用碳排放清单的编制过程中，无论是边界确定还是核算方法、活动水平，均需要保持一致性与系统性。内部一致性也有利于对不同土地利用类型、地区、时间段进行对比分析；外部一致性是要与国际和国家主流方法体系保持一致，符合国际和国家关于温室气体排放核算方法及排放系数的选择。

四是透明性原则，即体系构建的过程中，每一步均保证数据透明、计算过程和方法清晰并且说明数据来源，以便数据能够被检查。

五是准确性原则，即核算方法、碳排放系数、活动水平都需要尽可能保证其数据的准确性，所以在基础数据的来源、处理和计算等环节都要表述清楚，以便给予管理者科学的决策依据。

3.1.2 核算体系的构建思路

土地利用碳排放核算体系就是对土地利用过程中所有碳排放源进行识别、筛选、归类、统计和计算。本书构建土地利用碳排放核算体系的基本思路如图 3.1 所示。

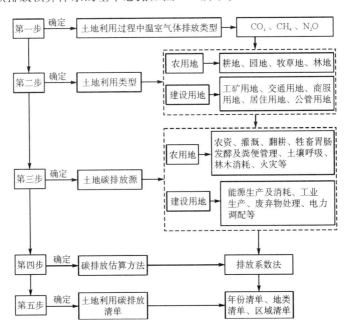

图 3.1 本书构建土地利用碳排放核算体系的基本思路

相关步骤如下：

第一步，确定土地利用温室气体排放的类型。根据重要性原则，本书对主要的温室气体排放类型进行了识别。

第二步，明确土地利用类型。本书以全国土地分类标准和土地利用现状分类标准为依据，对要核算的土地利用类型进行分类。

第三步，确定土地利用碳排放源。根据重要性原则，本书以 IPCC 排放清单、中国省级温室气体碳排放清单和各位学者研究列出的碳排放源为依据，对照土地利用类型进行筛选、识别和归类，选出不同土地利用类型上承载的碳排放源，将碳排放源一一对应于不同的土地利用类型。

第四步，确定碳排放估算方法和碳排放系数。本书主要采取以下三种途径获取碳排放系数：一是直接采用 IPCC 排放清单和我国《省级温室气体清单编制指南（试行）》提供的数据；二是根据 IPCC 排放清单和我国《省级温室气体清单编制指南（试行）》提供的计算公式推算出具体碳源的碳排放系数；三是根据学术界相关学者的研究成果科学合理地选取碳排放系数。为了体现出西北地区的差异性特征，我们在选取碳排放系数时首先考虑《省级温室气体清单编制指南（试行）》中的西北地区标准，其次考虑《省级温室气体清单编制指南（试行）》给出的国家标准，最后考虑国际标准（IPCC 标准）。

第五步，土地利用碳排放量计算。本书根据碳排放源活动水平和排放系数，计算出土地利用碳排放的绝对量和相对量，形成具体年度、不同土地利用类型、不同省份的碳排放清单。

3.1.3 核算体系内的温室气体类型

广义的人为活动温室气体包括《京都议定书》《蒙特利尔破环臭氧层物质管制议定书》和《联合国气候变化框架公约》中的 CO_2、臭氧、CH_4、N_2O、氢氟碳化物、全氟化碳、六氟化硫、三氟化氮 8 种气体。这些气体在大气中的体积、增温效应和潜伏时间如表 3.1 所示，可以明显看出，CO_2、CH_4、N_2O 的增温效应所在份额累计达到 82%，在所有温室气体中体积所占比重也较大。无论是从对全球变暖的贡献上，还是从体积比例来看，CO_2、CH_4、N_2O 都是最核心和绝对主要的 3 种温室气体。因此，本书重点考察土地利用过程中 CO_2、CH_4、N_2O 的排放情况，并统一换算成碳（C）当量来分析。

表 3.1 8 种气体在大气中的体积、增温效应和潜伏时间

温室气体种类	增温效应所占份额/%	体积/百万分率	潜伏时间/年
CO_2	63	360	120
CH_4	15	1.8	12
N_2O	4	0.3	114
氟碳化物类	11	0.001	260
六氟化硫类	7	极小	3 200
臭氧	微弱	0~1	—
三氟化氮	微弱	极小	740

数据来源：IPCC（2007）。

3.1.4 核算体系的边界和排放的范围

土地利用碳排放核算体系的边界和排放的范围如表 3.2 所示。

表 3.2 土地利用碳排放核算体系的边界和排放的范围

土地利用类型		（清单 1）CO_2	（清单 2）CH_4	（清单 3）N_2O
农用地	耕地及园地	①化肥、农药、农膜使用 ②翻耕、灌溉等农业生产活动 ③能源消耗 ④农作物秸秆燃烧	①水稻种植 ②农作物秸秆燃烧 ③能源消耗	农作物种植土壤排放
	牧草地	草原火灾 草地转化	①动物肠道发酵 ②动物粪便管理	动物粪便管理
	林地	①活立木消耗碳排放（原木） ②薪柴燃烧 ③森林火灾毁林	①薪柴燃烧 ②森林火灾毁林	①薪柴燃烧 ②森林火灾毁林

表3.2(续)

土地利用类型		（清单1）CO_2	（清单2）CH_4	（清单3）N_2O
建设用地	工矿用地	①采掘业的能源消耗 ②制造业的能源消耗 ③建筑业的能源消耗 ④氨氮等生产过程 ⑤水泥生产过程 ⑥石灰生产过程 ⑦电石生产过程 ⑧玻璃生产过程	①采掘业的能源消耗 ②制造业的能源消耗 ③建筑业的能源消耗 ④煤炭开采和矿后逃逸 ⑤石油和天然气逃逸	*
	商服用地	①批发业的能源消耗 ②零售业的能源消耗 ③餐饮业的能源消耗 ④住宿业的能源消耗	①批发业的能源消耗 ②零售业的能源消耗 ③餐饮业的能源消耗 ④住宿业的能源消耗	*
	交通用地	①运输业的能源消耗 ②仓储业的能源消耗 ③邮电业的能源消耗	①运输业的能源消耗 ②仓储业的能源消耗 ③邮电业的能源消耗	*
	住宅用地	居民生活能源消耗	居民生活能源消耗	*
	公共管理及公共服务用地	①电力、水生及供应业能源消耗 ②电力调出及调入的间接排放 ③固体废弃物焚烧	①电力、水生及供应业能源消耗 ②废水处理 ③固体废弃物填埋	废水处理

注：本表均为土地利用碳排放的过程，没有包括土地利用碳汇过程；" * "表示无排放过程。

一般情况下，温室气体排放清单可以从温室气体排放过程和排放部门（行业）两个角度划分。基于碳排放过程的划分侧重突出排放机理和过程，碳排放可分为能源活动、工业过程、农林业和废物处理；基于部门（行业）的划分方法侧重于各个独立部门的排放，碳排放可分为工业、建筑业、交通运输业碳排放等。各类土地利用类型上承载着不同的碳排放源，以IPCC、我国《省级温室气体清单编制指南（试行）》以及学者的研究成果为依据，从不同土地利用类型的视角出发，结合数据可得性和计算难易程度去编制土地利用碳排放清单，应具有一定的可操作性。该清单基本上涵盖了土地上承载着的所有的碳排放源，计算出的碳排放量更接近实际情况。

3.1.5 核算方法及碳排放系数的确定

碳排放的核算方法主要有实测法、物料平衡法、排放系数法和模型法，每种方法都有其自身的优缺点，适用于不同国家和不同条件下的碳排放计算。四种碳排放核算方法的比较如表3.3所示。

表 3.3　四种碳排放核算方法的比较

方法	优点	缺点	尺度	使用范围	运用程度
排放系数法	①简单易于操作 ②有成熟的计算公式 ③数据容易获取 ④应用参考实例较多	①不确定性因素较多 ②计算精度粗糙	①宏观 ②中观 ③微观	社会经济源较为稳定、自然排放源不是很复杂的情况	应用广泛、方法论的认识统一、结论权威
物料平衡法	①能较好地区分各类设备和自然源排放的差异 ②操作方法较多	①中间范围过程较多 ②容易出现系统误差 ③数据获取困难 ④数据不具有权威性	①宏观 ②中观	社会经济发展迅速、设备更换频繁、自然源复杂的情况	刚刚兴起、方法论的认识不统一、结论具有不确定性
实测法	①中间环节少 ②结果较为准确 ③方法缺陷最小	①数据获取较为困难 ②受到样品采集与流程处理多种因素的影响	微观	小区域、简单生产链或者能获取一手监测数据的自然排放源的情况	应用时间长、应用范围狭窄
模型法	计算过程严密	数据获取较为困难	①中观 ②微观	小区域内自然排放源的情况	应用时间长、应用范围狭窄

本书核算的碳排放源主要以社会经济排放源为主，而且社会经济排放源活动水平较为稳定，数据容易获取。因此，本书选取排放系数法作为土地利用碳排放核算的具体操作方法，排放系数法的普适计算公式如式（3.1）所示。

$$C_i = \Sigma A_i F_i \qquad (3.1)$$

其中，C_i 表示土地利用温室气体的排放量，A_i 表示第 i 类碳排放源的活动水平，F_i 表示第 i 类碳排放源的排放因子或排放系数。

本书核算的温室气体包括 CO_2、CH_4、N_2O 三类，为了便于统计，将这三类温室气体统一折算为 C 当量进行研究分析。CO_2 与 C 之间的转化系数为 0.272 7，CH_4 与 C 之间的转化系数为 6.818 2，N_2O 与 C 之间的转化系数为 81.272 7。

3.1.5.1 农用地碳排放系数的确定及数据的来源

（1）耕地及园地

使用农资物品产生的直接或间接碳排放，包括化肥、农药、地膜、柴油在生产使用过程中产生的碳排放，据此可以估算出耕地及园地上承载的碳排放量。由于统计数据没有对耕地及园地上农资物品的使用量分别进行统计，本书以各地区耕地及园地各自的比重将其区分，即耕地农资物品使用碳排放量=〔耕地面积/（耕地面积+园地面积）〕×农资物品使用碳排放总量，园地农资物品使用碳排放量=〔园地面积/（耕地面积+园地面积）〕×农资物品使用碳排放总量。各农资物品的碳排放系数如表3.4所示，其中，农资物品使用量以中国农村统计年鉴上的实际值为标准。

表3.4　各农资物品的碳排放系数

碳源类型	碳排放系数/千克·千克	参考来源
化肥	0.895 6	美国橡树岭国家实验室
农药	4.934 1	美国橡树岭国家实验室
农膜	5.180 0	南京农业大学农业资源与生态环境研究所
柴油	0.592 7	IPCC

农作物生长过程中产生的直接或间接碳排放。在水稻、小米、玉米、棉花等农作物种植生长过程中，作物根系破坏土壤表层或与土壤中的化学物质相互作用导致土壤释放出 N_2O 和

CH_4，而 CH_4 主要是由水稻生长释放。我国主要农作物生产过程中 N_2O 排放系数如表 3.5 所示。

表 3.5　我国主要农作物生产过程中 N_2O 排放系数

农作物品种	N_2O 排放系数 /千克·公顷	数据来源
水稻	0.240	王智平等（2003）
春小麦	0.400	于克伟等（1995）
冬小麦	2.050	于克伟等（1995）
大豆	0.770	黄国宏等（1995）、于克伟等（1995）
玉米	2.532	黄国宏等（1995）、王少彬等（1994）
蔬菜	4.210	邱炜红等（2010）
棉花	0.480	张前兵（2013）
其他旱地作物	0.205	王智平等（2003）

水稻 CH_4 排放系数采用《省级温室气体清单编制指南（试行）》推荐值，西北地区为 231.2 千克/公顷。各农作物播种面积的数据来源于各省统计年鉴。本书将此部分碳排放归入耕地碳排放。

农作物秸秆燃烧产生的直接碳排放。随着我国对秸秆资源综合利用效率的提高，农作物秸秆燃烧比例在不断下降。因此，农作物秸秆燃烧产生的碳排放应用农作物秸秆实际燃烧量乘以碳排放系数进行估算。本书通过谷草比与农作物经济产量估算农作物秸秆产生量，以相关政府报告和学术研究成果为依据，确定秸秆综合利用效率，进而确定秸秆实际燃烧比率。农作物秸秆燃烧碳排放系数采用王革华（2006）的研究成果作为估算依据，为 1.247 t C. t⁻¹①。中国主要农作物谷草比如表 3.6 所示。农作物经济产量数据来自各省（自治区、直辖市）统计年鉴。国家发展改革委和原农业部的数据显示，2010 年全国农作物平均秸秆综合利用率为 60% 左右，2015 年全国农作物平均秸秆综合利用率达到 80%。本书按照每年农作物平均秸秆综合利用率上升 2 个百分点的增长比例估算西北地区 2005—2015 年的农作物平均秸秆综合利用率。本书将此部分碳排放归入耕地碳排放。

表 3.6   中国主要农作物谷草比

种类	数值	种类	数值	种类	数值	种类	数值	种类	数值	种类	数值
水稻	0.9	谷子	1.6	大豆	1.6	油菜	0.8	大麻	3.0	向日葵	3.0
小麦	1.1	高粱	1.6	薯类	1.6	棉花	1.5	黄红麻	1.5	苎麻	1.5
玉米	1.2	燕麦	1.6	花生	0.5	芝麻	2.2	胡麻	2.4	亚麻	0.8

数据来源：《农业技术经济手册（修订本）》。

灌溉、翻耕产生的间接碳排放。翻耕破坏了土壤碳库和土壤生态系统的稳定性，进而导致碳排放，灌溉耗能也导致碳排放，耕地的种植制度与园地存在较大差异，耕地一年多种，所以本书将翻耕导致的碳排放归入耕地，翻耕面积以农作物播种面积为准，数据来源于各省（自治区、直辖市）统计年鉴。翻耕和灌溉碳排放系数及来源如表 3.7 所示。西北五个省（自治区、直辖市）地处干旱区，属于灌溉农业，耕地、园地均需要大量用水。本书同样以各地区耕地及园地各自的比重将其区分，即耕地灌溉碳排放量 = ［耕地面积/（耕地面积＋园地面积）］×灌溉碳排放总量，园地灌溉碳排放量 = ［园地面积/（耕地面积＋园地面积）］×灌溉碳排放总量。灌溉面积数据来源于中国农村统计年鉴。

_____

① 1.247 t C. t⁻¹ 意指 1 吨农作物秸秆燃烧会产生 1.247 吨的碳。

表 3.7　翻耕和灌溉碳排放系数及来源

碳源	碳排放系数 /千克·公顷	参考来源
翻耕	312.60	田云等（2012）
灌溉	25.00	Dubey 等（2009）

（2）牧草地

牲畜胃肠发酵、粪便管理过程碳排放。本书将牲畜胃肠发酵、粪便管理过程排放的 CH_4 和 N_2O 归为牧草地上承载的碳排放。估算的畜禽种类确定为牛、马、驴、骡、骆驼、猪、羊和家禽。不同地区畜禽生存的环境和养殖模式存在较大差异，本书主要采用《省级温室气体清单编制指南（试行）》中对西北地区畜禽 CH_4 和 N_2O 排放系数的推荐值。畜禽养殖规模为年底存栏量和该年出栏量的总和，该数据即牧草地碳源的活动水平，畜禽存栏量、出栏量数据来源于各省（自治区、直辖市）统计年鉴和中国农村统计年鉴。西北地区主要牲畜品种的 CH_4 和 N_2O 年排放系数见表 3.8。

表 3.8　西北地区主要牲畜品种的 CH_4 和 N_2O 年排放系数

单位：千克/头

畜禽种类	肠道发酵系数	粪便排放系数	
	CH_4	CH_4	N_2O
奶牛	99.3	5.93	1.447
非奶牛	85.3	1.86	0.545
山羊	6.7	0.32	0.074
绵羊	7.5	0.28	0.074
马	18.0	1.09	0.330
驴	10.0	0.60	0.188

表3.8(续)

畜禽种类	肠道发酵系数	粪便排放系数	
	CH_4	CH_4	N_2O
骡	10. 0	0. 60	0. 188
骆驼	46. 0	1. 28	0. 330
猪	1. 0	1. 38	0. 195
家禽	—	0. 01	0. 007

数据来源:《省级温室气体清单编制指南(试行)》。

(3)林地

活立木消耗间接碳排放。在生长期内,植被通过光合作用可以固定大量 CO_2,采伐木材用于其他用途时,碳从植被内部释放出来。估算该部分碳排放需要的数据包括活立木总蓄积量、活立木蓄积消耗率、平均基本木材密度、生物量转换系数和含碳率,它们的乘积即活立木消耗间接碳排放。其中,活立木总蓄积量数据来源于中国林业统计年鉴,活立木蓄积消耗率、平均基本木材密度、生物量转换系数如表3.9所示。

表3.9 活立木消耗碳排放相关指标数据

省区	活立木蓄积消耗率/%	平均基本木材密度/吨·立方米	生物量转换系数	含碳率/%
陕西	2. 28	0. 558	1. 947	0. 5
甘肃	1. 89	0. 462	1. 789	0. 5
青海	1. 27	0. 408	1. 827	0. 5
宁夏	3. 30	0. 444	1. 798	0. 5
新疆	1. 55	0. 393	1. 683	0. 5

数据来源:《省级温室气体清单编制指南(试行)》。

柴薪燃烧直接碳排放。柴薪燃烧会产生 CO_2、CH_4 和 N_2O

三类温室气体。柴薪燃烧 CO_2 排放量的估算需要的数据包括柴薪燃烧量、燃烧生物量氧化系数、地上生物量碳含量，它们的乘积即柴薪燃烧 CO_2 排放量。柴薪燃烧量的数据来源于中国林业统计年鉴，后两者采取 IPCC 国家温室气体清单指南中的推荐值，分别为 0.9 和 0.5。而柴薪燃烧 CH_4 和 N_2O 排放系数引用《省级温室气体清单编制指南（试行）》中的推荐值，分别为 2.550 克/千克和 0.080 克/千克。

森林火灾毁林直接碳排放。该过程同样产生 CO_2、CH_4 和 N_2O 三类温室气体。森林火灾毁林 CO_2 排放量估算需要的数据包括毁林量、燃烧生物量氧化系数、地上生物量碳含量，它们的乘积即森林火灾毁林 CO_2 排放量。毁林量数据来源于中国林业统计年鉴，后两者采取 IPCC 国家温室气体清单指南中的推荐值，分别为 0.9 和 0.5。根据《省级温室气体清单编制指南（试行）》推荐公式计算得出，森林火灾毁林 CH_4 排放量为 CO_2 排放量的 0.012 倍，森林火灾毁林 N_2O 排放量为 CO_2 排放量的 0.000 7 倍。

3.1.5.2 建设用地利用碳排放的估算及其系数的确定

（1）工矿用地

能源消耗直接碳排放。本书将采掘业、制造业和建筑业能源消耗碳排放归入工矿用地上承载的碳排放。本书将要测算的能源类型确定为原煤、焦炭、原油、汽油、煤油、柴油、燃料油、天然气和液化石油气。能源消耗会产生 CO_2 和 CH_4 两类温室气体，IPCC 公布了能源消费的总碳排放系数，各种能源碳排放系数如表 3.10 所示，各类能源消耗量数据来源于中国能源统计年鉴和各省（自治区、直辖市）统计年鉴。

表 3.10　各种能源碳排放系数

单位：千克/千克

能源类型	碳排放系数	能源类型	碳排放系数
原煤	0.755 9	煤油	0.571 0
焦炭	0.855 0	柴油	0.592 1
原油	0.585 7	燃料油	0.618 5
汽油	0.553 8	天然气	0.448 0

数据来源：IPCC 以及《省级温室气体清单编制指南（试行）》。

石油和天然气系统直接或间接碳排放。石油和天然气系统碳排放主要集中在开采加工环节，运输环节也有少量排放，不在本次估算范围。《省级温室气体清单编制指南（试行）》提供的石油和天然气系统 CH_4 逃逸排放系数分别为 54.2 吨/亿立方米和 0.05 吨/万吨。石油和天然气生产量数据来源于中国能源统计年鉴和各省（自治区、直辖市）统计年鉴。

煤炭开采及矿后直接或间接碳排放。煤炭开采过程中会有部分 CH_4 逃逸。煤炭开采和矿后活动 CH_4 逃逸碳排放可以利用各个矿井的实测 CH_4 涌出量进行计算，无须确定排放因子，但是实测数据的获得较为困难。按照《省级温室气体清单编制指南（试行）》提供的方法，可将煤矿分为国有重点、国有地方和乡镇（包括个体）煤矿三大类。煤炭开采及矿后 CH_4 逃逸排放系数如表 3.11 所示，我们取其平均值作为计算依据。煤炭生产量数据来源于中国能源统计年鉴和各省（自治区、直辖市）统计年鉴。

表 3.11　煤炭开采及矿后 CH_4 逃逸排放系数

单位：千克/吨

煤矿类型	国有重点煤矿	国有地方煤矿	乡镇煤矿	平均值
CH_4 逃逸排放系数	6.445	6.453	5.336	6.078

数据来源：《省级温室气体清单编制指南（试行）》。

工业生产过程碳排放。由于工业生产过程的复杂性和工艺的多样性，工业产品生产碳排放机理较为复杂，许多行业生产过程的基础数据收集难度很大，本书重点估算水泥、钢铁、电石、烧碱、玻璃和合成氨等产品生产过程中的 CO_2 排放。这些工业产品生产过程中的 CO_2 排放系数及来源如表 3.12 所示，工业产品产量数据来源于各省（自治区、直辖市）统计年鉴。

表 3.12　工业产品生产过程中 CO_2 排放系数及来源

工业产品	系数 /千克·千克	数据来源
水泥	0.538	《省级温室气体清单编制指南（试行）》
钢铁	0.452	《省级温室气体清单编制指南（试行）》
电石	1.154	《省级温室气体清单编制指南（试行）》
烧碱	0.138	陈红敏（2009）
玻璃	0.210	陈红敏（2009）
合成氨	3.273	蔡博峰（2011）

（2）商服用地

能源消耗直接碳排放。本书将批发业、零售业、餐饮业、住宿业能源消耗的碳排放归入商服用地上承载的碳排放。能源消耗类型及消耗量、碳排放系数及来源与工矿用地一致。

（3）交通用地

能源消耗直接碳排放。本书将运输业、仓储业、邮电业能源消耗碳排放归入交通用地上承载的碳排放。能源消耗类型及消耗量、碳排放系数及来源与工矿用地一致。

（4）居住用地

能源消耗直接碳排放。本书将居民生活能源消费碳排放归入住宅用地上承载的碳排放。能源消耗类型及消耗量、碳排放系数及来源与工矿用地一致。

（5）公共管理与公共服务用地

能源消耗直接碳排放。本书将电力、煤气、水生及供应业能源消耗碳排放归入公共管理与公共服务用地上承载的碳排放。能源消耗类型及消耗量、碳排放系数及来源与工矿用地一致。

电力调配间接碳排放。因为电力能源对 CO_2 的排放也有影响，所以需要核算电力调入调出中间接带来的 CO_2 排放量。国家发展改革委原应对气候变化司公布了西北地区电网 CO_2 的排放因子，如表 3.13 所示，电力调入与调出的数据来源于中国能源统计年鉴和各省（自治区、直辖市）统计年鉴。

表 3.13　西北地区电网 CO_2 排放因子

单位：千克/千瓦·时

省份	陕西	甘肃	青海	宁夏	新疆
排放系数	0.869 6	0.612 4	0.226 2	0.818 4	0.763 6

数据来源：根据国家发展改革委原应对气候变化司（2013）的数据整理而得。

固体废弃物处理碳排放。固体废弃物填埋产生大量 CH_4，而焚烧则会产生大量 CO_2。本书借鉴《省级温室气体清单编制指南（试行）》推荐的公式计算出固体废弃物处理中的 CH_4 与 CO_2 排放系数，如表 3.14 所示。固体废弃物产生量、处理量的数据来源于各省（自治区、直辖市）统计年鉴。

表 3.14　固体废弃物处理中的 CH_4 与 CO_2 排放系数

单位：千克/千克

处理方式	生活垃圾填埋	工业固体废弃物填埋	生活垃圾焚烧	工业固体废弃物焚烧
温室气体	CH_4	CH_4	CO_2	CO_2
系数	0.118 4	0.167 3	0.271 7	3.201

数据来源：根据《省级温室气体清单编制指南（试行）》推荐公式计算整理而得。

废水处理碳排放。生活污水和工业废水处理产生大量 CH_4 和 N_2O，我们用生活污水中有机物总量与排放系数的乘积而得，采用《省级温室气体清单编制指南（试行）》的推荐公式计算出废水处理 N_2O 和 CH_4 排放系数，如表 3.15 所示。但在我国只有化学需氧量（COD）的统计数据资料，采用《省级温室气体清单编制指南（试行）》的推荐的数值，西北地区 BOD/COD=0.41，COD 数据来源于中国统计年鉴和各省（自治区、直辖市）统计年鉴。

表 3.15　废水处理 N_2O 和 CH_4 排放系数

单位：千克/吨

废水处理	生活污水	工业废水	生活污水	工业废水
温室气体	CH_4	CH_4	N_2O	N_2O
系数	40.60	30.01	8.02	7.04

数据来源：根据《省级温室气体清单编制指南（试行）》推荐公式计算整理而得。

3.2　土地利用碳排放效率的研究方法

土地利用碳排放效率属于生态效率范畴，我们梳理生态效率相关的研究方法，可以为测算土地利用碳排放效率的方法选取提供理论依据。总体上看，国内外有关生态效率的研究方法主要有物质流法、生态服务价值法、能值法、生产前沿分析法和综合指标体系法。

3.2.1　物质流法

物质流方法是从生态、地理、人文、经济、管理等不同学科交叉衍生出来的，是社会经济代谢系统的主流分析法，通过追踪物质的来龙去脉，我们可以准确定位问题的症结所在。物质流分析基于物质平衡理论，是从社会代谢的理论出发，把进入和排出社会经济系统的各种物质进行系统分类，能够对整个系统进行代谢水平的定量核算。物质流分析中，分析分为投入、排出和存量指标，物质投入的常用指标是资源消损强度与要素利用效率。从期望产出的角度来看，资源利用效率是单位经济产出所需要的物质投入；从非期望产出的角度来看，资源利用效率是单位污染物产出所需要消耗的物质。这反映经济系统的运行效率和经济发展对自然资源的依赖程度，也反映出经济发展的环境代价。该方法在计算土地利用碳排放效率的运用中，主要是通过物质流将土地利用过程中各种投入产出通过质量的形式将各种维度的指标进行统一和归类。在生态效率的概念框架下（经济产出或者要素投入/生态负荷），本书用物质流分析核算结果来表示土地利用的碳排放生态负荷。

3.2.2　生态服务价值法

在经济社会中，生态自然环境提供的生态系统服务功能并没有在市场中体现出来，或者对其提供的市场价值并没有得到合理的计算，因而决策者在进行决策时，对生态系统提供的服务及其所创造的价值没有进行合理考虑。生态服务价值是指人类从生态系统中得到的直接或者间接的利益，其中包含由经济社会输入的有用物质、能量和接受转化来自经济系统的无用物质以及由人类社会提供的具有货币价值量的核算。核算的生态服务包括供给、调节、文化和支持等服务。在土地利用碳排放效率研究中，本书主要是通过成本收益法、市场价值法等将土地利用过程中要素投入产生的碳排放对环境造成的价值损失进行核算，用于评价土地利用碳排放的环境承载力。

3.2.3 能值法

能值法是由奥杜姆为首创立的生态经济系统研究理论和方法，在理论和传统能量分析的基础上，将各种能量形式都转化为统一的单位（太阳能焦耳），因而任何资源、产品或劳务形式形成所需要的直接或者间接太阳能之和就是所具有的太阳能值。土地利用碳排放效率研究中，通过土地利用过程中要素投入量和要素能值转化系数可计算出要素的能量值。由于采用统一的能值单位，土地利用的经济社会系统中，各种类型的要素均可以转化为可统一比较的形式进行分析，并能通过评价其在经济系统中的地位及作用，综合分析出各个要素的能量流、物质流和货币流，得出一系列能反映系统结构、效率、功能的指标。能反映资源环境对社会产品和服务的形成所投入的无偿服务，即土地利用碳排放导致的生态成本。

3.2.4 生产前沿分析法

生产前沿是指所有带检测样本的投入产出值尽可能地逼近于其外部边界。因此，生产前沿上的生产单元具有最优生产行为。根据研究方法的不同，生产前沿可以分为参数前沿分析和非参数前沿分析。目前，生态环境效率的测度大多都采用这两种分析方法。随机前沿分析法（简称"SFA"）的局限在于不能用于多个输出的情况，只能是单一的输出，而数据包络分析法（简称"DEA"）可以用于多个输出的情况，目前被广泛应用于各个行业的生态效率评价。DEA是数学、运筹学、数量经济学和管理科学交叉所产生的新兴领域。DEA根据线性规划方法评价多个输入、输出部门的有效性，通过判断决策单元是否处于"生产前沿面"上来判断决策单元数据是否有效。

3.2.5 综合指标体系法

在生态效率研究领域，伊科（2015）从资源、环境、经济三个方面构建了能源生态效率指标体系，如表3.16所示。在碳排放效率研究领域，张雪花等（2015）从单位碳排放的经济产出水平、人口承载力和人均可支配收入三个方面构建了"全碳效率"综合指数，如表3.17所示。

表3.16 伊科（2015）提出的能源生态效率指标体系

一级指标	二级指标	三级指标	解释
能源生态效率	资源	能源消耗	能源消费总量
		水资源消耗	用水总量
		土地消耗	建设用地面积
	环境	废水排放	废水排放量、化学需氧量
		废气排放	二氧化硫排放量、烟尘排放量、粉尘排放量
		固废排放	工业固体排放量
	经济	—	GDP或增加值

表3.17 张雪花等（2015）提出的"全碳效率"综合指数

一级指标	二级指标	解释
全碳效率	单位碳排放GDP产出	GDP总量/碳排放量
		人均GDP/人均碳排放量
		人均GDP/人均碳足迹
	单位碳排放人口承载能力	人口总量/碳排放量
		1/人均碳排放量
		1/人均碳足迹
	单位碳排放人均可支配收入	人均可支配收入/人均碳排放量
		可支配收入总量/碳排放量
		人均可支配收入/人均碳足迹

综合指标体系实质上是单一指标的延伸，是由相互独立但是整体联系的各个指标构成的碳排放效率的指标集，综合指标体系可以综合反映资源、经济、环境、社会各系统的相互关系。综合指标体系测算碳排放效率的关键是确定指标权重，目前确定指标权重的方法主要有德尔菲法、层次分析法、因子分析法和熵值法等。

3.3 土地利用碳排放效率的测算方法

从生态效率的主要研究方法中可以发现，生态效率的核算体系有两种情况：一是单一要素视角下的生态效率，在物质流法、投入产出法、生态服务价值法、能值法中被广泛、成熟地运用；二是全要素视角下的生态效率，在数据包络分析法和随机生产前沿法中被广泛、成熟地运用，仅有少部分学者从综合指标体系的视角来衡量生态效率。

3.3.1 单要素视角下土地利用碳排放效率的测算方法

目前大多数学者以单位 GDP 碳排放量的多少来衡量碳排放效率，在学术界也具有权威性，但是根据土地利用碳排放效率的定义不难发现，碳排放效率可以从投入、产出两个角度入手，投入指的是土地利用过程中土地资源、水资源、能源、资金、劳动力等要素资源的投入，产出指的是 GDP、人均 GDP、碳排放等经济产出和污染产出。所以，土地利用碳排放效率应该包括投入和产出两个方面，可以表示土地利用碳排放效率测算的指标包括能源投入、资金投入、土地资源投入、水资源投入、劳动力投入和经济产出。此外，也有学者考虑到了碳排放造成的环境损失对社会福利的影响。

（1）能源投入碳排放效率。其表示土地利用过程中，能源投入导致的碳排放量。该指标反映的是能源配置与碳排放之间的关系，其值越小，表明碳排放效率越高。

（2）资金投入碳排放效率。其表示土地利用过程中，资金投入导致的碳排放量。该指标反映的是资金配置与碳排放之间的关系，其值越小，表明碳排放效率越高。

（3）土地资源投入碳排放效率。其表示土地利用过程中，土地资源投入导致的碳排放量。该指标反映的是土地资源配置与碳排放之间的关系，其值越小，表明碳排放效率越高。

（4）水资源投入碳排放效率。其表示土地利用过程中，水资源投入导致的碳排放量。该指标反映的是水资源配置与碳排放之间的关系，其值越小，表明碳排放效率越高。

（5）劳动力投入碳排放效率。其表示土地利用过程中，劳动力投入导致的碳排放量。该指标反映的是劳动力配置与碳排放之间的关系，其值越小，表明碳排放效率越高。

（6）经济产出碳排放效率。其表示土地利用过程中，经济产出导致的碳排放量。该指标反映的是经济效益与碳排放之间的关系，其值越小，表明经济产出效率越高。

单一要素视角下的土地利用碳排放效率可以直接利用两个指标的比值计算得到。如式（3.2）至式（3.7）所示。

$$能源投入碳排放效率=碳排放量/能源投入量 \qquad (3.2)$$

$$资金投入碳排放效率=碳排放量/资金投入量 \qquad (3.3)$$

$$土地资源投入碳排放效率=碳排放量/土地投入量 \qquad (3.4)$$

$$水资源投入碳排放效率=碳排放量/水资源投入量 \qquad (3.5)$$

$$劳动力投入碳排放效率=碳排放量/劳动力投入量 \qquad (3.6)$$

$$经济产出碳排放效率=碳排放量/GDP \qquad (3.7)$$

3.3.2　全要素视角下土地利用碳排放效率的测算方法

全要素碳排放是在单要素碳排放效率分析的基础上加以改进和完善的，这种碳排放效率也叫作碳排放综合效率，又称为全要素碳排放效率。从本质上讲，它反映的则是一个国家（地区）为了发展经济同时为了保护环境在一定时期里表现出来的能力和努力程度，是技术进步对经济发展、资源利用和生态环境作用的综合反映。它反映三个方面的内涵：一是土地利用技术的进步；二是经济的规模效益；三是碳排放效率的改善。

全要素视角下的土地利用碳排放效率可以用 DEA 模型和 SFA 模型进行计算，结合全书的研究内容和研究目的，本书选取 DEA 模型作为全要素视角下的土地利用碳排放效率的研究方法。DEA 模型可以利用多投入和多产出来评价研究对象的有效性，其以投入趋近无冗余、产出趋近无亏空为测度的中心原则。但在实际生产中，过度追求无亏空的产出就会增加非期望的产出，而最佳的经济效率则需要增加期望产出，减少非期望产出。因此，经典的 DEA 模型无法解决产生的非期望问题。Tone（2004）根据目标函数，把松弛变量引入目标函数，构建了 CCR-SBM 模型，能同时解决投出—产出松弛型的问题和对象效率评价的问题。

假定生产者使用 N 种投入品生产 M 种好产出和 L 种坏产出，投入向量 $x = (x_1, x_2, \cdots\cdots, x_N)$，好产出向量 $y = (y_1, y_2, \cdots\cdots, y_N)$，坏产出向量 $b = (b_1, b_2, \cdots\cdots, b_L)$，由此该生产者的生产技术可以定义为如下产出集：

$$Q(x) = \{(y, b): x \text{ can produce}(y, b)\} \qquad (3.8)$$

我们对式（3.8）做如下假设：

假设 1：好产出与坏产出是同时产生的，即 $(y, b) \in Q(x)$，且 $b = 0$，那么 $y = 0$。这也就意味着，没有坏产出也就没有好产出。

假设 2：好产出与坏产出是弱处置的，即（y，b）∈ Q（x），且 $0 \leq \lambda \leq 1$，那么（λy，λb）∈ Q（x）。这也就意味着，坏产出与好产出可以按照一定比例变化，那么坏产出的减少是需要成本的。

假设3：好产出可以自由处置，即（y，b）∈ Q（x），且 $y^* < y$，那么（y^*，b）∈ Q（x）。这也就意味着，在不产生成本的情况下，处理掉任何好产出都是可行的。

方向产出距离函数是符合上述假设的生产技术的函数表现形式，如式（3.9）所示：

$$D(x,y,b;g_y,-g_b) = \max\{\rho:(y+\rho g_y, b-\rho g_b) \in Q(x)\}$$

(3.9)

其中，$g = (g_y, -g_b)$ 是方向向量。方向距离产出距离函数描述了在给定生产技术下，好产出的最大可行和坏产出的最大可行减量。方向产出距离函数如图（3.2）所示。

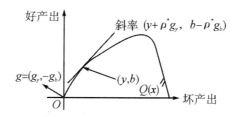

图3.2　方向产出距离函数

给定生产技术 Q（x）和方向向量 $g = (g_y, g_b) > 0$，方向产出距离函数在扩大产出 y 的同时，沿着方向向量减少坏产出 b 的产量，直到达到生产集 Q（x）的边界。对于处于生产边界下方的（y，b）而言，可以沿着方向向量增加好产出，并同时减少坏产出 b 的产量，直到达到生产集边界上的点（$y+\rho^* g_y$，$b-\rho^* g_b$），其中 $\rho^* = D$（x，y，b；g_y，$-g_b$）就是方向产出距离函数的值。如果 $\rho = 0$，说明生产者处于生产前沿，生产有效；相反，如果 $\rho > 0$，说明生产者存在无效率情况，此时，生产者可以通过沿着方向向量增加好产出，同时减少坏产出，最终实现生产有效。ρ 越大表示生产者的效率越低。

方向产出距离函数是基于径向和角度的 DEA 模型方法。角度是指分析前需要确定是投入导向或者产出导向，这就导致不能从多角度来对效率进行准确评估。径向指当投入或产出存在非零松弛时，径向模型 DEA 导致效率偏高，无法反映出真实情况。Tone（2004）提出非径向、非角度 SBM-DEA 模型，提高了效率测度的准确性。表达式如式（3.10）所示。

$$\min\rho = \frac{1 - \dfrac{1}{m}\sum\limits_{i=m}^{m}\dfrac{s_i^-}{x_{i0}}}{1 + \dfrac{1}{s_1 + s_2}\left(\sum\limits_{r=1}^{s_1}\dfrac{s_r^g}{y_{r0}^g} + \sum\limits_{r=1}^{s_2}\dfrac{s_r^b}{y_{r0}^b}\right)} \tag{3.10}$$

$$\begin{cases} x_0 = X\lambda + S^- ; \\ x_0 = X\lambda + S^+ ; \\ y_{r0}^g = Y^g\lambda - S^g ; \\ y_{r0}^b = Y^b\lambda + S^b ; \\ \lambda \geqslant 0, \ S^- \geqslant 0, \ S^b \geqslant 0, \ S^g \geqslant 0 \end{cases} \tag{3.11}$$

其中，ρ 为土地利用过程中的碳排放效率，λ 为权重变量，$S^{+/-}$ 为投入产出松弛变量，m_i、s_i 为投入类型和产出类型。

在以上标准下的 SBM-DEA 模型中，有效的决策单元均在前沿面上，效率得分均为 1。这将导致两个方面的问题：一是无法区分这些有效率的决策单元，在此基础上的分析尤其是回归分析不一定准确；二是无法正确识别有效率决策单元的变化特征。为了解决这两个问题，Andersen 和 Petersen（1993）提出了超效率模型，在超效率模型中，无效率的决策单元的决策值与标准

SBM–DEA 模型一致，而对于有效决策单元，其效率值可以大于
1，从而体现出差异性和层次性。

$$\min\rho = \frac{1 + \dfrac{1}{(m+k)}\left(\sum\limits_{i=1}^{m}\dfrac{w_i^-}{x_{ij0}} + \sum\limits_{t=1}^{k}\dfrac{w_t^-}{z_{ij0}}\right)}{1 - \dfrac{1}{s}\sum\limits_{r=1}^{s}\dfrac{w_r^+}{y_{ij0}}} \qquad (3.12)$$

$$\begin{cases} \sum\limits_{j=1, \, j \neq j0}^{n} \lambda_j x_{ij0} - w_i^- \leqslant x_{ij0}, & i = 1, 2, \cdots\cdots, m \\[2mm] \sum\limits_{j=1, \, j \neq j0}^{n} \lambda_j y_{ij0} + w_r^+ \leqslant y_{ij0}, & r = 1, 2\cdots\cdots, s \\[2mm] \sum\limits_{j=1, \, j \neq j0}^{n} \lambda_j z_{ij0} - w_t^- \leqslant z_{ij0}, & t = 1, 2, \cdots\cdots, k \end{cases} \qquad (3.13)$$

$$\lambda_j \geqslant 0, \ j = 1, 2, \cdots\cdots, n$$

$$0 \leqslant w_r^+ \leqslant y_{ij0}, \ w_i^- \geqslant 0, \ w_t^- \geqslant 0$$

其中，w_i^- 为投入节省量；w_r^+ 为期望产出的产出盈余；w_t^- 为非期
望产出的产出节省，要求模型中的数值都尽量小，并且目标函
数是关于 w_i^-、w_r^+、w_t^- 的增函数。

3.3.3　单要素与全要素核算方法的对比分析

单要素和全要素两者之间的区别如下：

3.3.3.1　单要素土地利用碳排放效率的优缺点

不难看出，单要素视角下的土地利用碳排放效率由反映碳
排放与资源或者经济有关的两个指标的比值构成，计算极其简
单，但是政策指导意义不强。例如，单要素土地利用碳排放效
率仅反映了土地利用碳排放与要素资源投入之间的关系，或者
与经济增长之间的关系，或者是片面反映了要素使用导致的土
地利用碳排放的规模。这不仅不能将经济、资源和环境三者纳
入统一的研究框架之内，而且还不能全面反映生产过程中各投

入要素的整体效率，割断了土地利用过程中"资源—经济—社会—碳排放"的相互作用的关系。但由于计算过程简便，目前这种方法运用较为广泛。

3.3.3.2 全要素土地利用碳排放效率的优缺点

它能反映土地利用过程中投入与产出之间的关系，通常表现为一个综合体系的效率，变量之间的关系比较复杂，一般而言需要专门的模型才能比较准确地反映各个变量之间的关系，而且模型计算量庞大，需要专门的计量模型（比如 DEA 模型、SFA 模型）。指标的选取也需要有合理性和较大的研究价值，要能充分考虑经济、资源、环境的关系，并将三者纳入统一完整的研究框架。全要素碳排放效率能反映多个投入量和产出量之间的关系，并由于测算过程设置了前沿面，当效率值达到 1 时即为最优，对于效率值未达到 1 的生产单元，一般为投入产量和产出变量的无效性，模型会反映出各个变量的改进程度，对投入或产出做出改动后，能使整个效率达到最优的前沿面。因此，这种方法在实际运用中功能强大、实用性强。目前，这种方法比较成熟，参考案例也更多。

综上所述，全要素碳排放效率的核算方法功能更强大，实用性更强。考虑到全要素碳排放效率是以单要素效率为基础的，本书将以单要素碳排放效率测算为基础，深入研究全要素土地利用碳排放效率的时空特征、收敛性、影响因素及其减排潜力。

3.4 本章小结

本章阐述了相关国际机构和研究学者从不同视角编制的碳排放清单内容，为土地利用碳排放核算体系的构建提供了实践依据。本章内容主要从两个方面进行论述：一是如何构建土地利用碳排放核算体系，为估算西北地区土地利用碳排放量进行铺垫；二是阐述土地利用碳排放效率的研究与测算方法，为探索测算西北地区土地利用碳排放效率及分析其演变规律、影响因素进行铺垫。

4 西北地区土地利用碳排放格局分析

　　我们在介绍西北地区自然地理、社会经济、土地利用概况的基础上，以第 3 章的土地利用碳排放核算体系为研究依据，以西北五省（自治区）统计年鉴数据为依据，计算出 2005—2015 年西北地区的土地利用碳排放量，形成具体年度、不同土地利用类型、不同省（自治区）的碳排放清单，把握西北地区土地利用碳排放的基本情况，为土地利用碳排放效率的实证研究奠定基础。

4.1　研究区域概况

4.1.1　自然地理概况

　　西北地区分类包括自然区域划分和行政区域划分两种。自然区域划分包括大兴安岭西部的昆仑山脉、阿尔金山脉和祁连山脉北部区域，属于我国的四大自然区之一。行政区域划分包括陕西、甘肃、青海、宁夏、新疆。自然区划下的西北地区难以获取较为系统和完整的数据资料，所以本书要研究的对象是西北五省（自治区）。西北五省（自治区）与内蒙古、山西、河南、湖北、重庆、四川、西藏 7 个省（自治区、直辖市）相邻，与俄罗斯、蒙古、哈萨克斯坦、塔吉克斯坦、吉尔吉斯斯坦、伊朗、巴基斯坦、印度 8 个国家接壤。气候属于温带季风气候和温带大陆性气候，降水自东向西、自南向北递减，干旱是本区的主要自然特征；地形地貌以高原、平原、盆地为主。

4.1.2 社会经济概况

2015 年，西北五省（自治区）全年实现生产总值39 465.80 亿元，占全国生产总值的6%。经济发展主要依靠自然资源、土地投入和劳动力投入推动，以农业、采掘业以及原材料工业为支柱性产业，区域整体经济发展水平落后于中、东部地区。平均人均生产总值和平均农村居民人均可支配收入分别为39 776.80 元和8 420.44 元，远低于全国人均生产总值（50 251.00 元）和全国农村居民人均可支配收入水平（11 421.71 元），人民生活水平比较低，是中国贫困人口相对集中的地区。

陕西位于西北腹地，拥有较为完善的交通系统，是新亚欧大陆桥重要交通枢纽；能源资源富集，工业体系较为完备；特色农业发展迅速，是西北五省（自治区）中经济社会发展较好的省份。2015 年，陕西全年生产总值为18 021.86 亿元，比上年增长8.04%，在全国生产总值排第十六位，在西北五省（自治区）排第一位；人均生产总值为47 626 元，比上年增长1.59%，处于全国人均生产总值第十四位和西北五省（自治区）人均生产总值第一位，高于全国人均生产总值水平（47 203 元）和西北五省（自治区）人均生产总值水平（39 776.8 元）。从产业增加值来看，第一产业增加值为1 597.63 亿元，比上年增长5.17%；第二产业增加值为9 082.13 亿元，比上年增长7.34%；第三产业增加值为7 342.10 亿元，比上年增长9.63%。从产业结构演进来看，陕西三次产业的增加值呈"二三一"结构，基本符合克拉克、库兹涅茨等人关于产业结构优化升级的趋势研究。与全国三次产业经济结构（9：41：50）比较，陕西三次产业经济结构（8.86：50.40：40.74）滞后于全国平均水平，产业结构高级化进程缓慢。与西北五省（自治区）比较来看，一方面，由于受资源禀赋相似、地理位置临近、经济政策趋同等因素影响，陕西三次产业结构与西北其他三个省（自治区）三次产业结构具有高度的趋同性。另一方面，陕西第二产业在区域经济发展中产值贡献率最大，其中，能源化工、装备制造、有色冶金等资源型工业占据绝对优势地位，资源导向作用明显；第三产业缺乏资金和高新技术的带动，发展滞后于西北五省（自治区）平均水平，增长缓慢；由于特殊的自然条件限制，农业生产发展水平相对落后。

甘肃地形东西狭长，是连接欧亚大陆桥的战略通道和沟通西南、西北地区的重要交通枢纽，是全国重要的新能源基地、有色冶金新材料基地和特色农产品生产与加工基地。2015 年，甘肃全年生产总值为 6 790.32 亿元，比上年增长 8.14%，在全国生产总值排第二十七位，在西北五省（自治区）排第三位；人均生产总值为 26 165 元，比上年增长 7.72%，处于全国人均生产总值第三十一位和西北五省（自治区）人均生产总值第五位，远远低于全国人均生产总值水平和西北五省（自治区）人均生产总值水平。从第一、第二、第三产业增加值来看，第一产业增加值为 954.09 亿元，比上年增长 5.44%；第二产业增加值为 2 494.77 亿元，比上年增长 7.42%；第三产业增加值为 3 341.46亿元，比上年增长 9.75%。从全国三次产业结构来看，甘肃三次产业结构（14.05：36.74：49.21）不太合理，落后于全国平均水平，产业结构亟须调整和升级。从西北五省（自治区）来看，甘肃第一产业占比仅次于新疆，但由于特殊的地理条件和气候条件，农业基础薄弱，以种植业为主，牧渔业不发达，产业化水平较低；工业以石油化工、有色冶金等资源依赖程度高的产业为主，轻重比例失调，结构单一，技术含量和附加值较低。服务业较其他四个省（自治区）发展较快，但也只是以商品流通和一般服务业为主，与知识、信息科技相比，金融等相关服务业的专业化和社会化水平还较低。

青海地处世界屋脊，自然条件严酷，生态环境脆弱；基础设施薄弱，交通通信不畅；煤、石油、天然气以及盐湖类矿产资源丰富，工业发展潜力大；高原牧草地资源丰富，农牧业生产方式粗放。总体来看，青海经济发展水平比较落后。2015 年，青海全年生产总值为 2 417.05 亿元，比上年增长 8.26%，在全国生产总值排第三十位，在西北五省（自治区）排第五位；人均生产总值为 41 252 元，比上年增长 7.21%，处于全国人均生产总值第十七位和西北五省（自治区）人均生产总值第三位，低于全国人均生产总值水平，高于西北五省（自治区）人均生产总值水平。从产业增加值来看，第一产业增加值为 208.93 亿元，比上年增长 5.12%；第二产业增加值为 1 207.31 亿元，比上年增长 8.44%；第三产业增加值为 1 000.81 亿元，比上年增长 8.64%。与全国三次产业结构比较，青海三次产业结构（8.64：49.95：41.41）不太合理，需要进一步调整。从西北五省（自治区）来看，青海第二产业占比仅次于陕西，水能资源、石油、天然气资源、盐湖资源等具有比较优势；农业以畜牧业为主，产业化水平低；服务业发展滞后。

宁夏地处内陆，交通基础设施相对滞后；工业以煤炭、石油等资源导向型为主，轻重工业比例不协调；农业以枸杞、葡萄、红枣等产业为主，产业基础薄弱。总体来看，宁夏经济发展水平较低。2015 年，宁夏全年生产总值为 2 911.77 亿元，比上年增长 8.01%，在全国生产总值排第二十九位，在西北五省（自治区）排名第四位；人均生产总值 43 805 元，比上年增长

6.92%，处于全国人均生产总值第十五位和西北五省（自治区）人均生产总值第二位，低于全国人均生产总值水平，高于西北五省（自治区）人均生产总值水平。从三次产业增加值来看，第一产业增加值为237.76亿元，增长4.62%；第二产业增加值为1 379.6亿元，增长8.57%；第三产业增加值为1 294.41亿元，增长6.96%。与全国三次产业结构比较，宁夏三次产业结构（8.17∶47.38∶44.45）仍不合理，需要调整。从西北五省（自治区）来看，宁夏第一产业占比为8.17%，在西北五省（自治区）中的占比最小，农业生产规模小，产业化水平低，应对风险能力差，弱质性没有根本改变；第二产业以煤炭、化工、有色金属采掘为主，单一化严重，高技术产业比重低，市场竞争力差；第三产业发展相较好，但仍有较大的提升空间。

新疆位于西部边陲，新亚欧大陆桥贯穿全境，是向西开放的重要门户；区域内石油、煤炭、天然气等自然资源丰富，工业发展潜力巨大；地广人稀，农业机械化条件好，农业经济发展迅速；深居内陆，干旱少雨，生态环境比较脆弱。2015年，新疆全年生产总值为9 324.80亿元，比上年增长8.82%，在全国生产总值排第二十六位，在西北五省（自治区）排第二位；人均生产总值为40 036元，比上年增长6.63%，处于全国人均生产总值第十九位和西北五省（自治区）人均生产总值排名第四位，低于全国人均生产总值水平，略高于西北五省（自治区）人均生产总值水平。第一产业增加值为1 559.08亿元，增长5.84%；第二产业增加值为3 596.40亿元，增长6.92%；第三产业增加值为4 169.32亿元，增长12.70%。从全国三次产业结构来看，新疆三次产业结构（16.7∶38.6∶44.7）不太合理，落后全国平均水平。从西北五省（自治区）来看，一方面，新疆农业第一产业占比高于其他四省（自治区），第二产业大而不强，第三产业发展滞后但好于陕西和青海。另一方面，产业内部结构单一化严重，农业以种植业为主，林果业、牧业优势未能充分发挥；工业以采掘业为主，轻重工业不协调，加工技术落后，工业品附加值低，资源优势未能转化为经济优势；服务业以交通运输、仓储、批发零售、餐饮住宿等为主，亟须向现代服务业转型升级。

2015年西北五省（自治区）经济发展概况如表4.1所示。

表4.1　2015年西北五省（自治区）经济发展概况

省（自治区）	生产总值/亿元	人均生产总值/元	第一产业增加值/亿元	第一产业占比/%	第二产业增加值/亿元	第二产业占比/%	第三产业增加值/亿元	第三产业占比/%
陕西	18 021.86	47 626	1 597.63	8.86	9 082.13	50.40	7 342.10	40.74
甘肃	6 790.32	26 165	954.09	14.05	2 494.77	36.74	3 341.46	49.21
宁夏	2 911.77	43 805	237.76	8.17	1 379.6	47.38	1 294.41	44.45
青海	2 417.05	41 252	208.93	8.64	1 207.31	49.95	1 000.81	41.41
新疆	9 324.80	40 036	1 559.08	16.70	3 596.40	38.60	4 169.32	44.70
西北地区	39 465.80	39 777	4 557.49	100.00	17 760.21	100.00	17 148.10	100.00

数据来源：根据西北五省（自治区）统计年鉴整理计算而得。

4.1.3　土地利用概况

西北地区地域辽阔，土地资源丰富，土地面积达30 985.40万公顷，占我国国土面积的32.28%。土地利用呈现出以下特征：

第一，土地利用率不高，土地利用以农用地为主，建设用地规模较小。因为土地受到自然条件与技术的限制，绝大部分的裸地、沙漠不能被开发利用，所以未利用地面积在土地利用结构中的占比最大，占土地利用面积的54.01%。农用地面积为13 804.83万公顷，占全国农用地面积的21.39%，占西北地区土地总面积的44.55%。西北地区城镇经济的发展远远落后于中、东部地区，建设用地规模较小，面积仅为445.51万公顷，只占全国建设面积的14.17%，仅占西北五省（自治区）土地总面积的1.44%。西北地区土地利用结构见图4.1。

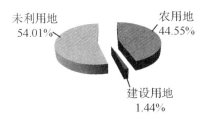

未利用地
54.01%

农用地
44.55%

建设用地
1.44%

图 4.1　西北地区土地利用结构

数据来源：根据西北五省（自治区）统计年鉴整理而得。

　　第二，农用地利用以草地为主，林地占比较大。西北地区历来就是我国重要的畜牧业生产基地，草地面积达 5 168.95 万公顷，占全国草地面积的 39.57%，占西北地区农用地面积的 62.90%，丰富的草地资源为该区域草原畜牧业的发展提供了良好的基础。西北地区生态环境脆弱，近年来，为了治理西北地区土地沙漠化，改善生态环境，国家造林工程取得了巨大的成效，林地规模逐渐扩大，面积达到 1 014.51 万公顷，占西北地区农用地面积的 23.62%。耕地和园地面积较小，占西北地区农用地面积的比重仅为 11.91% 和 1.57%，但在推动西北地区农业经济增长、促进农民增收等方面发挥着重要作用。西北地区农用地利用结构见图 4.2。

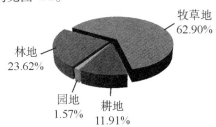

牧草地
62.90%

林地
23.62%

园地
1.57%

耕地
11.91%

图 4.2　西北地区农用地利用结构

数据来源：根据西北五省（自治区）统计年鉴整理计算而得。

第三，建设用地以工矿及居民点用地为主，其他地类占比较小。工矿及居民点用地面积为323.58万公顷，占西北地区建设用地面积的72.63%。交通用地、水域及水利设施用地占西北地区建设用地面积的比重仅为12.57%和13.8%。西北地区建设用地利用结构见图4.3。

居民点及工矿用地
73.63%

水域及水利设施
用地13.8%

交通用地
12.57%

图4.3　西北地区建设用地利用结构

数据来源：根据西北五省（自治区）统计年鉴整理计算而得。

第四，土地资源空间分布不均匀。耕地、居民点及工矿用地主要集中在新疆、甘肃、陕西，其中，新疆、甘肃、陕西的耕地面积占西北地区耕地总面积的比重分别为31.57%、32.72%和24.29%，居民点及工矿用地面积占西北地区居民点及工矿用地总面积的比重分别为36.97%、23.63%和23.99%。园地、林地、交通用地和水域及水利设施用地主要集中在陕西和新疆，其中，陕西和新疆的园地面积占西北地区园地总面积的比重分别为45.42%和34.27%；林地面积占西北地区林地总面积的比重分别为34.36%和31.12%；交通用地面积占西北地区交通用地总面积的比重分别为44.29%和22.10%；水域及水利设施用地面积占西北地区水域及水利设施用地总面积的比重分别为47.00%和36.11%。牧草地主要集中在青海和新疆，占西北地区牧草地总面积的比重分别为47.00%和41.15%。

第五，西北五省（自治区）建设用地利用结构相似，均以工矿及居民点用地为主,陕西、甘肃、青海、宁夏、新疆工矿及居民点用地在建设用地中的比重分别为55.19%、86.66%、67.16%、85.30%和75.69%。农用地利用结构差异明显,其中,陕西农用地利用以林地为主,占其农用地面积的比重为59.29%;甘肃农用地利用以林地、草地、耕地并重,占其农用地面积的比重分别为37.71%、31.92%和28.99%;青海农用地利用以牧草地为主,占其农用地面积的比重高达90.48%;宁夏农用地利用以草地、耕地并重,占其农用地面积的比重分别为39.21%和33.86%;新疆以草地为主,林地次之,占其农用地面积的比重分别为69.13%和19.63%。

2015年西北地区土地利用现状如表4.2所示。

表4.2　2015年西北地区土地利用现状

单位:万公顷

一级地类	二级地类	陕西	甘肃	青海	宁夏	新疆	西北地区
农用地	耕地	399.20	537.79	58.84	129.01	518.89	1 643.73
	园地	82.56	25.79	6.10	5.04	62.29	181.78
	林地	1 120.26	699.57	364.32	61.80	1 014.51	3 260.46
	草地	287.40	592.17	4 080.89	149.40	3 573.26	8 683.12
	合计	1 889.42	1 855.32	4 510.15	380.99	5 168.95	13 804.83
建设用地	居民点及工矿用地	77.64	76.47	23.09	26.76	119.62	323.58
	交通用地	24.81	7.97	4.92	3.70	14.62	56.02
	水域及水利设施用地	30.97	3.86	6.36	0.91	23.79	65.89
	合计	133.43	88.30	34.38	31.37	158.03	445.51
其他土地	未利用地	33.39	2 600.40	2 672.01	107.18	11 322.02	16 735.00
土地	土地	2 056.30	4 544.02	7 216.54	519.54	16 649.00	30 985.40

数据来源:根据西北五省(自治区)统计年鉴、中国统计年鉴和中国农村统计年鉴整理而得。

4.2 西北地区不同土地利用类型碳排放量的时序变化特征

4.2.1 西北地区土地利用碳排放量的时序变化特征

4.2.1.1 土地利用碳排放量持续不断上升，增长速度较快

"十一五"时期和"十二五"时期是西北地区社会经济发展最快的 10 年，一系列国家政策的推进和落实促进了土地开发利用规模的扩大，加大了土地开发利用的强度，在土地利用过程中也提高了碳源的活动水平，导致土地利用碳排放量呈逐年上升趋势。如图 4.4 所示，西北地区土地利用碳排放量增长经历了两个阶段：2005—2012 年为快速增长阶段，此阶段碳排放增长速度为 12.34%；2012—2015 年为平稳缓慢增长阶段，在"十二五"收官之年碳排放增长速度放缓，此阶段碳排放增长速度仅为 2.34%，远低于上一个阶段。整体上看，西北地区土地利用碳排放量由 17 633.49 万吨上升至 37 049.07 万吨，这 10 年净增了 19 415.58 万吨，年均增幅 7.71%。2005—2015 年西北地区土地利用碳排放量的变化趋势见图 4.4。

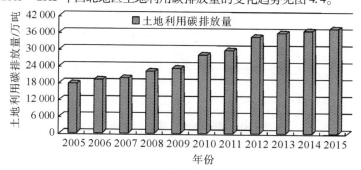

图 4.4 2005—2015 年西北地区土地利用碳排放量的变化趋势

数据来源：根据式（3.1）以及西北五省（自治区）统计年鉴数据计算而得。

4.2.1.2 建设用地是主要的碳排放地类，碳排放量增长态势明显

建设用地上的工业生产对能源的大量消耗，使得建设用地成为主要的碳排放地类。2005年以来，其对土地利用碳排放量的贡献率很大且呈逐年上升的趋势，由72.49%上升至86.81%，而且建设用地碳排放量上升趋势明显，由12 782.52万吨持续增长到32 161.42万吨，10年共增长19 378.9万吨，年均增长9.67%。特别是在2008年金融危机之后，经济的复苏导致碳排放量增长速度较快，3年间增长10 925.70万吨，年均增长率高达16.62%，在"十二五"时期的收官之年，国家加大了节能减排力度，碳排放增长速度有所放缓，如图4.5和图4.6所示。西部大开发战略的不断推进、东部沿海地区产业的持续转移、"一带一路"倡议的提出将会进一步加快西北地区工业化和城市化的速度，建设用地碳排放量可能会继续上升。2005—2015年西北地区建设用地碳排放量及占比变化趋势见图4.5和图4.6。

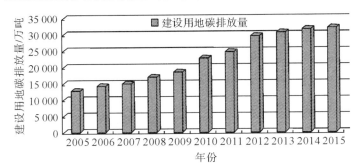

图4.5 2005—2015年西北地区建设用地碳排放量变化趋势

数据来源：根据式（3.1）以及西北五省（自治区）统计年鉴数据计算而得。

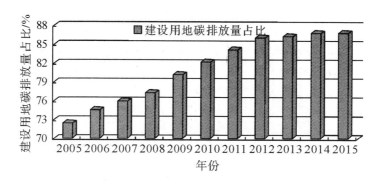

图 4.6 2005—2015 年西北地区建设用地碳排放量占比变化趋势

数据来源：根据式（3.1）以及西北五省（自治区）统计年鉴数据计算而得。

4.2.1.3 农用地碳排放量占比较小，碳排放量波动变化特征显著

相比较而言，西北地区农业生产活动导致的碳排放效应远远小于第二、第三产业，所以农用地碳排放量也远远小于建设用地碳排放量。2015 年农用地碳排放量不到建设用地碳排放量的 1/6；农用地碳排放量对土地利用碳排放量的贡献率较小，且呈现出不断下降的趋势，由 2005 年的 27.51% 下降至 2015 年的13.19%；农用地碳排放量的变化幅度也较小，增长速度缓慢，波动变化特征显著，2015 年碳排放量较 2005 年略有增加，仅增加了 36.68 万吨，年均增长速度仅为 0.07%，增长速度远远低于建设用地的增长速度（9.67%）。在研究时间段内，农用地碳排放量在 2008 年处于最大值（4 997.81 万吨），在 2009 年处于最小值（4 604.09 万吨）。2005—2015 年西北地区农用地碳排放量变化趋势见图 4.7 和图 4.8。

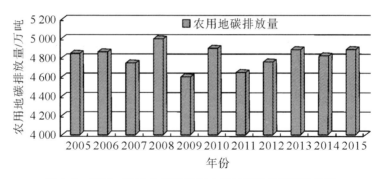

图 4.7 2005—2015 年西北地区农用地碳排放量变化趋势

数据来源：根据式（3.1）以及西北五省（自治区）统计年鉴数据计算而得。

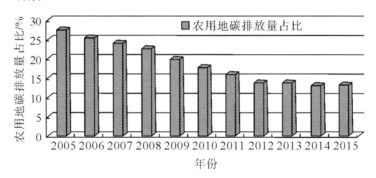

图 4.8 2005—2015 年西北地区农用地碳排放量占比的变化趋势

数据来源：根据式（3.1）以及西北五省（自治区）统计年鉴数据计算而得。

4.2.2 西北地区农用地碳排放量的时序变化特征

4.2.2.1 耕地和牧草地对农用地碳排放量的贡献率较大，园地和林地对农用地碳排放量的贡献率较小

种植业是西北地区的基础性产业，耕地利用过程中农资使用量多，秸秆焚烧量大，其碳排放量占到农用地碳排放量的50%以上，对农用地碳排放量的贡献率位居第一。西北地区也

一直是我国牛羊肉的主要产区和城市居民牛羊肉的主要供给来源地；同时，西北地区也是我国少数民族聚居区，畜牧业也是该区域发展民族经济的支柱产业，牧草地利用过程中牲畜养殖规模大，其碳排放量占到农用地碳排放量的35%以上，对农用地碳排放量的贡献率位居第二。园地和林地上的碳排放源规模较小，碳排放量也较小，对农用地碳排放量的贡献率自然较小，2015年占农用地碳排放量的比重分别为2.91%和2.45%。2015年西北地区农用地碳排放量地类构成见图4.9。

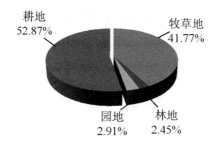

图4.9 2015年西北地区农用地碳排放量地类构成

数据来源：根据式（3.1）以及西北五省（自治区）统计年鉴数据计算而得。

4.2.2.2 耕地碳排放量波动起伏较大，总体略有下降

耕地碳排放量经历了"下降—上升—下降"3个阶段，这与西北地区种植结构的变化以及秸秆综合利用效率的提高有关。如图4.10所示，2005—2007年为第一个下降阶段，2007—2012年为上升阶段，2012—2015年为第二个下降阶段，3个阶段的碳排放变化量分别为-51.34万吨、168.81万吨和-144.09万吨，年均变化速度分别为-0.99%、1.29%和-1.79%。2005年的碳排放量较2015年有所上升，在研究时间段内，耕地碳排放量在2007年处于波谷值（2 559.54万吨），在2012年处于波峰值（2 728.35万吨）。2005—2015年西北地区耕地碳排放量及占比的变化趋势见图4.10。

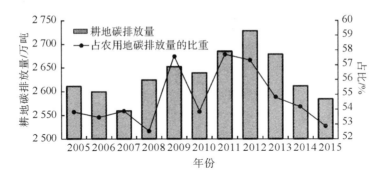

图 4.10 2005—2015 年西北地区耕地碳排放量及占比的变化趋势

数据来源：根据式（3.1）以及西北五省（自治区）统计年鉴数据计算而得。

4.2.2.3 牧草地碳排放量阶段性变化特征显著，呈"下降—徘徊—上升"的特征

牧草地碳排放量呈现出"U"形变化特征，经历了"下降—徘徊—上升"3 个阶段（如图 4.11 所示）：①2005—2009 年为下降阶段，由 2 111.82 万吨下降至 1 783.86 万吨，年均下降 4.13%；②2009—2011 年为徘徊阶段，维持在 1 780 万吨左右；③2011—2015 年为上升阶段，由 1 779.75 万吨上升至 2 041.59 万吨，年均上涨 2.74%。牧草地碳排放量变化趋势与西北地区农业调整结构有关，牧草地碳排放量演变规律与畜牧业生产总值占农林牧渔业总产值的比重的演变规律具有相似性。随着我国居民消费水平和农产品消费层次的提升，以及城市化水平的进一步提高，国民对畜牧产品的需求量会更大，畜牧养殖碳排放量可能会继续攀升。2005—2015 年西北地区牧草地碳排放量及占比的变化趋势见图 4.11。

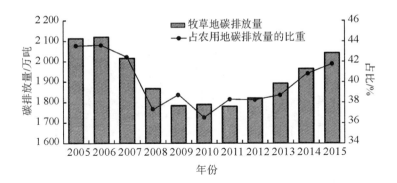

图 4.11 2005—2015 年西北地区牧草地碳排放量及占比的变化趋势

数据来源：根据式（3.1）以及西北五省（自治区）统计年鉴数据计算而得。

4.2.2.4 园地碳排放量逐年上升，林地碳排放量波动变化

近些年，林果业成为西北地区的特色产业，发展较为迅速，园地扩张速度较快，园地利用过程中农资使用、灌溉导致的碳排放量呈现逐年增长态势，园地碳排放量呈直线上升特征，如图 4.12 所示。园地碳排放量由 57.93 万吨上升至 142.03 万吨，2005—2015 年增长 84.10 万吨，年均涨幅 9.38%。而林地碳排放量呈"M"形变化特征，如图 4.13 所示。西北地区是我国天然林保护区，森林采伐量有严格的限制，活立木消耗间接碳排放相对较为稳定，导致林地碳排放量波动幅度大的主要原因是森林火灾，森林火灾多发且受灾严重的年份，碳排放量较高，如 2008 年和 2010 年，碳排放量分别为 430.07 万吨和 377.36 万吨，分别是最低年份（2005 年 70.34 万吨）的 6.11 倍和 5.36 倍，而其他年份碳排放量相对较低。2005—2015 年西北地区园地碳排放量及占比的变化趋势见图 4.12；2005—2015 年西北地区林地碳排放量及占比的变化趋势见图 4.13。

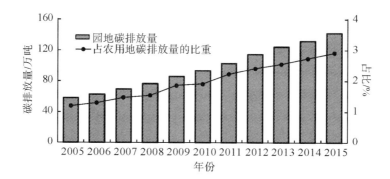

图 4.12　2005—2015 年西北地区园地碳排放量及占比的变化趋势

数据来源：根据式（3.1）以及西北五省（自治区）统计年鉴数据计算而得。

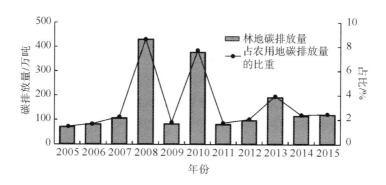

图 4.13　2005—2015 年西北地区林地碳排放量及占比的变化趋势

数据来源：根据式（3.1）以及西北五省（自治区）统计年鉴数据计算而得。

4.2.3　西北地区建设用地碳排放量的时序变化特征

4.2.3.1　工矿用地对建设用地碳排放量贡献率较大，其他建设用地贡献率相对较小

工业在西北地区国民经济中一直占有举足轻重的地位，工

矿用地上的能源消耗量远远大于交通用地、商服用地等其他建设用地，使其成为主要的建设用地碳排放地类，碳排放量占建设用地碳排放量的50%以上（64.14%）。公共管理与公共服务用地上的电力、燃气及水的生产和供应等基础性公共服务产业的能源使用量也较大，导致碳排放规模也较大，其碳排放量对建设用地碳排放量的贡献率也较大，多数年份在25%以上，且贡献率上升趋势明显。西北地区服务业不发达，人口规模较小，商服用地、交通用地、居住用地对建设用地碳排放量的贡献率相对较小，且均呈下降态势，2015年占比分别为1.07%、7.91%和3.68%。2015年西北地区建设用地碳排放量地类构成见图4.14。

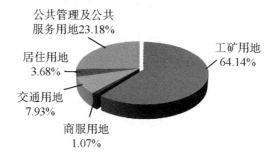

图4.14　2015年西北地区建设用地碳排放量地类构成

数据来源：根据式（3.1）以及西北五省（自治区）
统计年鉴数据计算而得。

4.2.3.2　工矿用地碳排放量逐年上升，增长速度较快

工矿用地碳排放量上升趋势显著，经历了两个增长阶段：①2005—2012年为快速增长阶段；②2012—2015年为缓慢增长阶段（如图4.15所示）。工矿用地碳排放量从2005年的6 751.99万吨增长到2015年的17 506.55万吨，共增长10 754.56万吨，年均增长率为10.00%。分析发现，第二产业在西北地区经济结构中的比重最大，在快速推进工业化进程的同时，其不断承接东部沿海省份产业转移，使得能源消耗量持续上涨，碳排放量逐年持续上升，但 2012 年后增长速度明显下降，可能原因是工矿用地上能源消耗结构发生了变化以及国家加大了减排力度，降低了工矿用地碳排放增长速度。2005—2015 年西北地区工矿用地碳排放量及占比的变化趋势见图 4.15。

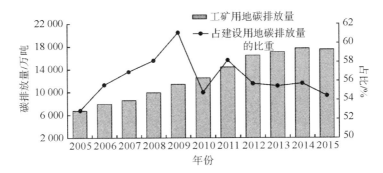

图 4.15　2005—2015 年西北地区工矿用地碳排放量及占比的变化趋势

数据来源：根据式（3.1）以及西北五省（自治区）统计年鉴数据计算而得。

4.2.3.3　商服用地碳排放量呈"下降—上升"的特征，整体呈下降趋势

商服用地碳排放量呈"V"形变化特征，碳排放量从 2005 年的 390.47 万吨下降到 2009 年的 264.05 万吨，后缓慢上升至344.53 万吨，2015 年较 2005 年下降了 45.94 万吨，年均增长率为-1.24%，整体表现为下降趋势。分析发现，西北地区服务业发展水平较低，而且受到金融危机的影响，在 2008 年前后，商服用地碳排放量下降趋势明显，金融危机后，餐饮、住宿旅游等服务业低迷发展的形势得以扭转，商服用地上的碳排放量开始缓慢上升。随着西北地区产业结构不断升级以及"一带一路"

倡议的推进，商业和服务业得到了进一步发展，商服用地碳排放量也在持续上升。2005—2015年西北地区商服用地碳排放量及占比的变化趋势见图4.16。

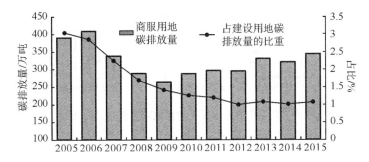

图 4.16 2005—2015 年西北地区商服用地碳排放量及占比的变化趋势

数据来源：根据式（3.1）以及西北五省（自治区）统计年鉴数据计算而得。

4.2.3.4 交通用地碳排放量逐年上升，增长速度较快

交通用地碳排放量呈直线上涨趋势，西北地区城市化的快速推进以及与中、东部地区省份社会经济的密切往来，促进了交通、物流等行业的快速发展，使得这些行业的能源消耗量上升，导致交通用地碳排放量从2005年的1 231.1万吨持续增长到2015年的2 542.95万吨，10年间增长量为1 311.85万吨，年均增长率为7.52%。在"一带一路"倡议的助推下，随着西北地区高铁干线的开通以及多条铁路建成通车，交通用地碳排放量可能会继续上升。2005—2015年西北地区交通用地碳排放量及占比的变化趋势见图4.17。

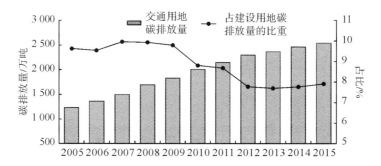

图 4.17　2005—2015 年西北地区交通用地碳排放量及占比的变化趋势

数据来源：根据式（3.1）以及西北五省（自治区）统计年鉴数据计算而得。

4.2.3.5　居住用地碳排放量呈"下降—上升"的特征，整体呈上升趋势

居住用地碳排放量经历了"下降—缓慢波动增长"两个阶段，即碳排放量从 2005 年的 1 050.88 万吨下降至 2007 年的 748.55 万吨后，又增长到 2015 年的 1 183.56 万吨，整体上增长了 132.68 万吨，年均增长率为 1.20%，增长幅度较小，增长速度也最慢。西北地区是我国人口增长速度最快的地区之一，随着人口规模的扩大，其生活能源消耗量也随之上升，虽然能源使用结构逐渐改善，但是也未能改变居住用地碳排放量上升的态势。2005—2015 年西北地区居住用地碳排放量及占比的变化趋势见图 4.18。

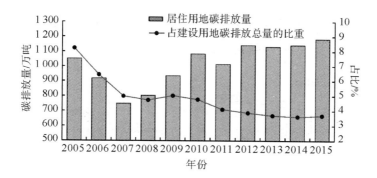

图 4.18　2005—2015 年西北地区居住用地碳排放量及占比的变化趋势

数据来源：根据式（3.1）以及西北五省（自治区）统计年鉴数据计算而得。

4.2.3.6　公共管理与公共服务用地碳排放量呈"阶梯型"上升趋势

西北地区城市化、工业化进程的快速推进，对电力、热力、水利等基础性产业的需求不断上升，这些产业的能源消耗不断增加，导致其碳排放量呈逐年增长趋势。具体来看，公共管理与公共服务用地碳排放量经历了 3 个增长阶段，即 2005—2009 年为第一个增长阶段，2010—2011 年为第二个增长阶段，2012—2015 年为第三个增长阶段，碳排放量从 2005 年的 3 358.08 万吨增加到 2015 年的 10 583.83 万吨，10 年间共增长 7 225.75 万吨，年均增长率为 12.16%，是碳排放增长速度最快的地类。2005—2015 年西北地区公共管理与公共服务用地碳排放量及占比的变化趋势见图 4.19。

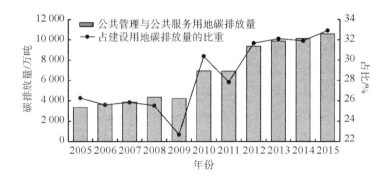

图 4.19 2005—2015 年西北地区公共管理与公共服务用地
碳排放量及占比的变化趋势

数据来源：根据式（3.1）以及西北五省（自治区）统计年鉴数据计
算而得。

4.3 西北五省（自治区）碳排放量的时序
变化特征

4.3.1 西北五省（自治区）土地利用碳排放量的时序
变化特征

西北五省（自治区）土地利用碳排放量均有不同程度的上
升。具体来看，青海土地利用碳排放量增长速度最快，由 2005 年的
1 607.54 万吨快速上升至 2015 年的 4 526.92 万吨，年均涨幅高
达 24.06%，除 2008 年、2013 年外，其余年份均表现为上升趋
势；陕西、新疆土地利用碳排放总量增长速度相当，涨幅分别
为 7.81% 和 7.60%，2005—2015 年分别增长 6 442.41 万吨和
4 829.03万吨，同时，陕西除 2007 年外，其余年份均表现为上
升趋势，而新疆则保持持续上升趋势；甘肃土地利用碳排放量

增长速度排在西北地区第四位，2015 年较 2005 年上升了
2 599.85 万吨，年均涨幅 5.17%；宁夏土地利用碳排放量增长速
度最慢，由 2005 年的 1 847.43 万吨上升至 2015 年的 4 472.34
万吨，年均涨幅仅为 2.16%，不到青海的 1/10。2005—2015 年
西北五省（自治区）土地利用碳排放量变化趋势见图 4.20。

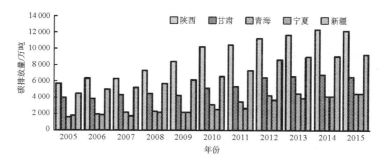

图 4.20 2005—2015 年西北五省（自治区、直辖市）
土地利用碳排放量变化趋势

数据来源：根据式（3.1）以及西北五省（自治区）统计年鉴数据计
算而得。

4.3.2 西北五省（自治区）农用地碳排放量的时序变化
特征

4.3.2.1 陕西农用地碳排放量的时序变化特征

陕西农用地碳排放量呈波动下降趋势，从 2005 年的
1 154.05 万吨下降到 2015 年的 960.23 万吨，10 年间减少 161.16
万吨，年均增长率为 1.85%。陕西农业发展以种植业为主，耕
地就成了主要的农用地碳排放地类，其碳排放量占到陕西农用
地碳排放量的 70% 以上，但其碳排放量下降趋势明显，2005—
2015 年减少了 159.51 万吨；牧草地对农用地碳排放量的贡献度
位居第二，其占比均在 15% 以上，但其碳排放量也呈现出下降

的趋势，2015 年较 2005 年减少了 81.82 万吨。而园地则占比较小，碳排放量持续上升，10 年净增 46.75 万吨。2005—2015 年陕西农用地碳排放量见表 4.3。

表 4.3　2005—2015 年陕西农用地碳排放量

年份	耕地/万吨	比重/%	园地/万吨	比重/%	牧草地/万吨	比重/%	林地/万吨	比重/%	总计/万吨
2005	826.74	71.64	28.70	2.49	258.16	22.37	40.45	3.51	1 154.05
2006	801.07	72.23	31.00	2.80	234.07	21.11	42.89	3.87	1 109.03
2007	787.42	74.48	34.96	3.31	187.09	17.70	47.81	4.52	1 057.28
2008	795.28	70.89	37.80	3.37	175.54	15.65	113.24	10.09	1 121.85
2009	798.56	74.81	46.79	4.38	176.97	16.58	45.14	4.23	1 067.46
2010	783.48	70.21	51.31	4.60	176.88	15.85	104.19	9.34	1 115.86
2011	770.92	74.13	57.16	5.50	168.60	16.21	43.30	4.16	1 039.97
2012	774.29	72.93	66.81	6.29	167.26	15.75	53.35	5.02	1 061.71
2013	737.02	70.21	71.67	6.83	167.91	16.01	72.50	6.91	1 049.10
2014	689.05	69.40	73.78	7.43	173.15	17.44	56.91	5.73	992.89
2015	667.23	69.48	75.45	7.86	176.34	18.36	41.21	4.29	960.23
增速/%	-2.12	—	10.15	—	-3.74	—	0.19	—	-1.85

数据来源：根据式（3.1）以及西北五省（自治区）统计年鉴数据计算而得。

4.3.2.2　甘肃农用地碳排放量的时序变化特征

甘肃农用地碳排放量波动幅度较大，总体呈上升态势，2005—2015 年碳排放量上升了 101.87 万吨，年均增长速度为 0.89%。以粮食为主的种植业和以猪、牛、羊为主的草食畜牧业是甘肃农业的基础性产业和传统优势产业，种植业和畜牧业是其农业发展的主导和支柱产业。因此，所以耕地和牧草地碳排放量在农用地碳排放量中占比最大，两者累计占比均在 90% 以上，2015 年占比分别为 53.52% 和 42.83%，两者碳排放量彼消此长，耕地碳排放量表现出"下降—上升—下降"的特点，牧草地碳排放量呈现出"上升—下降—上升"的特点，2005—2015 年的碳排放量变化幅度分别为 6.17 万吨和 70.83 万吨，年均增长速度分别为 0.10% 和 1.50%，增长速度缓慢；而园地碳排放量持续上升，林地碳排放量波动上升，碳排放量变化幅度分别为 7.43 万吨和 17.44 万吨，年均变化速率分别为 8.37% 和 8.99%，增长速度较快。2005—2015 年甘肃农用地碳排放见表 4.4。

表 4.4 2005—2015 年甘肃农用地碳排放

年份	耕地/万吨	比重/%	园地/万吨	比重/%	牧草地/万吨	比重/%	林地/万吨	比重/%	总计/万吨
2005	634.06	57.94	6.02	0.55	441.51	40.34	12.77	1.17	1 094.36
2006	588.79	54.93	6.18	0.58	460.10	42.93	16.77	1.56	1 071.83
2007	592.49	55.58	6.74	0.63	445.12	41.75	21.69	2.03	1 066.03
2008	608.48	52.59	7.04	0.61	455.07	39.33	86.48	7.47	1 157.07
2009	593.46	54.67	7.41	0.68	467.32	43.05	17.33	1.60	1 085.53
2010	612.25	52.27	8.20	0.70	474.55	40.51	76.39	6.52	1 171.39
2011	644.02	56.13	9.26	0.81	477.47	41.62	16.54	1.44	1 147.29
2012	673.00	56.92	9.64	0.82	480.10	40.61	19.61	1.66	1 182.35
2013	661.71	55.28	11.18	0.93	485.41	40.55	38.77	3.24	1 197.07
2014	649.90	54.71	12.03	1.01	502.74	42.32	23.17	1.95	1 187.85
2015	640.23	53.52	13.45	1.23	512.34	42.83	30.21	2.52	1 196.23
增速/%	0.10	—	8.37	—	1.50	—	8.99	—	0.89

数据来源：根据式（3.1）以及西北五省（自治区）统计年鉴数据计算而得。

4.3.2.3 青海农用地碳排放量的时序变化特征

青海农用地碳排放量呈波动变化特征，2015 年较 2005 年减少了 16.96 万吨，年均增长速度为 -0.35%，分别在 2008 年（554.41 万吨）和 2010 年（545.44 万吨）处于波峰值。青海是我国传统四大牧区之一，牧草地面积占农用地的比重达到 90%以上，畜牧业是其农业经济增长的主要推动力，大规模的牲畜养殖导致的碳排放是牧草地碳排放的主要来源，牧草地成为主要的农用地碳排放地类。牧草地碳排放量占农用地碳排放量的比重均在70%以上，2015年的占比高达86.33%，但其碳排放量表现出明显的下降特征，2005—2015年缩减了7.54万吨，年均下降0.18%。而青海的种植业和林业发展相对较弱，所以耕地、园地、林地对农用地碳排放的贡献率很小，2015年占比分别为12.50%、0.04%和1.13%。其中，耕地碳排放量下降趋势明显，园地碳排放量上升趋势显著，2005—2015年耕地减少了14.33万吨，园地碳排放量增加了0.08万吨，年均增长速度分别为−2.12%和4.49%。2005—2015年青海农用地碳排放量见表4.5。

表4.5 2005—2015年青海农用地碳排放量

年份	耕地/万吨	比重/%	园地/万吨	比重/%	牧草地/万吨	比重/%	林地/万吨	比重/%	总计/万吨
2005	74.45	14.95	0.13	0.03	422.88	84.90	0.63	0.13	498.08
2006	65.64	13.00	0.13	0.03	437.60	86.64	1.72	0.34	505.09
2007	66.23	13.19	0.17	0.03	429.05	85.45	6.64	1.32	502.09
2008	72.46	13.07	0.18	0.03	410.20	73.99	71.58	12.91	554.41
2009	71.44	14.79	0.17	0.03	410.87	85.04	0.67	0.14	483.15
2010	70.50	12.93	0.19	0.03	415.03	76.09	59.72	10.95	545.44
2011	68.81	14.14	0.20	0.04	416.04	85.48	1.64	0.34	486.69
2012	65.31	13.81	0.21	0.04	406.13	85.88	1.23	0.26	472.88
2013	64.25	13.11	0.19	0.04	405.37	82.70	20.38	4.16	490.19
2014	61.58	12.86	0.20	0.04	412.30	86.10	4.79	1.00	478.87
2015	60.12	12.50	0.21	0.04	415.34	86.33	5.45	1.13	481.12
增速/%	−2.12	—	4.94	—	−0.18	—	24.08	—	−0.35

数据来源：根据式（3.1）以及西北五省（自治区）统计年鉴数据计算而得。

4.3.2.4 宁夏农用地碳排放量的时序变化特征

宁夏农用地碳排放量波动变化特征明显，但变化幅度不大。耕地是农用地碳排放的主要来源，对农用地碳排放量的贡献率达到55%以上，2009年的贡献率高达67.14%，其碳排放量在"十一五"期间较为稳定，略有上升趋势，2005—2010 年只上升了 3.67 万吨，而在"十二五"期间呈现出快速下降的趋势，2015 年比 2010 年下降了 28.08 万吨。畜牧业作为宁夏农业的第二大产业，牲畜养殖碳排放占农用地碳排放量的比重也较大，使牧草地成为农用地碳排放的第二大贡献者，2015 年占比为 39.83%。"十二五"时期以来，宁夏规划扶持乳制品产业和清真牛羊肉产业并将其发展为战略性主导产业，在现代畜牧业中，草畜业的主体地位较明显，2010 年后牲畜养殖规模扩大，导致牧草地碳排放量在"十二五"期间上涨趋势明显。宁夏发展园林业不具备优势，园地和林地上生产活动导致的碳排放规模很小，2015 年累计占比不足 5%。但园地碳排放量增长速度较快，2015 年是 2005 年的 2.42 倍，而林地碳排放量在 2008 年和 2010 年较大，其余年份均较小。2005—2015 年宁夏农用地碳排放量见表 4.6。

表 4.6　2005—2015 年宁夏农用地碳排放量

年份	耕地/万吨	比重/%	园地/万吨	比重/%	牧草地/万吨	比重/%	林地/万吨	比重/%	总计/万吨
2005	222.75	64.91	1.11	0.32	118.36	34.49	0.95	0.28	343.17
2006	223.46	65.77	1.18	0.35	113.02	33.26	2.13	0.63	339.79
2007	223.36	66.52	1.47	0.44	103.93	30.95	7.05	2.10	335.81
2008	223.87	55.77	1.53	0.38	104.00	25.91	72.00	17.94	401.40
2009	223.75	67.14	1.40	0.42	106.89	32.08	1.20	0.36	333.24
2010	226.42	57.41	1.51	0.38	106.23	26.93	60.25	15.28	394.41
2011	220.66	66.73	1.54	0.47	106.42	32.18	2.06	0.62	330.68
2012	216.87	65.47	1.59	0.48	110.82	33.46	1.97	0.59	331.25
2013	207.67	59.31	2.47	0.71	118.91	33.96	21.12	6.03	350.17
2014	200.22	59.51	2.51	0.75	128.17	38.10	5.53	1.64	336.42
2015	198.34	57.52	2.69	0.78	137.34	39.83	6.45	1.87	344.82
增速/%	-1.15	—	9.26	—	1.50	—	21.21	—	0.05

数据来源：根据式（3.1）以及西北五省（自治区）统计年鉴数据计算而得。

4.3.2.5　新疆农用地碳排放量的时序变化特征

新疆农用地碳排放量经历了"下降—徘徊—上升"3 个变

化阶段，2015 年较 2005 年上升了 143.94 万吨。新疆地广人稀，耕地资源丰富，近年来耕地开发利用规模逐步扩大，耕地上的农业生产活动导致的碳排放成为农用地碳排放的第一大来源，2015 年对农用地碳排放的贡献率达 53.45%，其碳排放量总体呈上升趋势，在 2007 年和 2010 年有略微下降，2005—2015 年的耕地碳排放量增加了 165.46 万吨，年均增长 1.79%。同时，新疆是我国少数民族聚居区，是我国第二大牧区，畜牧业发展引起的碳排放规模很大，牧草地碳排放成为农用地碳排放的第二大来源，2015 年占农用地碳排放量的 42.00%。以 2011 年为界点，牧草地碳排放量先减少后增加，2011 年较 2005 年下降了 259.69 万吨，2015 年较 2011 年上升了 189.01 万吨。近年来，新疆林果业得到快速发展，园地碳排放量逐年增加，2015 年较 2005 年翻了一番，但其对农用地碳排放量的贡献率依然很低，2015 年仅占 2.64%。林地碳排放量波动显著，2008 年和 2010 年的碳排放量最大，而其余年份碳排放量均低于 40 万吨，其中，2015 年的林地碳排放量占农用地的比重仅为 1.91%。2005—2015 年新疆农用地碳排放量见表 4.7。

表 4.7　2005—2015 年新疆农用地碳排放量

年份	耕地/万吨	比重/%	园地/万吨	比重/%	牧草地/万吨	比重/%	林地/万吨	比重/%	总计/万吨
2005	852.88	48.42	21.97	1.25	870.91	49.45	15.55	0.88	1 761.31
2006	920.31	50.11	24.08	1.31	874.42	47.62	17.60	0.96	1 836.42
2007	890.04	49.75	26.06	1.46	850.25	47.53	22.52	1.26	1 788.87
2008	924.15	52.42	29.89	1.70	722.27	40.97	86.78	4.92	1 763.08
2009	965.08	59.04	30.07	1.84	621.81	38.04	17.76	1.09	1 634.71
2010	946.58	56.60	32.18	1.92	616.77	36.88	76.81	4.59	1 672.34
2011	980.46	59.66	34.88	2.12	611.22	37.19	16.84	1.02	1 643.40
2012	998.88	58.36	36.37	2.13	655.71	38.31	20.64	1.21	1 711.60
2013	1 008.29	55.97	38.90	2.16	714.50	39.66	39.80	2.21	1 801.49

表4.7(续)

年份	耕地/万吨	比重/%	园地/万吨	比重/%	牧草地/万吨	比重/%	林地/万吨	比重/%	总计/万吨
2014	1 010.82	55.37	43.33	2.37	747.33	40.93	24.20	1.33	1 825.68
2015	1 018.34	53.45	50.23	2.64	800.23	42.00	36.45	1.91	1 905.25
增速/%	1.79	—	8.62	—	-0.84	—	8.89	—	0.79

数据来源：根据式（3.1）以及西北五省（自治区）统计年鉴数据计算而得。

4.3.3 西北五省（自治区）建设用地碳排放量的时序变化特征

4.3.3.1 陕西建设用地碳排放量的时序变化特征

陕西建设用地碳排放量上升趋势显著，从 4 590.63 万吨持续增长到 11 226.86 万吨，2005—2015 年共增长 7 956.45 万吨，年均增长率为 9.35%。工矿用地和公共管理与公共服务用地是陕西主要的碳排放地类，2005—2015 年，两者占到陕西建设用地碳排放量的 75% 以上，2015 年的占比分别为 64.87% 和 23.08%，且工矿用地对建设用地碳排放量的贡献呈上升趋势，同时工矿用地和公共管理与公共服务用地也是碳排放量增长速度最快的地类，10 年分别上涨 4 919.04 万吨和 1 400.49 万吨，年均涨幅分别为 11.91% 和 8.08%；而商服用地、交通用地、居住用地对建设用地碳排放量的贡献较小，2015 年占比分别为 1.17%、7.11% 和 3.76%，且对建设用地碳排放量的贡献有下降的趋势；交通用地 10 年增加 379.29 万吨，年均增长率为 6.65%；居住用地碳排放增长速度最慢，10 年仅增长 75.12 万吨；商服用地是唯一出现负增长的地类，10 年下降 137.72 万吨，年均增长率为 -6.92%。2005—2015 年陕西建设用地碳排放量见表 4.8。

表 4.8　2005—2015 年陕西建设用地碳排放量

年份	工矿用地/万吨	比重/%	商服用地/万吨	比重/%	交通用地/万吨	比重/%	居住用地/万吨	比重/%	公共管理与公共服务用地/万吨	比重/%	总计/万吨
2005	2 363.60	51.49	269.14	5.86	419.38	9.14	347.50	7.57	1 191.01	25.94	4 590.63
2006	2 816.88	53.70	280.86	5.35	468.94	8.94	367.35	7.00	1 311.25	25.00	5 245.29
2007	3 167.06	60.12	212.11	4.03	546.93	10.38	199.27	3.78	1 142.35	21.69	5 267.71
2008	3 663.20	59.32	142.60	2.31	692.40	11.21	227.66	3.69	1 449.81	23.48	6 175.67
2009	4 549.88	62.01	115.50	1.57	829.27	11.30	331.68	4.52	1 510.78	20.59	7 337.11
2010	5 147.86	56.40	130.25	1.43	902.26	9.89	426.27	4.67	2 520.02	27.61	9 126.66
2011	5 809.50	61.57	142.26	1.51	974.10	10.32	342.02	3.62	2 167.82	22.97	9 435.70
2012	6 443.81	63.48	141.03	1.39	996.46	9.82	469.70	4.63	2 099.77	20.69	10 150.78
2013	6 850.35	64.50	146.58	1.38	783.64	7.38	451.72	4.25	2 389.21	22.49	10 621.50
2014	7 236.58	63.71	141.84	1.25	825.15	7.26	455.45	4.01	2 699.82	23.77	11 358.85
2015	7 282.65	64.87	131.41	1.17	798.67	7.11	422.63	3.76	2 591.50	23.08	11 226.86
增速/%	11.91	—	-6.92	—	6.65	—	1.98	—	8.08	—	9.35

数据来源：根据式（3.1）以及西北五省（自治区）统计年鉴数据计算而得。

4.3.3.2　甘肃建设用地碳排放量的时序变化特征

甘肃建设用地碳排放量上升趋势显著，从 2 867.43 万吨增长到 5 365.41 万吨，增长量为 2 497.98 万吨，年均增长率为 6.47%，相较于西北其他省（自治区）增长速度最慢。甘肃建设用地碳排放来源地类主要是工矿用地和公共管理与公共服务用地，两种地类累计占比每年均超过建设用地总量的 80%，2015 年的占比分别为 50.44% 和 33.53%，且公共管理与公共服务用地的碳排贡献上升趋势明显。2015 年两类建设用地碳排放量较 2005 年分别增加了 1 093.92 万吨和 1 060.99 万吨，年均增长率分别为 5.31% 和 9.32%。而商服用地、交通用地、居住用地对建设用地碳排放量的贡献较小，2015 年占比分别为 0.83%、9.48% 和 5.71%，碳排放量变化幅度分别为 22.03 万吨、251.43 万吨和 69.61 万吨，年均增长率分别为 7.09%、7.05% 和 2.62%。2005—2015 年甘肃建设用地碳排放量见表 4.9。

表 4.9 2005—2015 年甘肃建设用地碳排放量

年份	工矿用地/万吨	比重/%	商服用地/万吨	比重/%	交通用地/万吨	比重/%	居住用地/万吨	比重/%	公共管理与公共服务用地/万吨	比重/%	总计/万吨
2005	1 612.65	56.24	22.41	0.78	257.29	8.97	236.88	8.26	738.21	25.74	2 867.43
2006	1 703.95	60.63	24.02	0.85	261.98	9.32	241.74	8.60	578.90	20.60	2 810.60
2007	1 814.27	55.51	24.04	0.74	257.25	7.87	247.69	7.58	925.39	28.31	3 268.64
2008	1 852.28	55.22	26.43	0.79	275.09	8.20	260.05	7.75	940.22	28.03	3 354.06
2009	1 871.83	58.98	29.19	0.92	288.78	9.10	264.16	8.32	719.93	22.68	3 173.89
2010	2 039.69	51.17	36.06	0.90	320.41	8.04	303.53	7.61	1 286.46	32.27	3 986.15
2011	2 307.96	54.17	33.39	0.78	342.48	8.04	303.12	7.11	1 273.62	29.89	4 260.57
2012	2 643.08	49.80	33.48	0.63	389.44	7.34	310.76	5.85	1 931.14	36.38	5 307.89
2013	2 720.27	50.23	34.33	0.63	544.59	10.06	263.80	4.87	1 852.23	34.20	5 415.22
2014	2 913.05	51.72	37.89	0.67	550.06	9.77	266.67	4.73	1 864.16	33.10	5 631.84
2015	2 706.57	50.44	44.44	0.83	508.72	9.48	306.49	5.71	1 799.20	33.53	5 365.41
增速/%	5.31	—	7.09	—	7.05	—	2.61	—	9.32	—	6.47

数据来源：根据式（3.1）以及西北五省（自治区）统计年鉴数据计算而得。

4.3.3.3 青海建设用地碳排放量的时序变化特征

青海是碳排放量增长速率最快的地区，建设用地碳排放量从 1 109.46 万吨增长到 4 045.80 万吨，增长量为 2 936.34 万吨，其年均增长率达到了 13.81%。公共管理与公共服务用地是青海主要的建设用地碳排放地类，2005—2015 年其碳排放占比为 50%～70%，2015 年其比重占青海省建设用地碳排放量的 68.44%。这主要是因为电力调配间接碳排放规模较大，导致公共管理与公共服务用地成为建设用地碳排放的第一大源头，其碳排放量在 10 年间上升了 2 031.8 万吨，年均涨幅 14.15%。工矿用地占比也较大，基本稳定在 25% 左右，是青海建设用地碳排放的第二大地类，其碳排放量由 273.77 万吨增长到 1 011.39 万吨，增长速度较快。商服用地、交通用地、居住用地对建设用地碳排放量的贡献程度相对较小，2015 年占比依次为 3.63%、2.43% 和 0.51%。商服用地、交通用地碳排放量增长速度很快，

10 年净增达到 13.24 万吨和 113.35 万吨，年均增长速度分别为 10.80% 和 15.94%。居住用地从 57.88 万吨上升到了 98.12 万吨，增长量为 40.24 万吨，增长速度慢。2005—2015 年青海建设用地碳排放量见表 4.10。

表 4.10　2005—2015 年青海建设用地碳排放量

年份	工矿用地/万吨	比重/%	商服用地/万吨	比重/%	交通用地/万吨	比重/%	居住用地/万吨	比重/%	公共管理与公共服务用地/万吨	比重/%	总计/万吨
2005	273.77	24.68	7.41	0.67	33.45	3.02	57.88	5.22	736.95	66.42	1 109.46
2006	415.88	27.93	7.55	0.51	36.44	2.45	59.01	3.96	970.31	65.16	1 489.20
2007	469.68	28.43	7.03	0.43	74.37	4.50	57.97	3.51	1 043.08	63.14	1 652.14
2008	588.76	33.69	16.49	0.94	90.55	5.18	79.30	4.54	972.47	55.65	1 747.57
2009	642.10	37.06	17.52	1.01	104.16	6.01	78.04	4.50	890.79	51.41	1 732.61
2010	589.89	22.81	19.39	0.75	117.98	4.56	88.87	3.44	1 770.49	68.45	2 586.61
2011	672.66	22.30	20.88	0.69	123.60	4.10	101.30	3.36	2 098.28	69.56	3 016.71
2012	872.03	23.07	20.64	0.55	125.62	3.32	88.75	2.35	2 672.10	70.71	3 779.14
2013	995.50	24.69	21.36	0.53	127.72	3.17	92.04	2.28	2 794.58	69.32	4 031.21
2014	1 000.93	27.37	20.12	0.55	143.33	3.92	91.44	2.50	2 401.55	65.66	3 657.36
2015	1 011.39	25.00	20.65	0.51	146.80	3.63	98.12	2.43	2 768.84	68.44	4 045.80
增速/%	13.96	—	10.80	—	15.94	—	5.42	—	14.15	—	13.81

数据来源：根据式（3.1）以及西北五省（自治区）统计年鉴数据计算而得。

4.3.3.4　宁夏建设用地碳排放量的时序变化特征

宁夏建设用地碳排放量从 1 504.26 万吨增长到 4 127.52 万吨，共增长 2 623.26 万吨，年均增长率为 10.62%。各个地类中，工矿用地和公共管理与公共服务用地一直是宁夏碳排放来源的主要地类，2005—2015 年两者占建设用地碳排放总量的 70% 以上，在 2015 年这两种地类占比分别为 59.92% 和 34.93%，合计接近宁夏建设用地总碳排放量的 95%。公共管理与公共服务用地碳排放量的上涨趋势十分明显，且增长速度在各地类中最快，从 322.48 万吨持续增长到 1 441.64 万吨，10 年增长了 1 119.16 万吨，年均增长速率达到 16.15%；之后是工矿用地，涨幅为 1 517.40 万吨，从 956.01 万吨增长到 2 473.41 万吨，年均增长率为 9.97%；其他三个地类占建设用地碳排放量的比重小，2015 年的商服用地占比为 0.13%、交通用地占比为 4.16%、居住用地 0.86%，交通用地的增长速度比较缓慢，年均增长率为 3.60%，10 年上涨了 51.12 万吨；商服用地和居住用地均出现了负增长，下降幅度分别为 13.95 万吨和 50.47 万吨，其中商服用地的下降速度最快，年均下降速率为 12.15%，居住用地的下降速率也较快，达到了 8.44%。2005—2015 年宁夏建设用地碳排放量见表 4.11。

表 4.11　2005—2015 年宁夏建设用地碳排放量

年份	工矿用地/万吨	比重/%	商服用地/万吨	比重/%	交通用地/万吨	比重/%	居住用地/万吨	比重/%	公共管理与公共服务用地/万吨	比重/%	总计/万吨
2005	956.01	63.55	19.22	1.28	120.42	8.01	86.14	5.73	322.48	21.44	1 504.26
2006	1 002.18	64.76	14.05	0.91	139.50	9.01	76.50	4.94	315.29	20.37	1 547.52
2007	953.39	66.67	11.31	0.79	147.02	10.28	69.06	4.83	249.27	17.43	1 430.06
2008	1 226.11	68.43	14.98	0.84	146.13	8.16	46.72	2.61	357.92	19.97	1 791.86
2009	1 284.01	69.69	8.58	0.47	132.57	7.20	55.32	3.00	361.99	19.65	1 842.47
2010	1 425.62	65.40	6.89	0.32	156.72	7.19	60.83	2.79	529.93	24.31	2 180.00
2011	1 749.87	74.85	5.55	0.24	152.30	6.51	57.76	2.47	372.48	15.93	2 337.97
2012	1 851.42	54.43	4.74	0.14	157.05	4.62	57.03	1.68	1 331.39	39.14	3 401.64
2013	2 017.85	56.98	3.97	0.11	162.05	4.58	41.72	1.18	1 315.46	37.15	3 541.05
2014	2 127.31	55.48	4.51	0.12	169.66	4.43	38.24	1.00	1 494.35	38.98	3 834.07
2015	2 473.41	59.92	5.26	0.13	171.54	4.16	35.67	0.86	1 441.64	34.93	4 127.52
增速/%	9.97%	—	-12.15	—	3.60%	—	-8.44	—	16.15	—	10.62

数据来源：根据式（3.1）以及西北五省（自治区）统计年鉴数据计算而得。

4.3.3.5　新疆建设用地碳排放量的时序变化特征

工矿用地、公共管理与公共服务用地是新疆主要的建设用地碳排放地类，其中工矿用地的碳排放量占比最大，每年都居于第一位，2015 年占比为 54.52%，之后是公共管理与公共服务用地，比重持续上升，2015 年的占比达到了 26.81%。相比较而言，交通用地、商服用地和居住用地的碳排放贡献很小，2015 年的比例分别为 12.40%、1.93% 和 4.34%。新疆建设用地碳排放量从 2 710.73 万吨持续增长到 7 395.82 万吨，10 年增幅为 4 685.09 万吨，年均增长率为 10.56%。公共管理与公共服务用地的增长速度最大，年均增长率为 18.30%，从 369.44 万吨上升到 1 982.65 万吨，涨幅为 1 613.21 万吨。工矿用地、交通用地、商服用地碳排放量的增长速率相差不大，依次为 10.06%、8.64% 和 7.04%。2005—2015 年工矿用地碳排放量从 1 545.96 万吨上升到 4 032.54 万吨，交通用地从 400.56 万吨增长到 774.52 万吨，商服用地碳排放量从 72.30 万吨上涨到 116.60 万吨；居住用地碳排放量略微出现负增长，从 322.48 万吨下降到 320.66 万吨，年均增长率为 -0.06%。2005—2015 年新疆建设用地碳排放量见表 4.12。

表 4.12　2005—2015 年新疆建设用地碳排放量

年份	工矿用地/万吨	比重/%	商服用地/万吨	比重/%	交通用地/万吨	比重/%	居住用地/万吨	比重/%	公共管理与公共服务用地/万吨	比重/%	总计/万吨
2005	1 545.96	57.03	72.30	2.67	400.56	14.78	322.48	11.90	369.44	13.63	2 710.73
2006	1 998.41	62.62	82.32	2.58	456.53	14.31	172.93	5.42	481.16	15.08	3 191.36
2007	2 164.82	63.20	83.85	2.45	472.11	13.78	174.57	5.10	530.16	15.48	3 425.51
2008	2 582.22	64.87	87.83	2.21	489.25	12.29	189.22	4.75	632.06	15.88	3 980.57
2009	3 043.88	66.72	93.27	2.04	471.84	10.34	206.00	4.52	747.48	16.38	4 562.47
2010	3 292.14	66.89	95.40	1.94	509.53	10.35	204.54	4.16	819.84	16.66	4 921.46
2011	3 877.69	67.74	94.84	1.66	556.59	9.72	210.26	3.67	984.98	17.21	5 724.36
2012	4 661.31	67.22	94.95	1.37	630.69	9.09	215.88	3.11	1 331.99	19.21	6 934.82
2013	4 489.03	62.53	124.76	1.74	750.24	10.45	282.64	3.94	1 531.92	21.34	7 178.59
2014	4 418.42	60.74	116.60	1.60	774.52	10.65	290.49	3.99	1 674.13	23.01	7 274.17
2015	4 032.54	54.52	142.75	1.93	917.22	12.40	320.66	4.34	1 982.65	26.81	7 395.82
增速/%	10.06	—	7.04	—	8.64	—	-0.06	—	18.30	—	10.56

数据来源：根据式（3.1）以及西北五省（自治区）统计年鉴数据计算而得。

4.4　西北五省（自治区）不同土地利用类型碳排放量的空间分布特征

4.4.1　西北五省（自治区）土地利用碳排放量的空间分布特征

2015 年西北地区土地利用碳排放量为 37 049.06 万吨，西北五省（自治区）碳排放量由大到小依次为陕西、新疆、甘肃、青海和宁夏。2015 年西北五省（自治区）土地利用碳排放量空间分布构成见图 4.21。

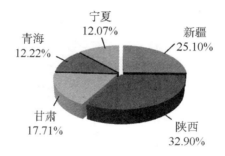

图 4.21　2015 年西北五省（自治区）土地利用碳排放量空间分布构成

数据来源：根据式（3.1）以及西北五省（自治区）统计年鉴数据计算而得。

4.4.2　西北五省（自治区）农用地碳排放量的空间分布特征

新疆地广人稀，土地资源丰富，光照时间长，农业发展在西北五省（自治区）中占有独特的优势和地位，是我国的后备粮食生产基地、棉花生产基地、特色林果基地和畜牧养殖基地，农用地开发利用强度高，农用地利用过程中碳排放量最大，

2015年达1 905.25万吨,占西北地区农用地碳排放总量的
38.98%,位居第一位,但高排放量将限制新疆低碳农业的发展,
所以新疆是农业碳减排重点省份。甘肃和陕西人口规模较大,
城镇经济发展速度较快,对农产品的需求量较大,促进了种植
业和畜牧业的快速发展,农用地利用过程中碳排放量也较大,
2015年碳排放量分别为1 196.23万吨和960.23万吨,占比分别
为24.47%和19.66%。在西北五省(自治区)中,青海和宁夏
的经济基础发展较弱,农业发展也最差,农业生产活动导致的
碳排放量较小,2015年碳排放量分别为481.12万吨和344.82
万吨,分别只占9.84%和7.05%。2015年西北五省(自治区)
农用地碳排放量空间分布构成见图4.22。

图4.22 2015年西北五省(自治区)农用地碳排放量空间分布构成

数据来源:根据式(3.1)以及西北五省(自治区)统计年鉴数据
计算而得。

　　2015年西北五省(自治区)农用地碳排放量空间分布差异
显著,耕地碳排放量由大到小依次为新疆、陕西、甘肃、宁夏
和青海。在西北五省(自治区)中,新疆耕地面积最大,农资
使用强度远高于其他四省(自治区),且由于干旱缺水,灌溉面
积也最大,新疆耕地的碳排放量位于西北地区之首,2015年耕

地碳排放量为 1 018.34 万吨，占西北地区耕地碳排放总量的 39.61%。陕西和甘肃耕地面积也较大，农业生产活动导致的碳排放规模也较大，2015 年分别为 667.23 万吨和 640.23 万吨，占比分别为 25.48% 和 24.77%，碳排放量位列西北地区第二和第三。宁夏、青海在西北五省（自治区）中的耕地面积较小，种植规模不大，种植结构也较为单一，耕地上的碳排放源活动相对较弱，所以耕地碳排放量较小，2015 年分别为 198.34 万吨和 60.12 万吨，占比仅为 7.81% 和 2.33%。2015 年西北五省（自治区）耕地碳排放量空间分布构成见图 4.23。

图 4.23　2015 年西北五省（自治区）耕地碳排放量空间分布构成

数据来源：根据式（3.1）以及西北五省（自治区）统计年鉴数据计算而得。

　　西北五省（自治区）牧草地碳排放量由大到小依次为新疆、青海、甘肃、陕西和宁夏。新疆、青海都属于我国传统四大牧区，草地资源丰富，是我国传统草地畜牧业生产基地，草原畜牧业在西北地区发展形势很好，牛、羊等大型牲畜养殖规模大，牧草地利用导致的碳排放量较高，碳排放量排在前两位，2015 年两省（自治区）累计碳排放量达 1 312.57 万吨，累计占西北地区牧草地碳排放量的 64.30%。甘肃草地资源也较多，养殖业在西北地区也占有重要地位，畜养殖规模也较大，牧草地碳排放量位列西北地区第三，排放量为 415.34 万吨，占 20.34%。陕西和宁夏草地碳排放量相对较小,分别位列西北地区第四和第五,排放量分别为 176.34 万吨和 137.34 万吨,分别占 8.64% 和 6.72%。2015 年西北五省(自治区)牧草地碳排放量空间分布构成见图 4.24。

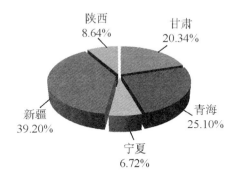

陕西
8.64%

甘肃
20.34%

新疆
39.20%

青海
25.10%

宁夏
6.72%

图 4.24 2015 年西北五省(自治区)牧草地碳排放量空间分布构成

数据来源:根据式(3.1)以及西北五省(自治区)统计年鉴数据计算而得。

西北五省(自治区)园地碳排放量由大到小依次为新疆、陕西、甘肃、宁夏和青海。在西北五省(自治区)中,陕西和新疆特色林果业的发展具有明显优势,近年来林果发展势头强劲,园地规模稳步上升,所以其园地碳排放量也较大,两省(自治区)累计碳排放量为 125.68 万吨,占整个西北五省(自治区)的比重高达 88.49%,甘肃林果业的发展在西北五省(自治区)中处于中等地位,园地碳排放规模也排在中间位置。受自然条件和生产方式的影响,青海、宁夏两省林果业发展基础薄弱,园地规模较小,园地上的碳排放源活动水平也较低,园地碳排放量较小,2015 年分别为 0.21 万吨和 2.69 万吨,占比分别仅为 0.15% 和 1.89%。西北五省(自治区)林地碳排放量的大小关系为:陕西(41.21 万吨)>新疆(30.43 万吨)>甘肃(25.51 万吨)>宁夏(5.39 万吨）>青海（5.45 万吨），各自的占比分别为 34.31%、30.43%、25.22%、5.39% 和 4.55%。2015 年西北五省（自治区）园地碳排放量空间分布构成见图 4.25；2015 年西北五省（自治区）林地碳排放量空间分布构成见图 4.26。

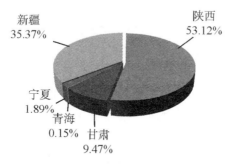

图 4.25　2015 年西北五省（自治区）园地碳排放量空间分布构成

数据来源：根据式（3.1）以及西北五省（自治区）统计年鉴数据计算而得。

图 4.26　2015 年西北五省（自治区）林地碳排放量空间分布构成

数据来源：根据式（3.1）以及西北五省（自治区）统计年鉴数据计算而得。

4.4.3　西北五省（自治区）建设用地碳排放量的空间分布特征

西北五省（自治区）建设用地碳排放量空间分异明显，建设用地碳排放量由大到小依次为陕西、新疆、甘肃、宁夏和青海。其中，陕西作为西北地区中人口规模最大、社会经济发展最好的省份，在建设用地利用过程中对能源等资源的需求量大，导致碳排放规模大，2015 年碳排放量为 11 226.86 万吨，占整个西北地区的 34.91%，在西北地区中位居首位；在国家"对口援疆"政策和"一带一路"倡议实施以来，新疆借助其丰富的能源、土地等资源，工业化与城市化进程得到了快速推进，建设用地上的社会经济活动较为活跃，其建设用地上承载的碳排放量也较大，2015 年碳排放量为 7 395.82 万吨，占 23.00%，位列西北地区第二；甘肃建设用地碳排放量位列西北地区第三，2015 年碳排放量为 5 365.41 万吨，占 16.68%；宁夏、青海自然资源较为缺乏，人口规模小，第二、第三产业发展速度慢，建设用地利用强度不高，能源消耗量较少，其碳排放量自然较小，2015 年分别为 4 127.52 万吨和 4 045.80 万吨，占比分别为12.83% 和 12.58%，排在西北地区第四位和第五位。2015 年西北五省（自治区）建设用地碳排放量空间分布构成见图 4.27。

图 4.27　2015 年西北五省（自治区）建设用地碳排放量空间分布构成

数据来源：根据式（3.1）以及西北五省（自治区）统计年鉴数据计算而得。

　　2015 年西北五省（自治区）建设用地碳排放量与建设用地碳排放总量的空间分布趋同，但存在个别差异，碳排放量较大

的省份为西北地区社会经济发展水平靠前的省份。西北五省
（自治区）工矿用地碳排放量由大到小依次为陕西、新疆、甘
肃、宁夏和青海，如图4.28所示。陕西、新疆丰富的矿产资源
为工业和城镇经济的发展提供了优越的条件，同时承接东部地
区省份产业转移较多，工矿用地上的碳排放量较高，两省（自
治区）累计碳排放量为 11 315.19 万吨，占到西北地区的
64.63%。宁夏、青海资源开发利用的强度较低，工业化进程速
度慢，工矿用地碳排放量小，青海仅为 1 011.39 万吨，不到陕
西的 1/6，仅占西北地区的 5.78%。2015 年西北五省（自治区）
工矿用地碳排放量空间分布构成见图 4.28。

图 4.28 2015 年西北五省（自治区）工矿用地碳排放量空间分布构成

数据来源：根据式（3.1）以及西北五省（自治区）统计年鉴
数据计算而得。

　　西北五省（自治区）商服用地碳排放量由大到小依次为陕
西、新疆、甘肃、青海和宁夏，如图 4.29 所示。在西北五省
（自治区）中，新疆和陕西的商服用地碳排放量远远高于西北其
他省（自治区），2015 年碳排放量分别为 142.75 万吨和 131.41
万吨，占商服用地碳排放的比重分别为 41.44%和 38.14%。“对
口援疆”政策和“一带一路”倡议等的持续推进，给新疆服务
业的发展带来了前所未有的动力，提高了批发零售、住宿业能

源消耗的强度，商服用地碳排放量提高，碳排放量位列西北地区第一。陕西经济基础好，人口规模大，服务业发展也较好，商服用地碳排放量也高，碳排放量位列西北地区第二。甘肃、青海、宁夏商服用地碳排放量相对较小，占比分别为12.90%、5.99%和1.53%。2015年西北五省（自治区）商服用地碳排放量空间分布构成见图4.29。

图4.29　2015年西北五省（自治区）商服用地碳排放量空间分布构成

数据来源：根据式（3.1）以及西北五省（自治区）统计年鉴
数据计算而得。

西北五省（自治区）交通用地碳排放量由大到小依次为新疆、陕西、甘肃、宁夏和青海，如图4.30所示。新疆交通用地碳排放量位列西北地区第一，2015年碳排放量为917.22万吨，占西北地区交通用地碳排放量的36.06%。新疆疆土面积大，南北及东西跨度较宽，远离其他省份，同时也是"丝绸之路经济带"的核心区域。为了加强与我国其他省份以及周边国家的经贸往来，近年来，其交通运输业得到了快速发展，客货运输能源消耗量大，导致交通用地碳排放量高。陕西和甘肃处在我国东部地区通往西北地区以及西北地区通往西南地区的交通要道上，运输物流业较为发达，运输能源消耗量大，交通用地碳排放量也较高，分别位列西北地区第二和第三，2015年碳排放量分别为 798.67 万吨和 508.72 万吨，占比分别为 31.41% 和 20.01%。宁夏和青海未处在交通干线上，人口规模也较小，交通用地规模不大，物流行业不发达，交通用地碳排放量较低，2015 年碳排放量分别为 171.54 万吨和 146.80 万吨，占比分别为 6.75% 和 5.77%。2015 年西北五省（自治区）交通用地碳排放量空间分布构成见图 4.30。

图 4.30　2015 年西北五省（自治区）交通用地碳排放量空间分布构成

数据来源：根据式（3.1）以及西北五省（自治区）统计年鉴数据计算而得。

西北五省（自治区）居住用地碳排放量由大到小依次为陕西、新疆、甘肃、青海和宁夏，如图 4.31 所示。居住用地的碳排放量与人口规模有很大的关系，人口规模大的省份居民能源消耗也大，同时生活垃圾处理量也大，导致的碳排放量就越大。作为人口大省的陕西，其居住用地碳排放量居于西北地区首位，2015 年碳排放量为 422.63 万吨，占居住用地碳排放总量的 35.71%。新疆和甘肃人口规模也较大，2015 年碳排放量分别为 320.66 万吨和 306.49 万吨，占比分别为 27.09% 和 25.90%，两省相差不大。碳排放量贡献最小的是青海，2015 年碳排放量仅为 35.67 万吨，不足陕西的 1/10，碳排放量占比仅为 3.01%。2015 年西北五省（自治区）居住用地碳排放量空间分布构成见图 4.31。

图 4.31　2015 年西北五省（自治区）居住用地碳排放量空间分布构成

数据来源：根据式（3.1）以及西北五省（自治区）统计年鉴数据
计算而得。

西北五省（自治区）的公共管理及公共服务用地碳排放量
空间分布相对比较均匀，差异较小。青海大量的电力资源调入
导致的间接碳排放量较大，公共管理及公共服务用地碳排放位
列西北地区第一，2015 年的碳排放量为 2 768.84 万吨，占公共
管理及公共服务用地碳排放量的比重为 26.16%。陕西为保障快
速发展的城镇经济，热力、电力及水供应等基础性产业能源消
耗量较大，公共管理及公共服务用地位列西北地区第二，
2015 年碳排放量为 2 591.50 万吨，占比为 24.49%。新疆、甘肃
分别位列第三和第四。碳排放量最低的地区为宁夏，占比仅为
13.62%。2015 年西北五省（自治区）公共管理及公共服务用地
碳排放量空间分布构成见图 4.32。

图 4.32　2015 年西北五省（自治区）公共管理及公共服务用地碳排放量空间分布构成

数据来源：根据式（3.1）以及西北五省（自治区）统计年鉴数据计算而得。

4.5　本章小结

西北地区土地利用碳排放呈现出以下几个显著特征：

（1）土地利用碳排放量持续上升，增长速度较快。建设用地是主要的碳排放地类，碳排放量逐年上升，且其增长速度远远大于农用地；而农用地对土地碳排放的贡献率较小，碳排放量变化幅度不是很大。

（2）耕地是农用地碳排放的第一大来源，其碳排放量呈现出倒"N"形变化特征；牧草地是农用地碳排放的第二大来源，其碳排放量呈现出"U"形变化特征；园地占农用地碳排放量的比重较小，其碳排放量呈现出直线上升的变化特征；林地对农用地碳排放量的贡献率也较小，其碳排放量呈"M"形变化特征。

（3）工矿用地是建设用地碳排放的主要贡献地类，是节能减排的重点地类，其碳排放量经历了"快速增长—缓慢增长"两个变化阶段；公共管理与公共服务用地对建设用地碳排放量的贡献率位居第二，其碳排放量经历了"缓慢增长—波动快速增长"两个变化阶段；商服用地、交通用地、居住用地占建设用地碳排放量的比重较小，商服用地和居住用地碳排放量经历了"下降—上升"两个变化阶段，交通用地碳排放量呈直线上升态势。

（4）西北五省（自治区）农用地碳排放结构具有相似性，陕西、甘肃、宁夏、新疆农用地碳排放的主要来源是耕地碳排放，青海农用地碳排放的主要来源是牧草地碳排放。但各省（自治区）农用地碳排放量变化特征各不相同。陕西农用地碳排放量呈波动下降趋势；甘肃农用地碳排放量波动幅度较大，总体呈上升态势；青海农用地碳排放量呈"M"形的波动变化特征；宁夏农用地碳排放量波动变化特征明显，但变化幅度不大；新疆农用地碳排放量经历了"上升—下降—徘徊—上升"四个变化阶段。

（5）西北五省（自治区）建设用地碳排放结构具有趋同性，陕西、甘肃、宁夏、新疆建设用地碳排放的主要来源是工矿用地碳排放，而青海建设用地碳排放的主要贡献地类是公共管理及公共服务用地；各省（自治区）建设用地碳排放量均呈现出上升趋势，但增长幅度和速度各不相同，青海、新疆建设用地碳排放增长速度高于其他三省（自治区）。

（6）西北五省（自治区）土地利用碳排放量空间差异显著，其中经济发展较好、资源丰富、人口规模大的省（自治区）的土地利用碳排放量较大。西北五省（自治区）土地利用碳排放量由大到小依次为陕西、新疆、甘肃、青海和宁夏，农用地碳排放量由大到小依次为新疆、甘肃、陕西、青海和宁夏，而建设用地碳排放量由大到小则依次为陕西、新疆、甘肃、宁夏和青海。

5 西北地区土地利用碳排放效率特征分析

西北地区土地利用过程中产生的经济效应和碳排放效应均很明显，那么土地利用碳排放效率如何？我们在第 4 章的研究结果基础上，运用第 3 章介绍的土地利用碳排放效率的测算方法，从单要素和全要素两个视角考察西北五省（自治区）土地利用碳排放效率，分析土地利用碳排放效率的时空演变特征，探索土地利用碳排放效率的变化规律。

5.1 数据来源

土地利用过程涉及多种生产要素投入和社会经济产出，根据本部分的研究目的，我们将土地利用过程中的要素资源投入确定为资金、劳动力、水资源、土地资源和能源，将土地利用过程中的好产出确定为经济产出，将土地利用过程中的坏产出确定为碳排放。土地利用碳排放效率测度的投入产出指标如表 5.1 所示。

表 5.1　土地利用碳排放效率测度的投入产出指标

	土地类型	指标	指标说明
投入指标	建设用地	劳动力投入	第二、第三产业就业人数
		水资源投入	第二、第三产业用水量
		资金投入	城镇固定资产投资
		土地资源投入	建设用地面积
		能源投入	第二、第三产业标准煤使用量
	农用地	劳动力投入	乡村从业人数
		水资源投入	农业用水量
		资金投入	农村固定资产投资
		土地资源投入	农用地面积
		能源投入	农林牧渔业标准煤使用量
期望产出指标	建设用地	第二、第三产业经济产出	第二、第三产业生产总值
	农用地	第一产业经济产出	农林牧渔业生产总值
非期望产出指标	建设用地	碳排放产出	建设用地碳排放量
	农用地	碳排放产出	农用地碳排放量

　　能源投入用年末所有能源消费量来表示（换算成标准煤），其中，农用地能源投入用农林牧渔业标准煤消耗量表示，建设用地能源投入用第二、第三产业以及居民生活标准煤消耗量之和来表示。数据来源于西北五省（自治区）的统计年鉴。

　　资金投入用固定资产投资表示，其中，农用地资金投入用农村固定资产投资额来衡量，建设用地资金投入用城镇固定资产投资额来衡量。数据来源于西北五省（自治区）的统计年鉴。我们剔除了通货膨胀率，统一折算到2005年的价格。

土地资源投入用年末土地规模（农用地面积和建设用地面积）来表示，数据来源于西北五省（自治区）的统计年鉴和中国农村统计年鉴。

水资源投入用年末产业和生活用水来表示，其中，农用地水资源投入用农业用水量来表示，建设用地水资源投入用工业用水量和城镇生活用水量之和来表示。数据来源于西北五省（自治区）的统计年鉴。

劳动力投入用年末从业人数来表示，其中，农用地劳动力投入用乡村从业人数来衡量，建设用地劳动力投入用第二、第三产业从业人数之和来衡量。数据来源于西北五省（自治区）的统计年鉴。

经济产出用地区生产总值来表示，其中，农用地的经济产出用农林牧渔业生产总值来衡量，建设用地的经济产出用第二、第三产业生产总值之和来衡量。数据来源于西北五省（自治区）的统计年鉴。我们剔除了通货膨胀率，统一折算到2005年的价格。

碳排放量数据以第4章的计算结果为依据。

5.2　单要素视角下的土地利用碳排放效率

5.2.1　单要素视角下的西北五省（自治区）农用地碳排放效率

5.2.1.1　能源投入碳排放效率

西北五省（自治区）农用地能源投入碳排放效率下降趋势

显著，2015 年较 2005 年减少了 1.91 吨，年均下降 3.35%，表明在农用地利用过程中，能源利用的效率随时间推移不断提升。除甘肃农用地能源投入碳排放效率呈波动上升趋势外，其余四省（自治区）农用地能源投入碳排放效率均表现出波动下降的趋势。2015 年陕西、甘肃、青海、宁夏和新疆农用地能源投入碳排放效率分别为 4.50 吨、4.69 吨、20.41 吨、17.83 吨和 3.60 吨；10 年间（2005—2015 年），各省（自治区）农用地能源投入碳排放效率分别为 -2.78 吨、0.13 吨、-13.54 吨、-36.42 吨和 -2.00 吨，年均变化速度分别为 -4.70%、0.28%、-4.96%、-10.53% 和 -4.32%。西北五省（自治区）农用地能源投入碳排放效率的大小关系为：新疆 > 陕西 > 甘肃 > 宁夏 > 青海，能源丰富的新疆、甘肃、陕西能源利用效率远远高于能源缺乏的青海和宁夏。但是从能源利用效率改善程度来看，宁夏改善的速度最快，陕西、青海、新疆的改善速度相当，而甘肃在 2011 年后，其能源利用效率出现持续下降的现象。2005—2015 年西北五省（自治区）农用地能源投入碳排放效率见表 5.2。

表 5.2　2005—2015 年西北五省（自治区）
农用地能源投入碳排放效率　　单位：吨

年份	陕西	甘肃	青海	宁夏	新疆	西北地区
2005	7.28	4.56	33.95	54.25	5.60	6.61
2006	5.95	4.30	33.25	43.70	5.47	6.12
2007	5.63	4.35	32.99	36.24	5.03	5.84
2008	5.57	4.49	35.95	38.46	4.74	5.83
2009	5.14	4.10	27.06	24.81	4.26	5.19
2010	5.33	4.49	28.91	24.33	4.09	5.36

表5.2(续)

年份	陕西	甘肃	青海	宁夏	新疆	西北地区
2011	4.59	4.26	26.39	17.20	3.48	4.62
2012	4.67	4.34	24.53	16.20	3.47	4.61
2013	4.43	4.49	24.76	16.65	3.52	4.63
2014	4.39	4.56	22.93	16.34	3.51	4.60
2015	4.50	4.69	20.41	17.83	3.60	4.70
年均增速/%	-4.70	0.28	-4.96	-10.53	-4.32	-3.35

数据来源：根据式（3.1）以及西北五省（自治区）统计年鉴数据计算而得。

5.2.1.2 资金投入碳排放效率

西北五省（自治区）农用地资金投入碳排放效率呈明显下降趋势，由2005年的1.99吨下降至2015年的0.45吨，年均下降13.89%，表明农用地利用过程中，资金利用的效率随时间不断上升。各省（自治区）农用地资金投入碳排放效率均表现出下降态势，但资金投入碳排放效率改善的程度和速度存在明显差异。2015年陕西、甘肃、青海、宁夏和新疆的农用地资金投入碳排放效率分别为0.27吨、0.14吨、0.72吨、0.44吨和0.66吨，较2005年分别下降了0.78吨和0.13吨、4.21吨、0.78吨、0.70吨，年均下降速度分别为12.70%、23.20%、17.50%、9.70%和6.97%。西北五省（自治区）农用地资金投入碳排放效率的大小关系为：甘肃>陕西>宁夏>新疆>青海。西北五省（自治区）农用地资金投入碳排放效率改善程度的大小关系为：甘肃>青海>陕西>宁夏>新疆。2005—2015年西北五省（自治区）农用地资金投入碳排放效率见表5.3。

表5.3 2005—2015年西北五省（自治区）
农用地资金投入碳排放效率　　单位：吨/亿元

年份	陕西	甘肃	青海	宁夏	新疆	西北地区
2005	1.05	1.39	4.93	1.22	1.36	1.99
2006	0.93	1.16	4.43	1.13	1.23	1.78
2007	0.78	0.91	3.58	0.99	0.93	1.44
2008	0.61	0.77	3.20	1.05	0.75	1.28
2009	0.53	0.52	2.10	0.90	0.56	0.92
2010	0.51	0.42	1.10	0.85	0.47	0.67
2011	0.32	0.30	0.70	0.59	0.88	0.56
2012	0.31	0.23	0.63	0.52	0.57	0.45
2013	0.30	0.19	0.65	0.48	0.50	0.42
2014	0.28	0.15	0.66	0.42	0.48	0.40
2015	0.27	0.14	0.72	0.44	0.66	0.45
年均增速/%	-12.70	-23.20	-17.50	-9.70	-6.97	-13.89

数据来源：根据式（3.3）以及西北五省（自治区）统计年鉴数据计算而得。

5.2.1.3 土地资源投入碳排放效率

西北五省（自治区）农用地土地资源投入碳排放效率变化幅度不大，略有上升，2015年为0.34吨/公顷，较2005年仅增加了0.02吨/公顷，年均增长0.61%，表明在农用地利用过程中，土地资源配置的效率随时间稍有上升。西北五省（自治区）农用地的地均碳排放效率的变化特征各不一样，其中，陕西呈现出明显下降趋势，由0.62吨/公顷下降至0.51吨/公顷，年均下降1.39%；甘肃和新疆呈现出明显上升趋势，2015年较2005年分别增加了0.14吨/公顷和0.06吨/公顷，年均增长速度分别为2.86%和1.96%；而青海和宁夏基本表现出先上升后下降的趋势，整体变化幅度小。宁夏农用地地均碳排放效率位居西北五省（自治区）之首，2015 年为 0.80 吨/公顷，远远高于西北地区平均水平，陕西、甘肃、新疆分别排在第二、第三、第四位；青海最少，2015 年仅为 0.22 吨/公顷，约为宁夏的1/4。西北五省（自治区）农用地土地投入碳排放效率的大小关系为：青海>新疆>陕西>甘肃>宁夏，其中，陕西、青海和宁夏的农用地土地投入碳排放效率逐渐改善，甘肃和新疆的农用地土地投入碳排放效率逐渐恶化。2005—2015 年西北五省（自治区）农用地土地资源投入碳排放效率见表5.4。

表5.4 2005—2015 年西北五省（自治区）
农用地土地资源投入碳排放   单位：吨/公顷

年份	陕西	甘肃	青海	宁夏	新疆	西北地区
2005	0.62	0.43	0.23	0.82	0.28	0.32
2006	0.60	0.42	0.23	0.81	0.29	0.32
2007	0.57	0.42	0.25	0.80	0.28	0.31
2008	0.61	0.46	0.22	0.96	0.28	0.33
2009	0.58	0.43	0.25	0.80	0.26	0.30
2010	0.60	0.46	0.22	0.94	0.27	0.32
2011	0.56	0.45	0.22	0.79	0.26	0.30
2012	0.57	0.47	0.22	0.79	0.27	0.31
2013	0.56	0.47	0.21	0.92	0.35	0.34
2014	0.53	0.54	0.21	0.82	0.35	0.35
2015	0.51	0.57	0.22	0.80	0.34	0.34
年均增速/%	−1.39	2.86	−0.44	−0.25	1.96	0.61

数据来源：根据式（3.6）以及西北五省（自治区）统计年鉴数据计算而得。

5.2.1.4　水资源投入碳排放效率

西北五省（自治区）农用地水资源投入碳排放效率呈波动下降趋势，2015 年较 2005 年减少了 1.73 吨/万立方米，年均下降 1.39%，表明在农用地利用过程中，水资源利用的效率随之有所改善。西北五省（自治区）农用地水资源投入的碳排放效率变化趋势存在显著差异，其中，陕西呈波动下降趋势，甘肃和宁夏呈波动上升态势，青海表现出先波动上升后波动下降的特征，而新疆呈现出持续下降的特征。2005—2015 年，西北五省（自治区）农用地水资源投入碳排放效率变化幅度最大的是陕西（−6.98 吨/万立方米），年均变化速度为−3.51%，其余四省（自治区）的变化幅度均较小，年均增长速度分别为 0.78%、−1.09%、0.87% 和−1.86%。西北五省（自治区）农用地水资源投入碳排放效率的大小关系为：新疆>宁夏>甘肃>陕西>青海，水资源缺乏的新疆、宁夏、甘肃的水资源利用效率反而大于陕西、青海这些水资源较为丰富的地区。甘肃、宁夏的水资源投入碳排放效率出现恶化情况，陕西、青海、新疆则表现为逐渐好转。2005—2015 年西北五省（自治区）农用地水资源投入碳排放效率见表 5.5。

表 5.5　2005—2015 年西北五省（自治区）
农用地水资源投入碳排放效率

单位：吨/万立方米

年份	陕西	甘肃	青海	宁夏	新疆	西北地区
2005	23.21	11.31	22.82	5.00	3.85	13.24
2006	21.24	11.28	23.98	4.70	3.95	13.03
2007	18.61	11.30	23.04	4.68	3.81	12.29
2008	20.21	12.05	27.08	6.20	3.70	13.85

表5.5(续)

年份	陕西	甘肃	青海	宁夏	新疆	西北地区
2009	17.94	11.20	21.60	4.90	3.36	11.80
2010	18.91	12.49	25.24	6.04	3.42	13.22
2011	18.11	12.17	20.99	5.08	3.39	11.95
2012	15.57	12.60	20.14	5.01	3.50	11.36
2013	18.03	12.59	21.81	5.70	3.21	12.27
2014	17.10	11.97	21.03	5.30	3.27	11.73
2015	16.23	12.22	20.45	5.45	3.19	11.51
年均增速/%	-3.51	0.78	-1.09	0.87	-1.86	-1.39

数据来源:根据式(3.4)以及西北五省(自治区)统计年鉴数据计算而得。

5.2.1.5 劳动力投入碳排放效率

西北五省(自治区)农用地劳动力投入碳排放效率呈波动变化特征,但整体变动幅度不大。西北五省(自治区)农用地劳动力投入的碳排放效率变化趋势存在显著差异,但变化幅度均较小。其中,陕西呈波动螺旋上升特征,甘肃呈"下降—波动上升"特征,青海呈波动缓慢上升特征,宁夏呈先上升后下降的特征,而新疆下降趋势明显。2005—2015年,西北五省(自治区)农用地劳动力投入碳排放效率的变化幅度分别为0.08吨/人、0.12吨/人、0.89吨/人、-0.23吨/人和-0.69吨/人,年均增长速度分别为0.65%、0.93%、2.43%、-1.04%和-1.70%,变化速度缓慢。西北五省(自治区)农用地劳动力投入碳排放效率的大小关系为:陕西>甘肃>宁夏>新疆>青海。陕西、甘肃、青海的劳动力投入碳排放效率出现恶化的情况,而宁夏和新疆则不断改善。2005—2015年西北五省(自治区)

农用地劳动力投入碳排放效率见表5.6。

表 5.6 2005—2015 年西北五省（自治区）
农用地劳动力投入碳排放效率　　单位：吨/人

年份	陕西	甘肃	青海	宁夏	新疆	西北地区
2005	1.20	1.23	3.28	2.31	4.37	2.48
2006	1.16	1.21	3.43	2.34	4.35	2.50
2007	1.11	1.20	3.49	2.40	4.32	2.50
2008	1.20	1.21	4.00	2.84	4.22	2.69
2009	1.17	1.20	3.42	2.44	3.88	2.42
2010	1.27	1.27	4.18	2.45	3.91	2.62
2011	1.21	1.24	3.82	2.04	3.75	2.41
2012	1.29	1.29	3.88	1.99	3.69	2.43
2013	1.32	1.33	4.26	2.10	3.66	2.53
2014	1.27	1.33	4.11	2.01	3.61	2.47
2015	1.28	1.35	4.17	2.08	3.68	2.51
年均增速/%	0.65	0.93	2.43	−1.04	−1.70	0.13

数据来源：根据式（3.5）以及西北五省（自治区）统计年鉴数据计算而得。

5.2.1.6 经济产出碳排放效率

西北五省（自治区）农用地经济产出碳排放效率下降趋势明显，由 2.70 吨/万元 GDP 下降至 0.76 吨/万元 GDP，年均下降12.00%。由此可见，西北五省（自治区）随着农业生产技术的提升，农用地利用效率在不断提高。2015 年陕西、甘肃、青海、宁夏和新疆的农用地经济产出碳排放效率分别为 0.34 吨/万元 GDP、0.69 吨/万元 GDP、1.34 吨/万元 GDP、0.70

吨/万元 GDP 和 0.66 吨/万元 GDP，较 2005 年分别下降了 1.43
吨/万元 GDP、1.30 吨/万元 GDP、3.96 吨/万元 GDP、1.79
吨/万元 GDP 和 1.46 吨/万元 GDP，年均增长速度分别为
-15.20%、-10.05%、-12.85%、-11.91%和-11.01%。青海农
用地碳排放效率虽然较低，但由于其农业发展主要以畜牧业为
主，传统的养殖生产方式产生的经济效益也很低，而且青海科
技投入强度也远低于其他四省（自治区），所以其农用地万元
GDP 碳排放效率最高。甘肃、新疆、宁夏的农用地万元 GDP 碳
排放效率相当，陕西最低，仅为青海的 1/4。西北五省（自治
区）农用地经济产出碳排放效率的大小关系为：陕西>新疆>甘
肃>宁夏>青海。西北五省（自治区）经济产出碳排放效率改善
程度的大小关系为：陕西>青海>宁夏>新疆>甘肃。2005—2015 年
西北五省（自治区）农用地经济产出碳排放效率见表 5.7。

表 5.7　2005—2015 年西北五省（自治区）

农用地经济产出碳排放效率

单位：吨/万元 GDP

年份	陕西	甘肃	青海	宁夏	新疆	西北地区
2005	1.77	1.99	5.30	2.49	2.12	2.73
2006	1.52	1.81	5.17	2.29	2.08	2.57
2007	1.29	1.55	4.14	1.84	1.68	2.10
2008	1.12	1.43	3.61	1.77	1.50	1.89
2009	0.84	1.24	3.07	1.37	1.26	1.55
2010	0.83	1.11	2.71	1.29	0.91	1.37
2011	0.62	0.97	2.11	0.93	0.84	1.09
2012	0.52	0.87	1.79	0.86	0.75	0.96
2013	0.46	0.79	1.58	0.81	0.71	0.87
2014	0.39	0.73	1.46	0.76	0.67	0.80

年份	陕西	甘肃	青海	宁夏	新疆	西北地区
2015	0.34	0.69	1.34	0.70	0.66	0.76
年均增速/%	−15.20	−10.05	−12.85	−11.91	−11.01	−12.00

数据来源：根据式（3.7）以及西北五省（自治区）统计年鉴数据计算而得。

5.2.2 单要素视角下的西北五省（自治区）建设用地碳排放效率

5.2.2.1 能源投入碳排放效率

西北五省（自治区）建设用地能源投入碳排放效率有小幅度上升的趋势。2015 年为 0.83 吨/吨，较 2005 年上升了 0.11 吨/吨，年均涨幅 1.43%，表明在建设用地利用过程中，能源利用效率逐渐下降。西北五省（自治区）建设用地能源投入碳排放效率呈现出不同的变化特征，其中，陕西、青海、新疆呈波动上升趋势，甘肃呈波动下降趋势，宁夏呈"先下降、后上升"趋势。2015 年陕西、甘肃、青海、宁夏和新疆的建设用地能源投入碳排放效率分别为 1.11 吨/吨、0.67 吨/吨、1.01 吨/吨、0.77 吨/吨和 0.65 吨/吨，较 2005 年分别增长了 0.19 吨/吨、−0.02吨/吨、0.31 吨/吨、−0.09 吨/吨和 0.13 吨/吨，年均增长速度分别为 1.90%、−0.29%、3.73%、−1.10%和 2.26%。西北五省（自治区）建设用地能源投入碳排放效率的大小关系为：新疆>甘肃>宁夏>青海>陕西。其中，甘肃、宁夏建设用地能源投入碳排放效率逐渐改善，而新疆、陕西、青海建设用地能源投入碳排放效率则逐渐恶化。2005—2015 年西北五省（自治区）建设用地能源投入碳排放效率见表 5.8。

表5.8 2005—2015年西北五省（自治区）
建设用地能源投入碳排放效率   单位：吨/吨

年份	陕西	甘肃	青海	宁夏	新疆	西北地区
2005	0.92	0.69	0.70	0.86	0.52	0.72
2006	1.02	0.63	0.81	0.72	0.56	0.74
2007	0.92	0.67	0.82	0.56	0.55	0.70
2008	0.99	0.66	0.80	0.62	0.59	0.74
2009	1.05	0.61	0.77	0.50	0.64	0.74
2010	1.18	0.70	0.99	0.49	0.62	0.80
2011	1.07	0.68	1.02	0.44	0.61	0.76
2012	1.04	0.79	1.14	0.60	0.61	0.80
2013	1.03	0.76	1.13	0.61	0.63	0.80
2014	1.12	0.75	0.95	0.67	0.64	0.82
2015	1.11	0.67	1.01	0.77	0.65	0.83
年均增速/%	1.90	-0.29	3.73	-1.10	2.26	1.43

数据来源：根据式（3.1）以及西北五省（自治区）统计年鉴数据计算而得。

5.2.2.2 资金投入碳排放效率

西北五省（自治区）建设用地资金投入碳排放效率下降趋势明显，由2005年的3.56吨/万元GDP下降至1.59吨/万元GDP，年均下降7.74%，表明在建设用地利用过程中，资金利用效率不断上升。西北五省（自治区）建设用地资金投入碳排放效率均表现出下降的态势。2015年，陕西、甘肃、青海、宁夏和新疆的碳排放效率分别为0.57吨/万元GDP、4.20吨/万元GDP、1.29吨/万元GDP、1.20吨/万元GDP和0.70吨/万元GDP，较2005年分别下降了1.92吨/万元GDP、1.37

吨/万元 GDP、2.28 吨/万元 GDP、2.74 吨/万元 GDP 和 1.5 吨/万元 GDP，年均下降速度分别为 13.71%、2.78%、9.68%、11.21% 和 10.98%。西北五省（自治区）建设用地资金投入碳排放效率的大小关系为：陕西>新疆>青海>宁夏>甘肃，而资金投入碳排放效率改善程度的大小关系为：陕西>宁夏>新疆>青海>甘肃。2005—2015 年西北五省（自治区）建设用地资金投入碳排放效率见表 5.9。

表 5.9　2005—2015 年西北五省（自治区）建设用地资金投入碳排放效率

单位：吨/万元 GDP

年份	陕西	甘肃	青海	宁夏	新疆	西北地区
2005	2.49	5.57	3.57	3.94	2.24	3.56
2006	2.17	5.08	3.87	3.53	2.25	3.38
2007	1.55	5.80	3.72	2.71	2.06	3.17
2008	1.37	4.22	3.40	2.44	1.97	2.68
2009	1.18	2.87	2.51	1.91	1.87	2.07
2010	1.12	3.85	3.08	1.69	1.61	2.27
2011	0.97	4.45	2.21	1.47	1.29	2.08
2012	0.81	5.06	2.09	1.67	1.18	2.16
2013	0.68	4.49	1.76	1.37	0.97	1.85
2014	0.62	4.52	1.31	1.24	0.80	1.70
2015	0.57	4.20	1.29	1.20	0.70	1.59
年均增速/%	-13.71	-2.78	-9.68	-11.21	-10.98	-7.74

数据来源：根据式（3.3）以及西北五省（自治区）统计年鉴数据计算而得。

5.2.2.3　土地资源投入碳排放效率

西北五省（自治区）建设用地土地资源投入碳排放效率上

升速度较快，从 2005 年的 36.42 吨/公顷上升到 2015 年的 78.93
吨/公顷，年均增长率为 8.04%。可见，随着碳排放总量的持续
上涨，建设用地承载的碳排放量越来越大，其环境承载力将越
来越小，在建设用地利用过程中，土地资源的配置效率在不断
下降。西北五省（自治区）建设用地土地资源投入碳排放效率
表现为上涨态势，其中，陕西呈"快速上升—波动上升"趋势，
甘肃、青海呈"缓慢上升—快速上升"趋势，宁夏呈"平稳上
升"趋势，新疆呈"先上升，后下降"趋势。2015 年西北五省
（自治区）建设用地单位土地资源投入碳排放效率分别为 119.26
吨/公顷、59.90 吨/公顷、117.68 吨/公顷、131.58 吨/公顷和
46.80 吨/公顷，2005—2015 年，分别上涨了 61.81 吨/公顷、
30.25 吨/公顷、83.01 吨/公顷、57.48 吨/公顷和 24.6
吨/公顷。其中，青海增长速度最快（13.00%），之后是新疆
（7.74%）、陕西（7.58%）和甘肃（7.28%），宁夏增长速度最
慢（5.91%）。西北五省（自治区）建设用地土地资源投入碳排
放效率的大小关系为：新疆>甘肃>陕西>青海>宁夏，而土地资
源投入碳排放效率恶化速度的大小关系为：青海>陕西>新疆>甘
肃>宁夏。2005—2015 年西北五省（自治区）建设用地土地资
源投入碳排放效率见表 5.10。

表 5.10　2005—2015 年西北五省（自治区）
建设用地土地资源投入碳排放效率

单位：吨/公顷

年份	陕西	甘肃	青海	宁夏	新疆	西北地区
2005	57.45	29.65	34.67	74.10	22.20	36.42
2006	65.16	28.98	46.25	75.49	26.01	40.48
2007	65.11	33.63	50.84	68.42	27.76	42.39
2008	75.59	34.33	53.44	84.52	32.10	47.72

表5.10(续)

年份	陕西	甘肃	青海	宁夏	新疆	西北地区
2009	89.81	32.49	52.98	86.91	36.79	52.19
2010	111.71	40.80	79.10	102.83	39.69	63.81
2011	115.49	43.61	92.25	110.28	46.16	69.34
2012	124.24	54.33	115.57	160.45	55.93	82.77
2013	116.98	62.68	119.62	118.04	47.83	78.74
2014	125.10	65.18	108.53	127.80	48.46	81.22
2015	119.26	59.90	117.68	131.58	46.80	78.93
年均增速/%	7.58	7.28	13.00	5.91	7.74	8.04

数据来源：根据式（3.6）以及西北五省（自治区）统计年鉴数据计算而得。

5.2.2.4 水资源投入碳排放效率

西北五省（自治区）建设用地水资源投入碳排放效率呈明显上升特征，2015年为475.35吨/万立方米，较2005年上升了306.29吨/万立方米，年均涨幅10.89%，表明在建设用地利用过程中，水资源利用效率呈不断下降趋势。西北五省（自治区）建设用地水资源投入碳排放效率变化趋势各不相同，其中，陕西呈"快速上升—缓慢上升"趋势，甘肃呈"缓慢上升—快速上升"趋势，青海呈"缓慢上升—快速上升—下降"趋势，宁夏呈"波动缓慢上升—波动快速上升"趋势，新疆则呈持续平稳上升的趋势。西北五省（自治区）建设用地水资源投入碳排放效率均有不同程度的上升，2015年陕西、甘肃、青海、宁夏和新疆建设用地水资源投入碳排放效率分别为408.63吨/万立方米、270.98吨/万立方米、735.60吨/万立方米、665.73吨/万立方米和295.83吨/万立方米，较2005年分别上升了230.7吨/万立方米、155.91吨/万立方米、617.82

吨/万立方米、376.45 吨/万立方米和 150.56 吨/万立方米，年
均增长速度分别为 8.67%、8.94%、20.10%、8.69%和 7.37%。
西北五省（自治区）建设用地土地资源投入碳排放效率的大小
关系为：新疆>甘肃>陕西>青海>宁夏，而土地资源投入碳排放
效率恶化速度的大小关系为：青海>甘肃>宁夏>陕西>新疆。
2005—2015 年西北五省（自治区）建设用地水资源投入碳排放
效率见表 5.11。

表 5.11　2005—2015 年西北五省（自治区）
建设用地水资源投入碳排放效率

单位：吨/万立方米

年份	陕西	甘肃	青海	宁夏	新疆	西北地区
2005	177.93	115.07	117.78	289.28	145.27	169.07
2006	198.08	112.88	145.29	295.89	165.53	183.53
2007	208.87	139.21	158.10	270.84	166.94	188.79
2008	246.53	150.41	156.31	361.26	181.18	219.14
2009	320.54	133.02	272.85	339.94	182.50	249.77
2010	400.64	162.63	382.63	369.49	205.49	304.18
2011	376.22	163.49	419.57	359.69	217.00	307.19
2012	396.98	212.66	804.07	525.76	284.56	444.81
2013	405.09	258.24	775.23	532.49	292.76	452.76
2014	424.47	268.31	743.37	569.70	284.59	458.09
2015	408.63	270.98	735.60	665.73	295.83	475.35
年均增速/%	8.67	8.94	20.10	8.69	7.37	10.89

数据来源：根据式（3.4）以及西北五省（自治区）统计年鉴数据计算
而得。

5.2.2.5　劳动力投入碳排放效率

西北五省（自治区）建设用地劳动力投入碳排放效率呈

"先上升、后下降"趋势，2005—2012 年为上升阶段，7 年间上升了 7.99 吨，2012—2015 年为下降阶段，3 年间下降了 0.65 吨/人，劳动力利用效率有所改善。西北五省（自治区）建设用地劳动力投入碳排放效率的变化特征存在显著差异，其中，陕西呈"先上升、后下降"趋势，甘肃呈"徘徊—上升—下降"趋势，青海呈"缓慢上升—快速上升—波动"趋势，宁夏呈波动上升趋势，新疆呈"快速上升—快速下降"趋势。2015 年陕西、甘肃、青海、宁夏和新疆建设用地劳动力投入碳排放效率分别为 11.82 吨/人、8.14 吨/人、19.61 吨/人、20.40 吨/人和 11.07 吨/人，较 2005 年分别上升了 7.31 吨/人、2.47 吨/人、12.23 吨/人、10.66 吨和 4.00 吨/人，年均增长速度分别为 10.11%、3.68%、10.27%、7.67% 和 4.59%。宁夏、青海建设用地劳动力投入碳排放效率较低，甘肃建设用地劳动力投入碳排放效率相对较高；陕西、青海建设用地劳动力投入碳排放效率的增长速度较快，而甘肃、新疆建设用地劳动力投入碳排放效率的增长速度相对较慢。2005—2015 年西北五省（自治区）建设用地劳动力投入碳排放效率见表 5.12。

表 5.12　2005—2015 年西北五省（自治区）
建设用地劳动力投入碳排放效率

单位：吨/人

年份	陕西	甘肃	青海	宁夏	新疆	西北地区
2005	4.51	5.67	7.38	9.74	7.07	6.87
2006	5.09	5.45	9.30	9.21	8.03	7.42
2007	4.88	6.19	9.50	8.52	8.30	7.48
2008	5.47	6.16	9.94	10.69	9.34	8.32
2009	6.20	5.61	10.02	13.27	10.40	9.10

表5.12(续)

年份	陕西	甘肃	青海	宁夏	新疆	西北地区
2010	7.49	6.92	14.35	13.29	10.78	10.57
2011	7.64	7.33	16.10	13.48	11.70	11.25
2012	13.43	9.00	19.30	19.17	13.39	14.86
2013	13.33	8.83	20.40	19.22	12.16	14.79
2014	13.16	8.83	18.19	19.62	11.73	14.31
2015	11.82	8.14	19.61	20.40	11.07	14.21
年均增速/%	10.11	3.68	10.27	7.67	4.59	7.53

数据来源：根据式（3.5）以及西北五省（自治区）统计年鉴数据计算而得。

5.2.2.6　经济产出碳排放效率

西北五省（自治区）建设用地经济产出的碳排放效率下降趋势明显，万元 GDP 碳排放效率从 1.42 吨/万元 GDP 下降到 0.84 吨/万元 GDP，10 年（2005—2015）共下降 0.58 吨/万元 GDP，年均增长率为−5.11%。西北五省（自治区）建设用地万元 GDP 碳排放效率均有不同程度的下降。具体而言，陕西从 1.31 吨/万元GDP 下降到 0.68 吨/万元 GDP，共下降了 0.63 吨/万元 GDP，年均增长率为−6.35%，是减排速度最快的地区；甘肃从 1.76 吨/万元GDP下降到0.92 吨/万元 GDP，共下降了 0.84 吨/万元 GDP，年均增长率为−6.28%，下降速度仅次于陕西；宁夏从 2.78 吨/万元GDP下降到1.54 吨/万元 GDP，共下降了 1.24 吨/万元 GDP，下降幅度最大，速度居中，年均增长率为−5.74%；新疆的经济发展主要依赖其丰富的自然资源消耗，导致其碳排放强度大且减排速度小，从 1.29 吨/万元 GDP 下降到 0.95 吨/万元 GDP，共下降了 0.34 吨/万元 GDP，年均增长率为−3.01%；青海下降趋势最弱，从 0.91 吨/万元 GDP 下降到 0.72 吨/万元 GDP，仅下降了 0.19 吨/万元 GDP，年均增长率为-2.31%。2015 年西北五省（自治区）建设用地万元 GDP 碳排放效率的大小关系为：宁夏>新疆>甘肃>青海>陕西。在西北五省（自治区）中，陕西属于经济较发达地区，在产业结构优化以及能源技术方面优于其他四省（自治区），建设用地使用效率较高，因此其单位产值碳排放效率最低，为 0.68 吨/万元 GDP 元，低于西北地区的平均水平，建设用地利用过程中环境代价相对其他省份较小；青海第二、第三产业并不发达，建设用地利用碳排放效率和产生的经济效益均较低，使其建设用地碳排放强度也较低，为 0.72 吨/万元 GDP，低于西北地区的平均水平；甘肃、新疆建设用地万元 GDP 碳排放效率相当，位列西北地区第三、第四；宁夏建设用地万元 GDP 碳排放效率最高，为 1.54 吨/万元 GDP，可见其建设用地利用效率不高，资源未得到科学合理的配置。2005—2015 年西北五省（自治区）建设用地万元 GDP 碳排放效率见表 5.13。

表 5.13　2005—2015 年西北五省（自治区）
建设用地万元 GDP 碳排放效率

单位：吨/万元 GDP

年份	陕西	甘肃	青海	宁夏	新疆	西北地区
2005	1.31	1.76	0.91	2.78	1.29	1.42
2006	1.23	1.45	1.04	2.39	1.27	1.32
2007	1.02	1.41	0.95	1.74	1.18	1.16
2008	0.94	1.24	0.79	1.65	1.14	1.06
2009	0.99	1.06	0.75	1.50	1.30	1.07
2010	1.00	1.13	0.87	1.42	1.13	1.06

表5.13(续)

年份	陕西	甘肃	青海	宁夏	新疆	西北地区
2011	0.84	0.99	0.82	1.21	1.05	0.93
2012	0.78	1.08	0.91	1.58	1.12	0.97
2013	0.72	0.99	0.82	1.50	1.02	0.89
2014	0.70	0.95	0.68	1.51	0.94	0.84
2015	0.68	0.92	0.72	1.54	0.95	0.84
年均增速/%	−6.35	−6.28	−2.31	−5.74	−3.01	−5.11

数据来源：根据式（3.7）以及西北五省（自治区）统计年鉴数据计算而得。

5.3 全要素视角下的土地利用碳排放效率

5.3.1 全要素视角下的西北五省（自治区）农用地碳排放效率

西北地区农用地全要素碳排放效率呈现出波动下降趋势，2015年为1.3769，较2005年下降9.14个百分点，纯技术效率在1.623和2.023之间变动，呈现出下降的趋势，而规模效率在此期间波动幅度不大，维持在0.7523和0.7709之间，综合效率下降主要是纯技术效率下降导致的。分析发现，农用地碳排放全要素综合效率并未像农业经济发展水平那样持续不断上升，这可能与西北地区农业经济结构调整方向有关。上文分析发现，耕地碳排放是西北地区农用地碳排放的第一大来源，西北五省（自治区）种植业在农业中所占比重的变化可能是造成农用地碳排放效率变化的原因之一。相对于内地发达省份而言，西北地区农业生产受到自然条件和技术水平的多重约束，同时农民的文化素质相对较低，这些都在很大程度上影响了农用地碳排放效率。2005—2015 年西北地区农用地全要素碳排放效率见图 5.1。

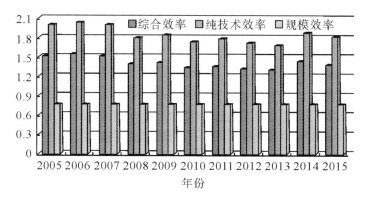

图 5.1　2005—2015 年西北地区农用地全要素碳排放效率

具体来看，除 2011 年外，陕西农用地全要素碳排放效率呈逐年上升趋势，2015 年较 2005 年上升了 0.039 4，年均涨幅0.24%，纯技术效率先下降后上升，整体呈现出上升的趋势，规模效率变动幅度不大，介于 0.984 6 和 0.999 2 之间，呈现出先上升后下降的趋势，综合效率的增长主要来源于纯技术效率的改善。在 2005—2015 年时间段内，2005 年、2006 年这两年的农用地全要素碳排放效率处于规模报酬递增阶段，2007 年以后处于规模报酬递减阶段，所以在农用地利用过程中，我们应该适当调减要素资源，科学合理地配置各要素资源的比例，进一步提高农用地利用效率。2005—2015 年陕西农用地全要素碳排放效率见图 5.2。

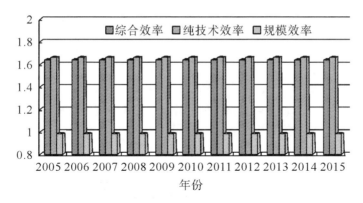

图 5.2　2005—2015 年陕西农用地全要素碳排放效率

甘肃农用地全要素碳排放效率呈先下降后上升的趋势，2005—2012 年农用地全要素碳排放效率持续不断下降，在 2013 年继续恶化的趋势得以扭转，整体表现出下降的态势，2015 年较 2005 年下降了 0.098 8，年均增长速度为-2.58%，综合效率的变化主要来源于规模效率的变化；纯技术效率和规模效率与综合效率变化趋势一致，但纯技术效率变化的幅度和速度均大于规模效率。2005—2015 年，农用地全要素碳排放效率处于规模报酬递增阶段。2005—2015 年甘肃农用地全要素碳排放效率见图 5.3。

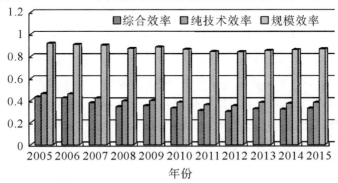

图 5.3　2005—2015 年甘肃农用地全要素碳排放效率

青海农用地全要素碳排放效率呈下降的趋势，但下降幅度不大，基本维持在 1.000 0，综合效率变化主要来源于纯技术效率的变化。纯技术效率先下降后上升，整体呈下降趋势，2015 年较 2005 年下降了 0.333 2，年均增长速度为-1.98%；规模效率先上升后下降，整体呈上升趋势，2015 年较 2005 年上升了 0.067 2，年均增长速度为-1.06%。2005—2015 年，农用地全要素碳排放效率处于规模报酬递增阶段。2005—2015 年青海农用地全要素碳排放效率见图 5.4。

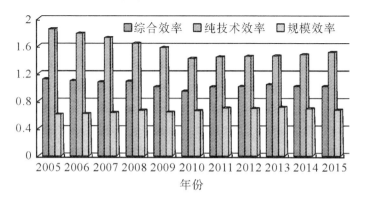

图 5.4　2005—2015 年青海农用地全要素碳排放效率

宁夏农用地全要素碳排放效率呈逐年下降趋势，2015 年较 2005 年下降了 0.448 8，年均增长速度为-3.18%；纯技术效率和规模效率均表现出波动下降的特征，但是纯技术效率下降的速度小于规模效率，2015 年较 2005 年分别下降了 0.307 5 和 0.078 9，年均增长速度分别为-0.69%和-2.51%。2005—2015 年，农用地全要素碳排放效率处于规模报酬递增阶段。2005—2015 年宁夏农用地全要素碳排放效率见图 5.5。

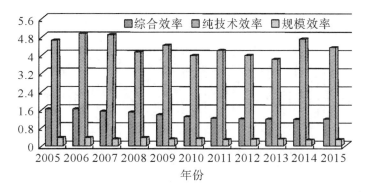

图 5.5 2005—2015 年宁夏农用地全要素碳排放效率

　　新疆农用地全要素碳排放效率总体表现出 3 个变化阶段，表现出"下降—上升—下降"的倒"N"形变化特征，由 2005 年的 1.278 4 下降至 2008 年的 1.154 0，然后上升至 2011 年的 1.248 9，再下降至 2015 年的 1.142 0，2005—2015 年，下降了 0.136 4，年均增长 -1.13%；纯技术效率与综合效率的变化趋势一致，2015 年较 2005 年下降了 0.208 6，年均增长 -1.66%；规模效率变动幅度不大，基本维持在 0.98，总体表现出上升趋势。2005—2008 年以及 2010 年、2014 年农用地全要素碳排放效率处于规模报酬递减阶段，其余年份处于规模报酬递增阶段。2005—2015 年新疆农用地全要素碳排放效率见图 5.6。

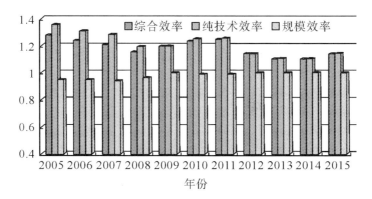

图 5.6　2005—2015 年新疆农用地全要素碳排放效率

　　西北五省（自治区）农用地全要素碳排放效率历年平均值大小的关系为：陕西>宁夏>新疆>青海>甘肃。陕西、新疆的农业资源、农业基础设施和农业生产技术处在优势地位，虽然碳排放量大，但其农业经济产出也较大，生产要素得到高效利用，农用地属于"高排放、高产出、高效率"的利用模式；宁夏、青海在农业自然资源、农业基础设施和农业生产技术方面不具备较好的条件，农业经济产出较小，但农用地碳排放量也较小，生产要素利用效率较高，农用地属于"低排放、低产出、高效率"的利用模式；甘肃的农业资源、农业基础设施和农业生产技术处在西北地区中间地位，农业经济产出较大，但碳排放量也很高，生产要素利用效率较低，农用地属于"高排放、高产出、低效率"的利用模式。西北五省（自治区）历年农用地碳排放效率平均值见图 5.7。

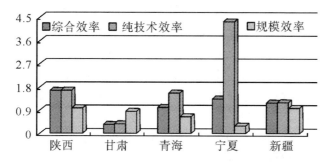

图 5.7 西北五省（自治区）历年农用地碳排放效率平均值

5.3.2 全要素视角下的西北五省（自治区）建设用地碳排放效率

西北地区建设用地全要素碳排放效率增长经历了两个阶段，2005—2010 年为下降阶段，2011—2015 年为上升阶段，但总体上看，呈现出波动上升的趋势。2005—2015 年西北地区建设用地碳排放效率平均值变化趋势如图 5.8 所示。

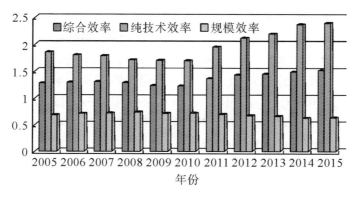

图 5.8　2005—2015 年西北地区建设用地碳排放效率平均值变化趋势

"十一五"时期是西北地区工业化和城市化的关键时期，建设用地上能源、土地、水资源、资金等要素资源投入较多，但配置效率不高，传统粗放式的土地利用导致碳排放综合效率较低，而且近些年西部地区承接了较多中、东部沿海污染性的产业，在土地利用过程中，生产技术革新跟不上碳排放的增长速度，致使建设用地碳排放效率呈现出下降的趋势。但是在"十二五"期间，建设用地碳排放效率继续下降的趋势得以扭转，这与国家加大环境保护投入力度和节能减排政策实施力度有着紧密的关系。就目前来看，西北地区建设用地利用过程中的重点应该是加强技术方面的引进和创新，在土地低碳技术研发和推广方面还存在很大空间，中央政府应该在实施节能减排计划、发展低碳经济过程中，就低碳技术创新或者低碳产品的运用，给予西部地区大量政策和资金支持。

　　具体来看，陕西建设用地全要素碳排放效率波动变化特征显著，呈现出倒"W"形的"上升—下降—上升—下降"的变动态势，整体上看，2015年全要素碳排放效率值与2005年基本持平；纯技术效率经历了"上升—下降—上升"3个阶段，2009年处于最大值（1.106 2），2011年处于最小值（1.004 7），2015年较2005年上升了0.072 0，年均增长0.53%；规模效率与综合效率变化趋势一致，但总体呈下降趋势，2015年较2005年下降了0.033 8，年均增长速度为−0.45%。2005—2015年，建设用地全要素碳排放效率处于规模报酬递减阶段。2005—2015年陕西建设用地碳排放效率值变化趋势见图5.9。

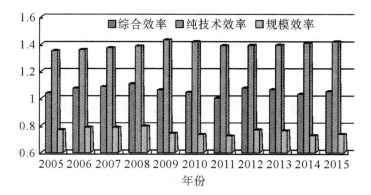

图 5.9　2005—2015 年陕西建设用地碳排放效率值变化趋势

甘肃建设用地全要素碳排放效率呈波动上升态势，除 2008 年和 2009 年外，其余年份上升的趋势显著，2015 年较 2005 年上升了 0.145 4，年均涨幅 0.79%；纯技术效率在 2008 年之前呈波动徘徊变化特征，2008 年之后上升速度较快，2015 年较 2005 年上升了 3.522 5，年均增长速度高达 9.75%，综合效率的增长依靠规模效率而变化；而规模效率与纯技术效率呈反向变动，此消彼长，总体呈下降趋势，2015 年较 2005 年降低 0.444 7，年均增长速度为-8.17%。2005—2015 年，建设用地全要素碳排放效率处于规模报酬递增阶段。2005—2015 年甘肃建设用地碳排放效率值变化趋势见图 5.10。

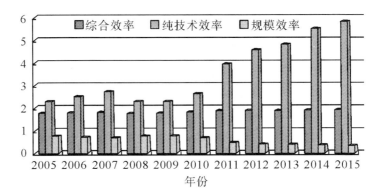

图 5.10 2005—2015 年甘肃建设用地碳排放效率值变化趋势

　　青海建设用地全要素碳排放效率经历了"先上升、后下降"两个阶段,"十一五"期间处于增长阶段,"十二五"期间处于下降阶段,2010 年处于最大值,2015 年较 2005 年略有上升,年均上升 0.13%;纯技术效率呈波动下降趋势,2007 年处于最小值,2015 年较 2005 年下降了 0.225 4,年均下降 1.62%;规模效率波动变化特征明显,呈现出倒"W"形的"上升—下降—上升—下降"的变动趋势,2015 年较 2005 年上升了 0.091 9,年均涨幅 1.86%。2005—2015 年,建设用地全要素碳排放效率处于规模报酬递增阶段。2005—2015 年青海建设用地碳排放效率值变化趋势见图 5.11。

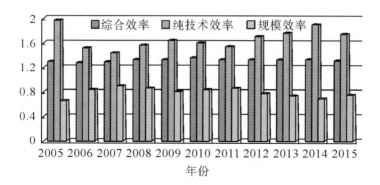

图 5.11 2005—2015 年青海建设用地碳排放效率值变化趋势

宁夏建设用地全要素碳排放效率呈先上升后下降的变化趋势，2005—2008 年为上升阶段，2009—2015 年为下降阶段，2015 年较 2005 年下降了 0.095 1，年均增长率为-2.56%；纯技术效率波动幅度较大，呈现出"M"形的波动下降特征，2015 年较 2005 年下降了 0.273 6，年均下降 2.38%；规模效率与综合效率变化趋势一致，2015 年较 2005 年略有下降；2005—2015 年，建设用地全要素碳排放效率处于规模报酬递增阶段。2005—2015 年宁夏建设用地碳排放效率值变化趋势见图 5.12。

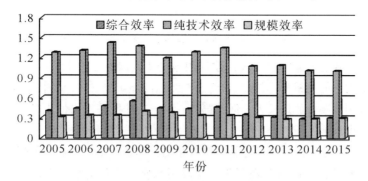

图 5.12 2005—2015 年宁夏建设用地碳排放效率值变化趋势

新疆建设用地全要素碳排放效率下降趋势明显,除2006年外,其余年份均有不同程度的下降,尤其在2006—2009年,下降速度较快,年均下降速度达到13.23%,整体上看,2015年较2005年下降了0.172 8,年均增长速度为-4.01%;纯技术效率呈逐渐下降趋势,2015年较2005年下降了0.649 1,年均涨幅-9.15%;2006年、2007年规模效率出现下降情况,在2008年以后上升趋势显著,2015年较2005年上升了0.359 0,年均增长速度为5.66%。2005—2015年,建设用地全要素碳排放效率处于规模报酬递减阶段。2005—2015年新疆建设用地碳排放效率值变化趋势见图5.13。

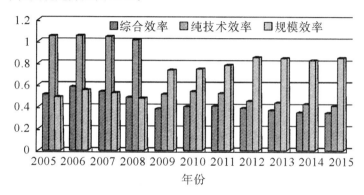

图5.13　2005—2015年新疆建设用地碳排放效率值变化趋势

　　西北五省(自治区)建设用地全要素碳排放效率历年平均值大小的关系为:甘肃>青海>陕西>新疆>宁夏。陕西、甘肃建设用地碳排放量较大,但其第二、第三产业经济产出值也较大,建设用地属于"高排放、高产出、高效率"的利用模式。青海第二、第三产业不发达,碳排放量低,第二、第三产业产值低,但要素资源得到合理利用,建设用地属于"低排放、低产出、高效率"的利用模式。虽然西部大开发战略、"一带一路"倡议等给新疆带来了大量资金、人力、政策等方面的资源,但是技术跟不上经济的快速发展，必然导致土地利用效率的下降。建设用地属于"高排放、高产出、低效率"的利用模式。宁夏建设用地碳排放量较小，其第二、第三产业经济产出也较小，生产要素利用效率低，建设用地属于"低排放、低产出、低效率"的利用模式。西北五省（自治区）历年建设用地碳排放效率平均值见图 5.14。

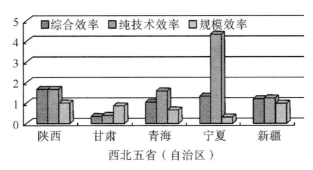

图 5.14　西北五省（自治区）历年建设用地碳排放效率平均值

5.4　本章小结

西北地区农用地碳排放效率具有多方面特征。从单要素碳排放效率来看，西北五省（自治区）农用地能源、资金、水资源投入的碳排放量下降趋势显著；土地资源和劳动力资源投入的碳排放量变化幅度不大，略有上升；经济产出碳排放量下降趋势明显。从全要素碳排放效率来看，西北地区农用地全要素碳排放效率呈现出波动下降趋势。其中，陕西农用地全要素碳排放效率呈逐年上升趋势；甘肃农用地全要素碳排放效率呈先下降后上升趋势；青海农用地全要素碳排放效率呈下降趋势，但下降幅度不大；宁夏农用地全要素碳排放效率呈逐年下降趋势；新疆农用地全要素碳排放效率总体呈现"下降—上升—下降"的倒"N"形变化趋势。西北五省（自治区）农用地全要素碳排放效率历年平均值大小的关系为：陕西>宁夏>新疆>青海>甘肃。

西北地区建设用地碳排放效率也具有多个特征。从单要素碳排放效率来看，西北五省（自治区）建设用地能源、土地资源、水资源投入碳排放量呈上升趋势；资金投入和经济产出碳排放量下降趋势明显；劳动力投入碳排放量呈先上升后下降的变化趋势。从全要素碳排放效率来看，西北地区建设用地全要素碳排放效率先下降后上升，整体呈波动上升趋势。其中，陕西建设用地全要素碳排放效率波动变化特征显著，呈现出倒"W"形的"上升—下降—上升—下降"的变化趋势；甘肃建设用地全要素碳排放效率呈缓慢上升趋势；青海、宁夏建设用地全要素碳排放效率经历了先上升后下降两个阶段；新疆建设用地全要素碳排放综合效率下降趋势明显。西北五省（自治区）建设用地全要素碳排放效率历年平均值大小的关系为：陕西>宁夏>新疆>青海>甘肃。

6 西北地区土地利用碳排放效率的收敛性分析

第 5 章的研究结论发现，2005—2015 年西北各省（自治区、直辖市）全要素土地利用碳排放效率具有明显的差异性，但是未来这种差异是否会继续存在，还是会随着时间变化和区域发展逐渐缩小甚至消失，即出现收敛，从而实现区域碳排放效率协调发展？收敛性理论为本章的研究提供了理论基础和方法支撑。

6.1 收敛的概念及分类

"收敛"是一个数学名词，是指会聚于一点，向某一值靠近，最早被应用在经济增长的理论研究中，其目的是研究经济增长的区域差异。因此，经济学领域关于"收敛"的定义为，欠发达地区的经济增长具有向发达地区收敛的趋势，即相比经济发达地区，欠发达地区的经济增长速度较快，如果此种状态长期存在，则区域间的经济差距将逐渐缩小，最后达到均衡状态。

收敛一般可分为 σ 收敛、β 收敛、俱乐部收敛和随机收敛等。σ 收敛是指随着时间的演进，不同区域的经济发展水平的离散程度逐渐缩小，其侧重于对经济差距及其变动情况进行测度和因素分解，属于统计指标分析法，常用的统计指标有标准差、变异系数和泰尔系数等。β 收敛包括绝对 β 收敛和条件 β 收敛。绝对 β 收敛是指不同区域的经济发展水平能否达到相同的增长速度，其可以反映经济欠发达地区的经济发展水平是否存在追赶经济发达地区的趋势；条件 β 收敛是指不同区域的经济发展水平能否达到自生稳定的增长态势。俱乐部收敛是指经济结构相同、初始经济发展水平的条件和状态具有相似性的国家或地区的经济发展水平可能达到相同的增长速度。随机收敛是指各地区经济发展水平受到的外部干扰是暂时的，会随着时间的推移而减弱，即经济发展水平的时间序列是平稳序列，随机收敛可以转化为对面板数据是否存在单位根的统计检验。

6.2　土地利用碳排放效率收敛的理论解释

收敛理论在经济领域得到广泛应用，如 Mora 等（2005）、刘生龙等（2009）、李国璋等（2009）研究了经济增长速度、居民收入和效率（劳动生产效率、能源效率、生态效率）。但研究碳排放效率收敛的文献不多，而且鲜有文献对碳排放收敛做深入的理论解释。有关经济收敛的相关文献为碳排放收敛的解释奠定了理论基础，下面，我们从"追赶效应""锁定效应""竞争效应"和"梯度效应"四个方面进行论述。

6.2.1　土地利用碳排放效率的追赶效应

索洛等（1956）对于追赶效应理论的解释、发展和完善做出了重要的贡献。他们指出要素存在报酬递减规律，贫穷地区的经济具有相对较高的要素边际产出，刺激要素从富裕地区流向贫穷地区，从而使得贫穷地区的经济增长速度快于富裕地区，并追赶上富裕地区，直到达到各自的稳态。阿伯拉莫伟维茨（1956）进一步提出了"追赶效应"，指出无论以何种要素衡量，一个国家经济发展的初始水平与其经济增长速度都呈现负向关系。

追赶效应为解释和研究土地利用碳排放效率的区域差异提供了一个传统视角。土地利用碳排放效率较为落后的地区，可以通过学习、引进高效率地区的经济管理经验和先进技术，吸引经济发展水平较高地区的要素，获得更快的要素生产率的增长，提高土地利用过程中要素资源的利用效率；也可以借鉴发达地区已经形成的、有效的碳减排制度和先进的碳减排技术，在环境保护和碳排放治理方面取得成效，以达到土地利用碳减排的目的。在这两方面的综合作用下，经济欠发达地区的土地利用碳排放效率获得更快提升，追赶上经济发展较好地区的土地利用碳排放效率，即追赶效应使经济欠发达地区和经济发达地区的土地利用碳排放效率差异缩小，实现收敛。

6.2.2 土地利用碳排放效率的锁定效应

路径依赖对追赶效应起着消极影响作用。技术演变过程中存在路径锁定效应。优先发展起来的新技术和新的管理理念可以凭借其先发优势形成自我提升的健康循环，战胜自己的竞争对象；反之，某些技术却可能因未抓住发展的机会而陷入甚至锁定在恶性循环的被动状态之中。事实上，西北地区在面临大好发展机遇的同时，也面临着脆弱生态环境带来的发展压力。其一方面会尝试进行赶超，另一方面也受到锁定效应的制约。之前在生态环境建设方面取得成效的区域，会顺着既有路径继续优化提升，这些区域的碳排放效率极其增长速度更容易接近，而优先发展经济，对于生态环境建设方面关注较少的地区，则可能难以走出原有的发展模式，其碳排放效率也难以提升。

6.2.3 土地利用碳排放效率的竞争效应

区域间经济追赶行为同时也是竞争行为，竞争效应伴随追赶效应而产生。现有文献研究表明，竞争可以带来竞争逃离效应和资金耗散效应。一方面，随着市场竞争的增强，土地利用主体的利润下降，迫使土地利用主体通过技术创新、管理理念革新等方式来提高土地生产效率，以挣脱市场内部的竞争；另一方面，资金是土地利用主体创新的重要激励，市场竞争的引入与增强导致了创新资金的消散，降低了土地开发利用主体创新的积极性，不利于土地利用碳排放效率的提高。如果两种效应均存在，竞争对于生产效率的影响则取决于哪种效应占据主导地位。

在土地利用开发过程中，当面临严峻的生态环境压力时，碳排放效率低的地区可能会全力以赴地进行土地利用技术创新或者经营管理方式创新来挣脱竞争压力，此时竞争逃离效应占主导地位，区域碳排放效率得以快速提升。但对于生态环境压力较小且碳排放效率较高的地区，通过创新与进一步改善碳排放效率的激励作用非常有限，此时，资金耗散作用占主导地位，区域碳排放效率提升速度较慢。因此，在竞争效应下，低碳排放效率的地区增速快于高碳排放效率的地区，有助于经济欠发达地区的追赶并达到区域间的收敛。

6.2.4 土地利用碳排放效率的梯度效应

我们还应该考虑到竞争中的发展目标、对象选择、路径依赖和区域异质性四个因素，这四个因素可能会影响碳排放效率收敛性呈现出阶梯性趋势。在不同发展阶段和不同区域，区域竞争目标不一样，经济优先发展的区域可能恶性竞争发展，一般以碳排放效率为导向的低碳竞争存在于经济与生态环境可持续发展的区域。因此在不同时段、不同地区，碳排放效率存在不同的收敛特征。同时，在竞争中，经济欠发达地区会选取一些地区作为竞争对手，并进行追赶。一般情况下，邻近区域更容易被选为竞争对象，所以邻近区域更容易出现收敛特征，即不同地区存在梯度的收敛方向。

此外，路径依赖和锁定效应造成贫穷地区可能长期处于碳排放低效率状态，富裕地区则可能保持碳排放效率和经济增长速度的"双高"，还可能存在"强者恒强、弱者恒弱"式的两类效应：一方面，一些区域因碳排放效率处于领先地位，且因此获得较好的激励，有较强动力保持碳排放效率提升速度和领先优势；另一方面，一些区域因碳排放效率特别低或者锁定效应的影响太大，反而失去提升碳排放效率的能力和意愿，放弃参加碳排放效率和经济发展的竞争。所以，不同区域在不同层次上进行竞争，更容易出现碳排放效率的梯度分布、俱乐部收敛或条件收敛。

6.3　土地利用碳排放效率时空差异的实证分析

为了深入分析区域碳排放效率差异性特征，下面利用数学计量模型研究西北地区土地利用碳排放效率的收敛特征。我们分别考察 σ 收敛、绝对 β 收敛、条件 β 收敛和随机收敛，由于检验样本数量仅有 5 个，俱乐部收敛性在此检验的意义不大，此处不再进行检验。

6.3.1 研究方法

6.3.1.1 土地利用碳排放效率的 σ 收敛

土地利用碳排放效率 σ 收敛指的是不同省（自治区、直辖市）之间土地利用碳排放效率的标准差、离散系数或者泰勒指数随着时间推移而出现缩小的态势。在实际运用中，我们通常运用标准差来构建模型来反映土地利用碳排放效率的相对差异，如式（6.1）所示。

$$\sigma = \sqrt{\frac{1}{n}\sum_{i=1}^{n}(x_{it} - x_t^*)(x_{it} - x_t^*)} \qquad (6.1)$$

其中，n 等于 5，σ 表示西北五省（自治区）土地利用碳排放效率的标准差，x_{it} 为第 i 个省（自治区）在第 t 时刻的土地利用碳排放效率，x_t^* 为西北五省（自治区）在第 t 时刻土地利用碳排放效率的平均值。σ 反映出了土地利用碳排放效率的相对差异，值越大表明西北五省（自治区）土地利用碳排放效率的差距越大，当在时期 $t+T$ 严格满足 $\sigma_{t+1} < \sigma$，表明西北五省（自治区）在第 t 时刻的土地利用碳排放效率具有 σ 收敛；否则，收敛具有阶段性或者趋于发散。

为了更为精确地检验土地利用碳排放效率的 σ 收敛，我们构建了式（6.2）的数学模型。

$$\sigma_t = \zeta_t + \psi + \tau_{it} \qquad (6.2)$$

其中，σ 表示西北五省（自治区）土地利用碳排放效率的标准差，ψ 表示常数项，τ_{it} 表示随机扰动项。如果 $\zeta < 0$ 且显著，则表明土地利用碳排放效率存在 σ 收敛；如果 $\zeta = 0$，则表明土地利用碳排放效率的差异没有变化；如果 $\zeta > 0$ 且显著，则表明土地利用碳排放效率不存在 σ 收敛。

6.3.1.2 土地利用碳排放效率的 β 收敛

一般来说，不同区域之间土地碳排放效率增长速度与初始碳排放效率存在负相关关系的，则被称之为土地利用碳排放效率 β 收敛。β 收敛一般可分为绝对收敛和条件收敛，绝对收敛是每个地区的土地利用碳排放效率都会达到同一个的稳态增长速度和水平，而条件收敛表示每个地区的土地利用碳排放效率都在朝各自的稳态水平趋近，这个稳态水平依赖于各地区自身的社会经济发展状况，这也就意味着所有地区的稳态水平不趋同。因此，各地区土地利用碳排放效率的差距会持续保持。

土地利用碳排放效率的绝对 β 收敛模型如式（6.3）所示。

$$Ln(C_{i,\,t+1}/\,C_{i,\,t})\,(1/T) = \alpha + \rho LnC_{i,\,t} + u_{i,\,t} \qquad (6.3)$$

其中，i 为样本，$C_{i,t}$ 为西北五省（自治区）i 第 t 年的土地利用碳排放效率，$C_{i,t+1}$ 为西北五省（自治区）i 第 $t+1$ 年的土地利用碳排放效率，$Ln\left[(C_{i,t+1})/(C_{i,t})\right]$ 为西北五省（自治区）i 时间段内土地利用碳排放效率的平均增长率，α 为常数项，ρ 为 $C_{i,t}$ 的系数，$u_{i,t}$ 为随机扰动项。若 $\beta<0$，则表明西北五省（自治区）土地利用碳排放效率存在 β 收敛，并称为绝对 β 收敛。

6.3.1.3 土地利用碳排放效率的条件 β 收敛

在绝对 β 收敛模型中，存在一个前提条件，即西北五省（自治区）之间是相互隔绝的，每个地区土地利用碳排放效率的初始值是影响其收敛的唯一影响因素。但实际上，不同省（自治区）之间或多或少存在一些联系，还有其他因素影响其收敛情况。在上述绝对收敛模型中加入其他影响因素，即可得到土地利用碳排放效率的条件 β 收敛模型，该模型增强了土地利用碳排放效率区域差异的解释力度和深度。

$$Ln(C_{it}/\,C_{i0})\,(1/T) = \alpha + \beta LnC_{i,\,t} + \Sigma f_j r_{i,\,t} + u_{i,\,t} \qquad (6.4)$$

其中，$r_{i,t}$ 为影响土地利用碳排放效率的控制变量，f_j 为第 j 个控制变量的系数，$u_{i,t}$ 为随机扰动项。其他变量与式（6.2）中各变量的含义相同。若 $\beta<0$，则表明土地利用碳排放效率存在条件 β 收敛。根据现有的研究结论选取经济发展水平、产业结构、

对外开放程度、技术创新、人口规模、政府干预、自然灾害等作为控制变量。

6.3.1.4　土地利用碳排放效率的随机收敛

一般情况下，单位根检验方法用于确定是否存在随机收敛，在确定某地区的土地利用碳排放效率的时间序列为平稳序列时，可以说碳排放效率受到的冲击是短暂的，会随着时间的流逝而不断减弱，其表明碳排放效率存在随机收敛；否则表明其不存在随机收敛。基本方程如下：

$$\begin{cases} \Delta Y_t = \rho Y_{t-1} + \sum \beta_i \Delta Y_{t-i} + \tau_t \\ \Delta Y_t = \alpha + \rho Y_{t-1} + \sum \beta_i \Delta Y_{t-i} + \tau_t \\ \Delta Y_t = \alpha + \beta_t + \rho Y_{t-1} + \sum \beta_i \Delta Y_{t-i} + \tau_t \end{cases} \quad (6.5)$$

其中，ΔY_t 表示土地碳排放效率的一阶差分，Y_{t-1} 表示土地利用碳排放效率原始时间序列数据，ρ 表示 Y_{t-1} 的待估参数，β_i 表示 ΔY_{t-i} 的待估参数，t 表示时间变量，τ_t 表示扰动项。

6.3.2　数据来源

碳排放效率来源于第 5 章计算出的全要素碳排放效率，人口，GDP，第一、第二、第三产业 GDP，贸易额，农产品贸易额，外商投资，农林水利财政支出，节能环保支出，财政总支出和农作物受灾面积等控制变量的数据来源于 2005—2015 年的西北五省（自治区）统计年鉴和中国农村统计年鉴。参数估计采用 Eviews8.0 软件完成。

6.3.3　结果分析

6.3.3.1　σ 收敛检验结果

首先，我们运用式（6.1）对西北地区土地利用碳排放效率收敛性进行初步检验，检验结果如图 6.1 所示。西北地区建设用地碳排放效率的差异明显大于农用地。2005—2008 年农用地碳排放效率的标准差逐渐扩大，在此阶段不存在 σ 收敛，2009—2015 年农用地碳排放效率的标准差又逐渐缩小，此阶段存在 σ 收敛；而建设用地碳排放效率的标准差在 2005—2008 年有缩小的态势，存在 σ 收敛，在 2009—2015 年又逐渐扩大，不存在 σ 收敛。根据 σ 收敛的定义，农用地和建设用地碳排放效率存在阶段性收敛，但总体上看，农用地和建设用地可能不存在 σ 收敛。2005—2015 年西北地区土地利用碳排放效率标准差变化趋势见图 6.1。

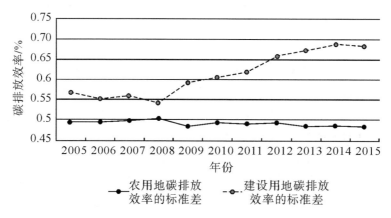

图 6.1　2005—2015 年西北地区土地利用碳排放效率标准差变化趋势

其次，我们运用式（6.2）对西北地区土地碳排放效率收敛性进行再次检验，检验结果如表 6.1 所示。表中列出了 ζ 的系数及其统计检验值，可发现 $\zeta_{农用地}$ 的值为负，通过 10% 显著水平检验，但是 $\zeta_{农用地}$ 的值未通过 F 值检验，且方程拟合度较低，总体上看，农用地碳排放效率不存在 σ 收敛；$\zeta_{建设用地}$ 的系数为正，通过 10% 的显著性水平检验，符合统计意义和经济意义上的检验，表明建设用地碳排放效率差距在进一步扩大，不存在 σ 收敛。西北地区土地利用碳排放效率 σ 收敛检验结果见表 6.1。

表 6.1　西北地区土地利用碳排放效率 σ 收敛检验结果

系数与检验值	农用地	建设用地
ζ	$-0.001\ 3^{***}$	$0.015\ 6^{***}$
ψ	$0.050\ 6$	$-28.916\ 7$
F	$7.857\ 3$	$69.582\ 7$
P	$0.220\ 6$	$0.082\ 3$
R^2	$0.466\ 1$	$0.785\ 4$
调整 R^2	$0.406\ 7$	$0.772\ 7$

注：** 表示通过 5% 的显著性水平检验，*** 表示通过 10% 的显著性水平检验。

6.3.3.2　绝对 β 收敛检验结果

我们运用式（6.3）对西北地区土地利用碳排放效率绝对 β 收敛性进行检验，检验结果如表 6.2 所示。$\beta_{农用地}$ 的值为正，通过 5% 的显著性水平检验；由此表明，西北五省（自治区）农用地碳排放效率增速与其起始值呈正相关，即农用地碳排放效率高水平地区增速要快于低水平地区，内部差距正逐步扩大。也就是说，农用地碳排放效率不存在绝对 β 收敛。$\beta_{建设用地}$ 的值为正，通过 10% 的显著性水平检验，由此表明，西北五省（自治区）建设用地碳排放效率增速与初始值呈正相关，内部差距正逐步扩大。建设用地碳排放效率也不存在绝对 β 收敛。西北地区土地碳排放效率绝对 β 收敛性检验结果见表 6.2。

表 6.2　西北地区土地碳排放效率绝对 β 收敛性检验结果

系数与检验值	农用地	建设用地
β	$0.014\ 2^{**}$	$0.082\ 3^{***}$
T	$2.341\ 1$	$3.235\ 5$
α	$0.936\ 7$	$1.234\ 1$

表6.2(续)

系数与检验值	农用地	建设用地
t	1.092 4	2.001 1
F	78.230 9	100.231 0
P	0.045 0	0.082 1
R^2	0.734 9	0.812 4
调整 R^2	0.721 2	0.792 3

注:** 表示通过5%显著性的水平检验,*** 表示通过10%显著性的水平检验。

6.3.3.3 条件 β 收敛检验结果

我们运用式(6.4)对西北地区土地利用碳排放效率条件 β 收敛性进行检验,检验结果如表6.3所示。由表可知,$\beta_{农用地}$ 的值为负,通过1%显著水平检验,收敛速度为3.72%。由此表明,西北五省(自治区)农用地碳排放效率正朝着各自的均衡水平运动,存在条件 β 收敛现象。$\beta_{建设用地}$ 的值为负,通过10%显著水平检验,表明西北五省(自治区)建设用地碳排放效率也正朝着各自的均衡水平运动,存在条件 β 收敛现象。其他变量对碳排放效率的影响将在第7章进行深入分析。西北地区土地碳排放效率条件 β 收敛性检验结果见表6.3。

表6.3 西北地区土地碳排放效率条件 β 收敛性检验结果

系数与检验值	农用地	建设用地
β	-0.001 7*	-0.019 3***
T	-3.301 0	1.239 1
α	1.936 2	1.200 1
t	2.092 2	3.009 1
F	88.231 2	108.291 9
P	0.005 0	0.052 9

系数与检验值	农用地	建设用地
R^2	0.644 0	0.719 4
调整 R^2	0.634 2	0.700 1

注：* 表示通过 1% 的显著性水平检验，*** 表示通过 10% 的显著性水平检验。其他控制变量未在表中列出。

6.3.3.4　随机收敛检验结果

我们运用式（6.5）对西北地区土地利用碳排放效率随机收敛性进行检验，检验结果如表 6.4 所示。西北五省（自治区）农用地碳排放效率的面板原始时间序列的单位根检验值未通过 10% 显著性水平检验，表明面板原始时间序列存在单位根，不具有平稳性。我们对面板原始时间序列进行一阶差分后检验发现，一阶差分序列通过了 5% 显著性水平检验，表明面板一阶差分时间序列不存在单位根，具有平稳性，存在随机收敛。而西北五省（自治区）建设用地碳排放效率的面板原始时间序列、一阶差分时间序列和二阶差分时间序列的单位根检验值均未通过 10% 显著性水平检验，时间序列不具有稳定性，不存在随机收敛。西北五省（自治区）农用地和建设用地碳排放效率时间序列平稳性检验见表 6.4。

表 6.4　西北五省（自治区）农用地和建设用地碳排放效率时间序列平稳性检验

地类	时间序列	单位根值	概率值	1%	5%	10%	检验结果
农用地	原始时间序列	−2.035 6	0.122 8	−4.652 4	−3.632 8	−3.254 6	不平稳
	一阶差分序列	−3.093 4 **	0.038 4	−4.652 4	−3.632 8	−3.254 6	平稳
建设用地	原始时间序列	−1.345 8	0.390 6	−4.616 2	−3.710 4	−3.297 7	不平稳
	一阶差分序列	−2.715 1	0.243 0	−4.616 2	−3.710 4	−3.297 7	不平稳
	二阶差分序列	−2.784 4	0.103 3	−4.667 8	−3.733 2	−3.310 3	不平稳

注：** 表示通过 5% 的显著性水平检验。

6.4　本章小结

本章以经济收敛性为理论基础，从"追赶效应""锁定效应""竞争效应"和"梯度效应"四个方面对土地利用碳排放效率收敛性进行了理论阐述，检验了土地利用碳排放效率的 σ 收敛性、绝对 β 收敛性、条件 β 收敛性和随机收敛性，得到以下结论：

（1）西北地区土地利用碳排放效率在某些时段存在 σ 收敛，但整体上看，农用地和建设用地均不存在 σ 收敛，存在阶段性收敛。

（2）西北地区农用地和建设用地碳排放效率不存在绝对 β 收敛，内部差距正逐步扩大，但是存在条件 β 收敛。

（3）西北地区农用地碳排放效率存在随机收敛，建设用地碳排放效率不存在随机收敛。

研究结果给我们的启示是：西北五省（自治区）在自然条件、社会经济发展特征上具有相似性，但也各具特征，加之国家政策对各省（自治区）的影响程度不同，土地利用碳排放效率的差距并未随着时间推移而缩小，总体上是朝着各自的稳态水平发展。"追赶效应""竞争效应"不明显，"锁定效应"反而较为明显，这暗示着有关政府管理部门必须采取有力措施，帮助西北五省（自治区）走出黑色发展模式，转向绿色发展，有效提升土地利用碳排放效率，为中国整体碳排放效率提升做出一定贡献。

7 西北地区土地利用碳排放效率的影响因素分析

第5章和第6章分析发现西北地区土地利用碳排放效率具有显著的时空差异，那么，影响土地利用碳排放效率时空变化的因素有哪些？这些因素是如何以及在多大程度上影响土地利用碳排放效率的？这是本章需要解决的问题。整体而言，农用地上承载的是资源密集型产业，而建设用地上承载的是劳动密集型与技术密集型产业，其碳排放效率的影响因素具有相同点，但也存在较大的差异。本章首先对影响土地利用碳排放效率的因素进行理论分析，其次采用面板数据模型对西北地区农用地、建设用地碳排放效率的影响因素进行验证。

7.1 土地利用碳排放效率影响因素的理论分析

土地利用碳排放的过程和机理较为复杂，影响其效率的因素也较多，可以概括为经济因素、社会因素和自然因素。这些因素通过影响土地利用规模、土地利用强度、土地利用方式、土地利用结构等进一步直接或者间接作用于碳排放效率。经济因素是指一个国家或地区的宏观经济发展状况；社会因素是指一个国家或地区的社会制度、国家法律、道德规范和风俗习惯等；自然因素是指一个国家或地区的气候、自然灾害和环境状况等。

7.1.1　经济因素对土地利用碳排放效率的影响

7.1.1.1　经济水平

经济发展对土地利用碳排放效率有两方面作用（消极作用和积极作用），环境库兹涅茨曲线假说证明了这一结论，第2章对于该问题做了详细的论述。经济发展是导致碳排放的根本原因，经济的快速发展促进了人口规模的扩张，同时也促进了居民收入水平的上升，居民商品消费规模和消费层次逐渐改变。要生产出更多的商品，就意味着土地利用规模的扩大以及利用强度的提高，这导致生产资料（化肥、农药、地膜、能源）投入的持续增加、种植及养殖规模的不断扩大，以及工业产品产出规模的不断扩大。在这个过程中，土地利用促进了经济的发展，但同时导致土地利用过程中温室气体排放量持续攀升，降低了土地利用碳排放效率。

经济发展为提高土地利用碳排放效率提供了资金保障。随着经济的进一步发展，居民收入水平进一步提高，居民会更加关注由土地利用碳排放导致的环境问题，居民改善环境质量的愿望越来越迫切，公众和政府愿意投入部分资金用来改善环境质量。所以当经济规模累积到一定阶段后，可为土地低碳利用技术创新（免耕、碳汇等，太阳能、热能、风能开发等）、清洁低碳产品（测土配方肥、生物农药等）的研发应用提供保障。在保证要素资源利用效率和经济效益产出得到提高的同时，可降低土地利用碳排放的速度和强度，进而提高土地利用碳排放效率。经济发展水平对土地利用碳排放效率的作用机理如图7.1所示。

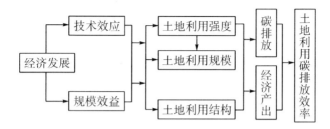

图 7.1 经济发展水平对土地利用碳排放效率的作用机理

7.1.1.2 经济结构

经济结构可反映产业结构，产业结构可以反映土地利用结构。就土地整体而言，建设用地是碳排放的主要贡献者，基本表现出碳排放源的功能，而农用地既是碳排放源，更具有强大的碳汇功能。建设用地承载的是第二、第三产业，农用地承载的是第一产业，所以说，产业结构影响土地利用碳排放量，进而影响土地利用碳排放效率。一般而言，第二、第三产业的比重越大，碳排放规模越大，土地利用碳排放效率越低。经济结构对土地利用碳排放效率的作用机理见图 7.2 所示。

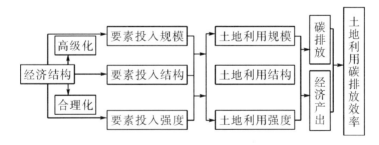

图 7.2 经济结构对土地利用碳排放效率的作用机理

第一产业主要由种植业、林业、畜牧业等构成，对应耕地、园地、林地、牧草地等地类。各地类的利用方式存在显著不同，通常其利用效率也存在一定差异，其结构的变动必然会影响到农用地碳排放效率。其中，耕地和牧草地是引发农用地碳排放的主要地类。一般而言，两者在农用地利用结构中的比重越高，导致的碳排放规模就越大，但同时耕地内部种植结构的调整会改变农资投入结构、秸秆产出率、翻耕和灌溉频率。此外，养殖结构的调整也会影响牧草地的碳排放量，因为不同牲畜的碳排放系数存在很大差异，在所有牲畜中，牛的碳排放系数较大，所以其养殖规模越大，造成的碳排放量可能就越大，导致农用地利用碳排放效率下降。

第二、第三产业主要由工业、批发零售业、交通运输业、居民生活部门等构成，对应工矿用地、商服用地、交通用地、居住用地等，所以其结构的变动会导致能源等碳源消耗规模和消耗结构的变动，从而影响建设用地的利用效率。工矿用地是引起建设用地碳排放的主要地类，工矿用地上承载着制造业、采掘业等高耗能的重工业，一般其在建设用地中的比重越高，能源消耗量以及工业产品生产规模就越大，这将导致碳排放量上升，从而导致建设用地利用碳排放效率的下降。

7.1.1.3 开放程度

通常情况下，对外开放的方式主要包括贸易、投资等，对外开放程度通过三种途径影响土地利用碳排放效率。开放程度对土地利用碳排放效率的作用机理如图7.3所示。

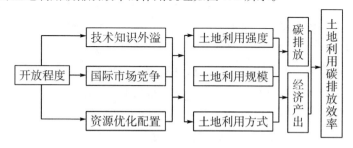

图7.3 开放程度对土地利用碳排放效率的作用机理

一是知识和技术外溢。对外开放可以促进技术进步的观点得到了许多学者的论证。在对外开放的过程中，知识和技术外溢包括技术引进引起的直接外溢和外商投资引起的间接外溢。一方面，通过主动学习、引进、利用国外先进的生产技术与成功的管理理念并将其运用到土地利用过程中，如先进的节水灌溉技术、农业废弃物综合利用技术和碳锁定技术，可降低土地利用碳排放量，直接提高土地利用的碳排放效率；另一方面，通过进口国外的包含先进技术和知识的产品并将其运用到实际生产过程中，如生物农药和绿色化肥等，可降低土地利用碳排放量，间接提高土地利用的碳排放效率。但外商投资引起的技术外溢的效益需要较长时间才可以显现出来。

二是国际市场竞争。国际市场是一个更为激烈的国际竞争舞台，使生产者面临诸多挑战。国际化使国外高质量的商品进入东道国，对东道国商品生产和销售造成了巨大的市场冲击，为了提高市场竞争力，生产者必然要扩大生产规模，这导致土地利用规模和强度增大，引起土地利用碳排放量上升，降低土地利用的碳排放效率。同时，生产者也可能为了生产出更为优质的产品，采用新的生产技术，降低土地利用碳排放量，进而提高土地利用碳排放效率。

三是资源优化配置。国际化为生产者在资源配置方面提供了更多的机会和空间。在对外开放之前，某地区可以在区域内部进行资源配置，如我国的"南水北调""西气东输"和"北粮南运"等。而随着对外开放进程的逐步推进，某地区可以在全球范围内配置资源，结合自身资源的禀赋程度，调整生产要素的投入比例，实现要素投入结构最优和资源成本最小。这一过程将会影响土地利用过程中碳排放源的构成比例和经济产出效率，同时将在很大程度上影响土地利用的碳排放效率。

7.1.1.4 金融发展

随着市场经济的深化，金融市场越来越活跃，金融发展对环境的作用越来越强。金融发展通过资金支持、要素配置作用于土地利用碳排放效率。金融发展对土地利用碳排放效率的作用机理如图7.4所示。总体而言，金融发展对于土地利用碳排放效率的影响往往是这两种效应共同作用的结果，但是哪种效应的作用强度更大，往往与"碳金融"市场和经济发展水平相关。

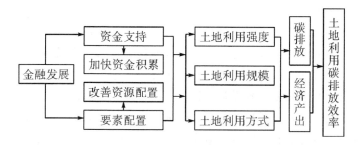

图7.4 金融发展对土地利用碳排放效率的作用机理

金融发展的资金支持作用。实体经济的发展需要大量的资金支持，在资金实力相对雄厚的区域，微观主体可以获得相对更多的资金要素投入并实现规模经济。快速发展的金融市场为土地利用开发者提供了充足的用于生产经营的资金，刺激其扩大生产经营规模，增加了土地开发利用的规模，加大了生产资料的投入力度，从而产生了更多的碳排放量，导致土地利用碳排放效率下降。如果经营者加大对低碳技术研发行业的资金投入力度，那么金融的发展会提升土地利用碳排放效率。

金融发展的资源配置作用。金融的核心功能是要素配置，金融体系通过储蓄和项目选择提高资源配置的效率，在市场机制的作用下，增长型企业能够获得更多的投资和资金流入，而衰退型产业则会出现资金流出现象。因此，更多的社会资源被分配到更有经济效率的行业和企业中，从而社会总产出增加。同时，在"碳金融"的指导下，金融系统必然会越来越倾向于为节能环保产业提供融资服务，引导更多的社会资源流向污染少、技术和知识密集度高的行业和企业中，在促进经济增长的同时也加大了环境保护力度。此外，快速发展的金融市场可以吸收国外的资金，有利于帮助碳排放市场交易机制的形成与完善，健全区域节能减排制度，进而实现促进低碳经济的发展。

7.1.1.5 技术创新

社会和经济活动的环境效应深受技术变革的影响，新技术既可能产生或加剧碳排放，又可能减缓或取代现存的碳排放活动。一般地，技术创新活动有助于提升整个区域和产业的技术水平，使新机器、新设备、新方法得以应用，使清洁能源和环境保护技术得以推广、普及，有助于提高土地利用碳排放效率，促进经济增长以及降低环境成本。然而，技术—环境悖论认为，技术是一把"双刃剑"，即技术不仅是产生环境问题的根本原因，而且也是解决环境问题的一种方法。技术背景下的工业化带来了生产力的巨大进步和经济的快速发展，但也带来了严重的资源枯竭、工业污染和环境恶化等问题。为了应对技术对环境资源的负面效应，人类还需要进一步发展绿色技术，基于技术创新对生态环境进行补救。此外，不同技术结构下的区域技术创新对碳排放效率的影响可能不同。经济发达地区的技术体系中，先进技术占比较大，初级技术占比较小，这有利于提高碳排放效率。而欠发达地区的技术体系中，初级技术占比较大，尖端和先进技术力量则较为薄弱，这对提高碳排放效率的作用较小。技术创新对土地利用碳排放效率的作用机理如图 7.5 所示。

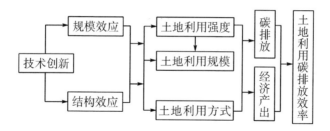

图 7.5　技术创新对土地利用碳排放效率的作用机理

7.1.2　社会因素对土地利用碳排放效率的影响

7.1.2.1　人口规模

人口作为一切社会经济活动的主体，对于社会、经济、资源、环境等系统的影响是最为显著的。人口规模对土地利用碳排放效率的影响主要体现在消费上。人口规模对土地利用碳排放效率的作用机理如图 7.6 所示。

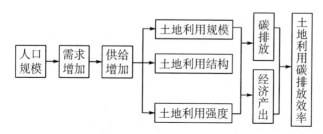

图 7.6　人口规模对土地利用碳排放效率的作用机理

人口规模实际上决定了市场容量。人口规模的扩大，为当地经济发展提供了充足的劳动力资源和更加旺盛的商品及消费服务的增长。市场机制调节的结果就是要增加物品及服务的供给量来满足人类的需求，从而促进土地的开发利用，导致土地的规模扩张、利用强度的上升、土地上的一切社会经济活动越来越频繁，引发碳排放量的快速上升，进一步对土地利用碳排放效率产生影响。

7.1.2.2 人力资本

人力资本对土地利用碳排放效率的影响可归纳为两个方面：一是采纳或创新低碳技术，以此提升土地利用碳排放效率；二是增强环境保护意识，以此提升土地利用碳排放效率。劳动者素质对土地利用碳排放效率的作用机理如图7.7所示。

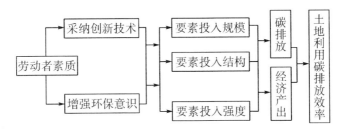

图7.7　劳动者素质对土地利用碳排放效率的作用机理

一方面，劳动者作为生产经营的主体，既是引发碳排放的实施主体，又是发展低碳经济或产业的实施主体，其技术利用类型、生产方式均影响低碳经济的发展。劳动者素质在很大程度上影响其对低碳生产方式的认知以及低碳生产技术的采纳，进而影响土地利用碳排放效率。素质较高的劳动者对于低碳生产理念的认知更加深刻，对于低碳生产技术的学习和使用的可能性越高，这在一定程度上可以减缓碳排放的速度，提高土地利用碳排放效率。尤其对于农用地来讲，劳动者素质对土地利用效率的影响更为显著。农村基础教育水平落后是我国普遍存在的现象，拥有某一项专业技术的劳动者较少，而且农民文化程度较低、年龄较大、思想较为保守导致其不知道土地规模报酬递减的规律，长期的生产经验告诉他们大量追加生产资料的投入可以增加农作物的产量，这在实现增收的同时也导致大量的碳排放，导致农用地利用的低效率。

另一方面，劳动者素质影响其环境保护意识，劳动者素质越高，其对生活质量的要求就会更高，环保的意识会越强，会自觉的使用节能环保产品，越懂得如何利用自然资源，也会加强公众参与环境保护或监督的意识，这有利于相关法律政策的执行，进而提高土地利用碳排放效率。

7.1.2.3 政府干预

碳排放属于纯公共物品，具有非竞争性和非排他性，市场对其配置的能力较弱，市场配置碳排放权失灵引起的负外部性为政府介入提供了较好的机会。在我国环境问题上，政府扮演着"有形的手"来调节市场失灵，政府的干预力度越强，对碳排放引起的环境问题的影响力度也越大。政府干预主要体现在环境公共支出上，而环境公共支出又通过消费性支出、投资性支出和转移支付支出三种途径对土地利用碳排放效率产生直接或间接影响。政府干预对土地利用碳排放效率的作用机理如图7.8所示。

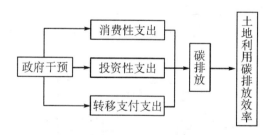

图7.8 政府干预对土地利用碳排放效率的作用机理

一是消费性支出，指用于建立和运转政府环境保护行政管理系统的支出，如制定碳减排标准、规划和政策，建立碳交易所，宣传节能减排知识，攻关示范和推广的减排技术等。这些环境公共支出可以强化政府的环保职能，加大节能减排的支持力度，提升环保政策的实施效果和效率，进而降低碳排放强度，提高土地利用碳排放效率。

二是投资性支出，指用于具有显著社会效应并能够发挥示范导向作用的节能减排项目的支出，如城市管道煤气改造项目、城市集中供热项目和清洁发展机制开发项目等。这些项目的实施可以减少能源的消耗量，进而降低碳排放强度，提高土地利用碳排放效率。

三是转移支付支出，指用于环保领域的政策性补贴，如以市场为主导但需要政府扶持的节能产品和技术（固碳技术、废弃物综合利用技术、测土配方肥和生物农药等）。这部分支出也将在一定程度上降低碳排放强度，提高土地利用碳排放效率。但是，在不同的地区也可能存在政府公共支出在利用过程中出现寻租行为、无效利用的现象，使得政府公共支出的作用不能够充分发挥出来，从而导致土地利用的低效率，制约土地利用碳排放效率的提高。

7.1.2.4 法规政策

法规政策通过命令强制性和激励支持性两个方面影响土地利用碳排放效率。法规政策对土地利用碳排放效率的作用机理如图7.9所示。

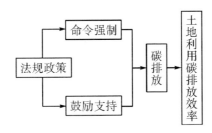

图7.9 法规政策对土地利用碳排放效率的作用机理

一方面，强制执行的各类环境法律法规又被称为"命令—控制性环境政策"，从环境保护基本法律、部门环境保护法律到地方环境法律法规均对我国环境防治发挥着重要的作用。在碳排放领域，我国也出台了许多法律、条例和规章制度。我国节能减排政策法规汇编显示，截至 2014 年我国出台了近 240 项有关节能减排的法律法规，如《2014—2015 年节能减排低碳发展行动方案》等。这些法律法规有效地监督生产者进行清洁生产，督促生产者更换生产设备提升生产技术，对于违反环境法律法规的生产者，均给予行政、资金上的处罚，规范生产者的生产行为，进而降低土地利用碳排放的强度，提升土地利用碳排放效率。

另一方面，土地利用碳排放效率可以通过激励支持性政策、鼓励技术创新来提升。激励支持性政策对采用低碳技术的农民通过激励企业使用低碳技术并对低碳产品进行研发、推广和应用来实现优惠补贴，对采用低碳产品的消费者进行购买补贴，进而降低土地利用过程中要素的投入量以及碳排放量，实现经济发展和环境保护"双赢"，进而提高土地利用碳排放效率。

7.1.3 自然因素对土地利用碳排放效率的影响

自然因素影响土地生产能力。相比建设用地而言，农用地利用过程受自然地理条件的限制更加明显，而建设用地的利用受自然因素的影响相对较小，因此自然因素对建设用地利用碳排放效率的影响也很小。此处主要分析自然因素对农用地利用碳排放效率的影响。气候、气温、土壤盐碱度和自然灾害等对作物的生长发育、产量、质量均产生不同程度的影响，进而影响农用地利用碳排放效率。在我国，农业"靠天吃饭"的局面依然存在，农用地利用不仅依靠土地、水、光照等最基本的自然资源，而且受气候、天气的影响。近些年，长江中下游的洪水灾害、西南地区的干旱灾害、西北地区的冰雹天气等使得当地农作物大面积减产，对当地农业造成了巨大的损害。显然，自然灾害频繁的年份，农用地利用的碳排放效率越低。此外，诸如森林火灾、草原火灾等自然灾害，一方面造成了经济损失，另一方面增加了碳排放量，进而降低了农用地利用碳排放效率。自然灾害对土地利用碳排放效率的作用机理如图 7.10 所示。

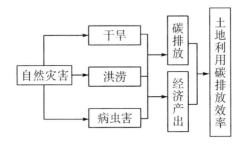

图 7.10　自然灾害对土地利用碳排放效率的作用机理

7.2　土地利用碳排放效率影响因素的实证分析

7.2.1　研究方法

面板数据又称纵列数据，指处在不同截面的个体在不同时间段上观测值的集合。从横向来看，它主要包括某一时间段不同截面个体的数据；从纵向来看，它主要包括各截面的时间序列数据。因此，面板数据模型可以使模型的自由度增加，减少解释变量间的多重共线性，从而可能获得更为精准的参数估计值。另外，面板数据可以做较为复杂的行为假设，能够控制一些缺失的或者不能观测的变量的影响。面板数据模型的基本方程式如式（7.1）所示。

$$Y_{it} = \beta X_{it} + \tau_{it}, \quad i = 1, 2, \cdots\cdots, N; \ t = 1, 2, \cdots\cdots, T$$

$$(7.1)$$

其中，i 是截面个体，t 是时间长度，β 表示 $K\times1$ 的向量，X_{it} 表示 K 的解释变量的第 it 个观测值，τ_{it} 是随机扰动项。面板数据模型的一般分类和式（7.1）中随机扰动项的分解和假设相关。一般情况下，可分解为：

$$\tau_{it} = \alpha_i + \int_t + \rho_{it} \tag{7.2}$$

$$\tau_{it} = \alpha_i + \rho_{it} \tag{7.3}$$

当式（7.2）或式（7.3）的 α_i 是固定的常数时，相应的面板数据模型被称为固定效应模型；若 α_i 是随机数，则相应的面板数据模型被称为随机效应模型。

7.2.2　变量选取

我们在以上理论分析的基础上，结合现有学者的研究成果来选取影响土地利用碳排放效率的变量，最终选取经济发展水平、经济结构、开放程度、金融发展、技术创新、人口规模、人力资本、政府干预和自然因素九个变量来进行验证。由于环境法律法规以及其他影响因素难以量化，所以在此处不对其进行验证。对所选取变量的解释说明如表7.1所示。

表 7.1　对所选取变量的解释说明

解释变量	代理变量	变量简称	预期符号
经济发展水平	农林牧渔业生产总值*	pagdp	?
	第二、第三产业生产总值	pbgdp	?
经济结构	种植业占农林牧渔业生产总值的比重*	pr	－
	畜牧业占农林牧渔业生产总值的比重*	ar	－
	第二产业产值占第二、第三产业生产总值的比重	ir	－
	第三产业产值占第二、第三产业生产总值的比重	sr	＋

解释变量	代理变量	变量简称	预期符号
开放程度	农产品进出总额占农林渔业生产总值的比重*	aow	+
	农林牧渔业实际吸收外资金额占农林牧渔业生产总值的比重*	ai	+
	商品进出口总额占第二、第三产业生产总值的比重	bow	+
	第二、第三产业实际吸收外资金额占第二、第三产业生产总值的比重	bi	+
金融发展	农村人口人均存款	af	−
	城镇人口人均存款	bf	−
技术创新	农业技术人员数*	av	+
	规模以上工业企业有效发明专利数	bv	+
人口规模	农村人口*	pa	−
	城镇人口	pb	−
人力资本	农村劳动力受教育程度*	ae	+
	城镇劳动力受教育程度	be	+
政府干预	农林水利财政支出*	agi	+
	节能环保支出	bgi	+
自然因素	农作物受灾面积占农作物播种面积的比重*	ad	−

注：标注"*"的表示农用地的影响因素，未标注"*"的表示建设用地的影响因素；"?"处表示符号未知。

（1）土地利用碳排放效率。结合不同视角下的土地利用碳排放效率，全要素碳排放效率是对单要素碳排放效率的完善和优化，具有更强的学术价值和现实意义，所以此处所指的土地利用碳排放效率是全要素碳排放效率。我们分别记农用地碳排放效率和建设用地碳排放效率为 Y_a、Y_b。

（2）经济发展水平。为了客观反映某一地区经济的发展水平，同时为了验证在碳排放领域是否也存在环境库兹涅茨曲线的假说，我们选取人均农林牧渔业生产总值（农林牧渔业生产总值/总人口）作为农用地经济发展水平的替代变量，记作pagdp；选取人均第二、第三产业生产总值（第二、第三产业生产总值/总人口）作为建设用地经济发展水平的替代变量，记作pbgdp。为了消除通货膨胀率，我们以2005年的不变价格为准。

（3）经济结构。我们选取种植业生产总值比重（种植业生产总值/农林牧业生产总值）、畜牧业生产总值比重（畜牧业生产总值/农林牧业生产总值）作为农用地利用结构的替代变量，分别记为pr、ar；选取工业生产总值比重（工业生产总值/第二、第三产业生产总值）、三次产业生产总值（三次产业生产总值/第二、第三产业生产总值）比重作为建设用地利用结构的替代变量，分别记为ir、sr。为了消除通货膨胀率，我们以2005年的不变价格为准。

（4）开放程度。我们选取农产品贸易开放程度（农产品进出总额/农林渔业生产总值）和农林牧渔业外商投资强度（农林牧渔业实际吸收外资金额/农林渔业生产总值）作为农业经济开放程度的替代变量，分别记为aow、ai；选取商品（除去农产品）贸易开放程度〔（货物进出口总额进出总额-农产品进出口总额）/货物进出口总额进出总额〕和第二、第三产业外商投资强度〔（实际吸收外资金额-农林牧渔业实际吸收外资金额）/第二、第三产业生产总值〕，分别记为bow、bi。

（5）金融发展。我们选取农村人口人均存款作为农村金融发展的替代变量，记为af；选取城镇人口人均存款作为城镇金融发展的替代变量，记为bf。为了消除通货膨胀率，我们以2005年的不变价格为准。

（6）技术创新。我们选取农业技术人员数量作为农用地利用技术创新的替代变量，记为av；选取规模以上工业企业有效发明专利数作为建设用地利用技术创新的替代变量，记为bv。

（7）人口规模。我们选取农村人口、城镇人口数量分别作为影响农用地、建设用地碳排放效率的人口规模的替代变量，分别记为 pa、pb。

（8）人力资本。我们选取农村劳动力受教育程度（每百人中，高中学历以上的人数）作为农用地利用劳动力人力资本的替代变量，记为 ae；选取城镇劳动力受教育程度作为建设用地利用劳动力人力资本的替代变量，记为 be。

（9）政府干预。目前，我国节能减排的领域主要集中在第二、第三产业，对于农业领域节能减排的财政支出未进行统计。在此，我们选取农业财政支持力度（农林水利财政支出/财政总支出）作为政府对农业领域环境保护干预程度的替代变量，记为 agi；选取环境治理力度（节能环保支出/财政总支出）作为政府对第二、第三产业领域环境保护的干预程度的替代变量，记为 bgi。但是关于节能环保支出的统计于 2006 年开始，所有2005 年的数据采取环境污染投资代替。

（10）自然因素。我们选取农作物受灾率（农作物受灾面积/农作物播种面积）作为农用地自然灾害的替代变量，记为 ad。由于自然因素对第二、第三产业发展的影响较小，而且数据难以获取，在此处不再进行验证。

7.2.3 数据来源

人口、GDP、三次产业 GDP、贸易额、农产品贸易额、外商投资、规模以上工业企业有效发明专利数、农业技术人员、农林水利财政支出、节能环保支出、财政总支出、农作物受灾面积、农作物播种面积等解释变量的数据来源于 2005—2015 年的各省（自治区、直辖市）统计年鉴和中国农村统计年鉴。农村人口受教育程度来自中国农村统计年鉴，城镇人口受教育程度来自中国城市统计年鉴，土地利用碳排放效率来源于第 5 章计算出的全要素碳排放效率。为消除解释变量可能存在的异方差，我们对解释变量做对数化处理。参数估计过程采用Eviews8.0软件完成。对解释变量的描述性统计如表7.2所示。

表7.2　对解释变量的描述性统计

变量简称	最大值	最小值	平均值	变量简称	最大值	最小值	平均值
pagdp	2.25	0.28	0.92	bagdp	18.58	2.13	6.12
pr	74.58	38.29	61.53	br	68.08	36.74	51.42
ar	58.12	16.23	29.93	br	49.21	25.96	37.15
aow	1.42	0.02	0.41	bow	82.43	1.75	23.79
ai	3.50	0.00	0.17	bi	2.01	0.06	0.83
af	3.52	0.35	1.41	bf	17.61	1.77	7.03
av	3.69	0.80	2.10	bv	33 350.00	79.00	3 783.58
pa	2 316.00	292.45	1 097.79	Pb	2 045.00	213.21	821.60
ae	22.16	6.95	13.05	be	88.64	27.80	52.18
agi	605.34	10.23	185.57	bgi	150.77	8.21	50.31
ad	62.57	10.84	31.21				

7.2.4　结果分析

7.2.4.1　农用地碳排放效率影响因素检验

我们先通过 Hausman 检验判断并选择是要建立随机效应模型还是固定效应模型。由表7.3可知，Cross-section F 的值为70.245 9，通过了1%的显著性水平检验，表明应该建立固定效应模型。为了提高模型的精确度，我们建立了截面固定效应模型、时间固定效应模型和双固定效应模型，并对比分析选取其中最为合理的模型。由表7.3可知，三个固定效应模型通过了1%的显著性水平检验，而且拟合优度和调整后的拟合优度均较高，但仔细观察发现，三个模型估计结果存在较大差异，待估参数的弹性系数并没有表现出一致性，时间固定效应模型和双固定效应模型中较多的变量没有通过经济意义检验和统计意义检验，估计结果不符合实际。综上分析，我们选择个体固定效应模型对西北地区农用地碳排放效率影响因素估计结果进行分析。面板模型的 Hausman 检验见表 7.3。

表 7.3　面板模型的 Hausman 检验

Effects Test	Statistic	Prob
Cross-section F	70.245 9	0.000 0
Cross-section Chi-squre	347.884 5	0.000 0

表示经济发展水平的代理变量（pagdp）通过 5% 的显著性水平检验，且符号为负，表明西北地区农业经济发展水平的上升并不能提高农用地碳排放效率。目前，西北地区还是以大量使用农资物品、过度放牧等方式来促进农业经济增长，这些必将引起碳排放量的持续增加，导致农用地碳排放效率的下降。这说明，现阶段西北地区农业经济增长方式传统、粗放，农业发展的资源环境代价太大，转变农业经济发展方式是西北地区现阶段面临的主要任务。深入分析发现，从西北五省（自治区、直辖市）农业发展水平及其增长速度来看，除陕西外，其余四省（自治区、直辖市）农业经济规模小，农业经济的发展反而抑制了农用地碳排放效率的提高，而陕西随着农业经济的增长其农用地碳排放效率呈上升的态势。这一结果反映出面板线性模型解释关于经济发展与碳排放效率之间的关系较为复杂，仅能说明在考察期内就西北地区整体而言，农业经济的增长不利于农用地碳排放效率的改善。农业经济发展对农用地碳排放效率是积极影响还是消极影响与农业经济规模的大小有关，我们

将在下一小节做进一步的深入讨论。

表示经济结构的代理变量（pr 和 ar）分别通过 10%、1% 的显著性水平检验，且符号为负，符合理论假设。我国作为一个传统农业大国，种植业和畜牧业是农业部门的重要构成部分，而西北地区的种植业和畜牧业在农业部门构成中的所占比重更大。上文分析发现，种植业和畜牧业对应的耕地和牧草地是农用地碳排放最大的两大来源，其在农业结构中的比重越大，就意味着农业碳排放量越大，这不利于农用地碳排放效率的提升。

表示开放程度的代理变量（aow 和 ai）的符号为正，符合理论假设，但均未通过统计意义和经济意义的检验。这表明，贸易和外商投资过程中的知识和技术外溢以及国际资源优化的效应并未显现出来，对于提高西北地区农用地碳排放效率的作用甚微。一方面，西北地区虽然土地资源较多，但为了满足国内市场需求，农产品进口多、出口少，进口的农产品主要以资源密集型农产品为主，如粮食、棉花和油料等，但是这些农产品中的技术含量较低，在短期内难以通过技术外溢来提高农用地的碳排放效率；另一方面，统计资料显示，2015 年中国农林牧渔业外商投资实际利用金额为 15.34 亿美元，占总外商投资金额的比重仅为 1.12%，可见，中国引进到农业领域的外商投资规模很小，西北地区更是如此，农林牧渔业外商投资更小，而且西北地区少数民族农民较多，教育落后，农民文化素质较差，对于先进技术和经营管理理念的学习和接受度较差，就算引进了一部分技术，但是农民对其学习和运用的能力较弱，不能将其很好地吸收转化到农业生产中去，致使技术外溢和知识外溢效应并未得到有效发挥，这对于提高农用地碳排放效率的作用极小。

表示金融发展的代理变量（af）符号为负，但未通过经济意义和统计意义的检验。这表明，农村金融对于提高农用地碳排放效率的负面作用不显著。其主要原因是我国农村金融市场不活跃，农村金融市场规模小，金融市场缺乏活力且存在很多不足，尤其是在西北地区表现得更为明显。这主要是指，西北地区地域范围大，农村人口数量小，农民文化水平较低，农民在农业生产过程中未能将金融市场配置资源功能利用起来。

表示技术创新的代理变量（av）通过5%的显著性水平检验，且符号为正，符合理论假设，表明农业技术的进步与创新，促进了农用地利用碳排放效率的提升。农业技术人员是农村劳动力中的优秀者，对先进的农业生产技术（如测土配方技术和农业废弃物综合技术等）有进行推广示范的作用，这些技术的运用降低了农用地利用过程中的碳排放，提升了农用地利用碳排放效率。

表示人口规模的代理变量（ap）符号为负，但未通过经济意义和统计意义上的检验。虽然人口对于经济发展有促进作用，但人口规模的增长促使了农用地利用规模的扩张和利用强度的上升，导致要素资源、环境的过度消耗，影响了碳排放效率的提高。尽管如此，由于西北地区农村人口稀少，对于农用地碳排放效率的负面影响并不显著。

表示人力资本的代理变量（ae）通过1%的显著性水平检验，且符号为正，符合理论假设，表明农村劳动力文化水平越高，越有利于提高农用地碳排放效率。在我国，农民文化水平较低是一个普遍现象，对于西北地区而言，这种现象更为严重。文化水平影响农民的生产决策行为和对环境污染的认知，受教育程度越高的农民在进行农业生产时可以更科学地使用农资、处理农作物秸秆、处理牲畜粪便，这都有利于减少农业碳排放，进而提高农用地的碳排放效率。

表示政府干预的代理变量（agi）通过1%的显著性水平检验，符号为负，与理论假设相反，表明财政"支农"力度越大，反而降低了农用地碳排放效率。2005 年以来,国家发布了多个相关的政府性文件,出台了相关"强农、惠农"政策,加强了农业领域的财政支出比例。如 2015 年陕西地方财政农林水事务支出 520.58 亿元,占总支出的 11.91%,较 2005 年上升了 2.41 个百分点。一方面农业财政支出的增加虽然使得农业基础设施逐渐完善,但是也促进了农民大量地使用农资,导致农用地碳排放量上升,抑制农用地碳排放效率的提升;另一方面,也可能存在地方政府未将用于支持农业发展的资金有效地利用起来,进而影响农用地碳排放效率的改善。

表示自然灾害的变量(ad)通过 10% 的显著性水平检验,符号为负,符合理论假设。在研究时间段内,西北地区每年不同程度受旱灾、冰雹灾害和冷冻灾害的影响,农作物受灾率较大,对农业经济的产出造成一定的损失。在碳排放量这种坏产出不变的情况下,农业经济这种好产出的减少,必定会降低农用地的利用效率,制约农用地碳排放效率的提升。农用地碳排放效率影响因素的检验结果如表 7.4 所示。

表 7.4 农用地碳排放效率影响因素的检验结果

变量	混合效应模型	个体固定效应模型	时间固定效应模型	双固定效应模型
pagdp	−0.740 2 (−1.678 5) [0.101 0]	−0.220 5** (−0.617 4) [0.054 0]	−2.464 1* (−5.715 9) [0.000 0]	−0.866 0* (−3.942 7) [0.000 5]
pr	−4.505 1* (−3.607 7) [0.000 8]	−0.047 8*** (−0.042 1) [0.096 6]	−3.428 3* (−3.563 4) [0.001 2]	−0.194 4 (−0.437 0) [0.665 7]
ar	−3.450 7* (−7.245 7) [0.000 0]	−1.663 9* (−3.394 4) [0.001 7]	−3.583 4* (−9.195 9) [0.000 0]	−0.654 0** (−2.514 7) [0.018 4]

变量	混合效应模型	个体固定效应模型	时间固定效应模型	双固定效应模型
aow	0.134 3 (1.545 7) [0.130 1]	0.044 9 0.627 6 [0.534 2]	0.054 6 (0.734 3) [0.468 4]	0.033 1 (1.191 2) [0.244 3]
ai	0.023 2 (1.051 4) [0.299 4]	0.008 6 (0.514 0) [0.610 4]	0.014 5 (0.824 8) [0.416 0]	0.001 2 0.173 1 [0.864 0]
af	−0.272 4 (−0.933 8) [0.356 0]	−0.581 6*** (−1.956 1) [0.508 2]	−0.508 3 (−1.659 9) [0.107 4]	−0.086 8 (−0.608 7) [0.548 0]
av	0.215 0 (0.641 4) [0.524 9]	0.756 7* (2.863 8) [0.006 9]	0.460 0 (1.627 8) [0.114 0]	0.197 0 (1.515 2) [0.141 8]
ap	−0.190 5*** (−0.591 6) [0.055 7]	−0.421 8 (−1.171 3) [0.154 9]	−0.740 4* (−2.863 9) [0.007 6]	0.862 6* (4.125 5) [0.000 3]
ae	1.397 5* (4.385 7) [0.000 1]	0.114 7* (0.352 2) [0.007 2]	1.270 7* (3.892 1) [0.000 5]	0.213 6 (1.117 9) [0.273 8]
agi	−0.830 3* (−5.448 4) [0.000 0]	−0.401 8* (−2.303 3) [0.002 7]	−1.097 6* (−7.980 5) [0.000 0]	−0.027 6 (−0.263 0) [0.794 6]
ad	−0.172 7* (−2.025 9) [0.049 5]	−0.027 1*** (−0.416 8) [0.067 9]	−0.055 5** (−0.794 3) [0.043 3]	0.010 9 (0.425 4) [0.674 0]
C	−30.139 7* (−4.680 9) (0.000 0)	−7.286 3 (−1.146 1) [0.259 3]	−27.822 2* (−5.621 6) [0.000 0]	3.741 0 (1.252 3) [0.221 6]
R^2	0.891 5	0.952 1	0.850 7	0.945 6
调整 R^2	0.861 6	0.932 1	0.833 1	0.941 4

表7.4(续)

变量	混合效应模型	个体固定效应模型	时间固定效应模型	双固定效应模型
F	29. 866 9	47. 700 3	34. 896 7	36. 850 4
Prob	0. 000 0	0. 000 0	0. 009 0	0. 000 0

注:"（）"内为 *t* 检验值,"［］"内为 *P* 值。* 表示通过1%的显著性水平,** 表示通过5%的显著性水平,*** 表示通过10%的显著性水平。

7.2.4.2 建设用地碳排放效率影响因素检验

同理,我们通过 Hausman 检验选择判断是建立随机效应模型还是固定效应模型。由表 7.5 可知,Cross-section *F* 的值为 110. 225 2,通过了 1%的显著性水平检验,表明应该建立固定效应模型。截面固定效应模型、时间固定效应和双固定效应模型均通过了 1%的显著性水平检验,而且拟合优度和调整后的拟合优度均较高。但仔细观察发现,三个模型估计结果存在较大差异,待估参数的弹性系数并未表现出一致性,时间固定效应模型和截面固定效应模型中较多的变量未通过经济意义和统计意义上的检验,估计结果不符合现实。综合以上分析,我们选择双固定效应模型对西北地区建设用地碳排放效率影响因素估计结果进行分析。面板模型的 Hausman 检验见表 7.5。

表 7.5　面板模型的 Hausman 检验

Effects Test	Statistic	Prob
Cross-section *F*	110. 225 2	0. 000 3
Cross-section Chi-squre	447. 864 2	0. 000 0

表示经济发展水平的代理变量（pbgdp）通过 10%的显著性水平检验,且符号为负,表明经济增长与建设用地碳排放效率表现出相反的关系。其主要原因是西北地区在城镇经济发展的

现阶段，经济增长以"高速度、高消耗、高污染"为显著特征，过于追求经济发展的规模和速度，忽略了经济发展质量和技术创新；而且我国西北地区资源丰富，能源是建设用地上主要的投入生产要素，能源消耗在促进经济快速增长的同时，带来了大量的碳排放，造成了生产技术效率的低下，不利于建设用地碳排放效率的改善。但是从四个模型来看，混合模型和个体固定效应模型对于该解释变量弹性系数的估计值为正数，且在混合模型中通过5%显著性水平的检验，表明城镇经济的增长对于建设用地碳排放效率的影响可能存在不确定性，下一小节将做进一步的深入讨论。

表示经济结构的代理变量（ir、sr）分别通过5%、10%的显著性水平检验，ir符号为负，sr的符号为正，符合理论假设，表明第二产业比重增加不利于建设用地排放效率的提升，而三次产业比重的增加将促进建设用地碳排放效率的提升。第4章的计算结果也证明了这一点，以工矿业为主的第二产业是建设用地主要的碳排放地类，第二产业与第三产业相比，多数是高耗能产业，碳排放量大，而以运输业、商服业为主的第三产业能源消耗远远低于工矿业。由于西北地区依旧处在工业化的初级阶段，第二产业所占比例在短时间内不可能出现突然下降的情况，可见，由以工矿业为主的二次产业向由以服务业为主的三次产业升级，是降低建设用地碳排放强度、提高建设用地碳排放效率的有效途径。

表示开放程度的代理变量（bow）未通过经济意义和统计意义的检验，表示开放程度的代理变量（bi）通过10%的显著性水平检验，且符号为负。一方面，我国的贸易处在一个漫长的升级阶段，西北地区工商业对外贸易的产品多为低端的工业制品，这些产品在生产过程中产生了大量的 CO_2，导致碳排放效率较低。但是随着"丝绸之路经济带"战略的推进，西北地区贸易规模和结构均可能实现升级，高新技术产品的贸易也会在一定程度上提高碳排放效率，在这两种作用的影响下，可能造成进出口贸易对建设用地碳排放效率的影响不显著。另一方面，西北地区一直以来是我国社会经济发展欠发达地区，在管理经验以及技术和资金方面都较为欠缺，而外商投资可以引进技术和人才来带动生产效率提升，对于当地技术具有示范和刺激的作用。但是就目前来看，西北地区外商投资的引进大部分投入工业中，而且近年西北地区持续不断承接东部沿海的产业，随着东部省份污染产业的转移，西北地区建设用地碳排放量增长速度很快，这可能是外商投资对建设用地碳排放效率起抑制现象的原因，也印证了部分学者提出的"污染避难所"的观点。

表示金融发展的代理变量（bf）通过10%的显著性水平检验，且符号为负，表明金融市场的日益活跃对于建设用地碳排放效率的提升起着抑制作用。目前，金融市场化逐渐加深，政府对其控制能力较弱，趋于利益，金融机构偏好于将资金贷给收益快、周期短、高能耗的资源密集型产业，这些产业在足够资金的支持下，扩大生产规模，导致碳排放量增加，环境生产效率下降；相反，回报周期长、风险较大的冷门环保产业，则很难获得金融机构的贷款资金。而且我国碳交易市场制度还在不断尝试中，碳交易机构还未真正利用好碳金融市场。

表示技术创新的代理变量（bv）通过1%的显著性水平检验，且符号为正，表明第二、第三产业技术的进步与创新，促进了建设用地利用碳排放效率的提升。不仅如此，还可以看出，该变量的弹性系数在所有变量中也是最大的，表明技术创新是影响建设用地利用碳排放效率的关键性因素，尤其是固碳、脱碳等工业清洁生产技术的研发、示范推广与应用，大大降低了建设用地的碳排放量，提高了建设用地碳排放效率。

表示人口规模的代理变量（bp）通过10%的显著性水平检

验，且符号为负，表明城镇人口规模的快速增加，在很大程度上加快了城市化的进程，促进了城镇经济的快速发展，也带动了建设用地的过度扩张和要素资源的过度消耗与低效利用，导致碳排放量规模大、增长速度快，阻碍了建设用地碳排放效率的提升。

表示人力资本的代理变量（be）通过5%的显著性水平检验，且符号为正，表明工程技术人员和科研人员越多，越有利于提高建设用地碳排放效率。工程技术人员和科研人员对于低碳技术和低碳技术的研发、推广和应用起到了带头作用，降低了第二、第三产业碳排放强度，对于建设用地碳排放效率的提高起到了促进作用。

表示政府干预的代理变量（bgi）通过1%的显著性水平检验，且符号为正，表明政府财政干预是有效的，有利于提高建设用地碳排放效率。碳排放和节能减排行动具有外部性，市场在处理这方面显得无能为力，政府作为公共利益的代表，有义务进行干预。目前，我国的节能减排行动多数是由政府组织推动。"十一五"和"十二五"期间，西北地区环境污染治理费用分别达到8.76亿元和25.72亿元，在专项节能环保领域，政府财政支持力度和政策支持力度的不断加大，对于提高建设用地碳排放效率起到了较好的促进作用。建设用地碳排放效率影响因素的检验结果如表7.6所示。

表7.6　建设用地碳排放效率影响因素的检验结果

变量	混合效应模型	个体固定效应模型	时间固定效应模型	双固定效应模型
pbgdp	0.555 6** (2.401 7) [0.020 6]	0.347 2 (−1.156 1) [0.254 5]	−0.432 7 (−1.134 8) [0.264 4]	−0.972 6*** (−1.803 6) [0.081 4]

表7.6(续)

变量	混合效应模型	个体固定效应模型	时间固定效应模型	双固定效应模型
ir	0.174 5 (0.246 0) [0.806 8]	−0.930 7 (−0.843 7) [0.403 9]	0.075 7 (0.065 7) [0.948 0]	−1.016 3** (−2.690 2) [0.049 5]
sr	0.603 9 (1.034 2) [0.306 7]	1.053 6 (1.379 1) [0.175 5]	0.905 8 (1.027 9) [0.311 2]	0.853 1*** (2.763 8) [0.051 0]
bow	−0.300 2* (−3.825 5) [0.000 4]	−0.085 2 (−1.003 3) [0.321 7]	−0.282 2* (−2.744 0) [0.009 6]	−0.051 1 (−0.397 9) [0.693 6]
bi	−0.100 7* (2.933 0) [0.005 3]	−0.070 3** (−2.070 6) [0.044 9]	−0.096 0** (−2.232 5) [0.032 3]	−0.058 2*** (−1.655 1) [0.085 5]
bf	−1.358 9* (−11.122 1) [0.000 0]	−0.635 3** (−2.590 4) [0.013 3]	−1.362 7* (−8.431 8) [0.000 0]	−0.510 2*** (−1.843 7) [0.089 1]
bv	0.213 2* (3.002 2) [0.004 4]	0.186 1** (2.660 5) [0.011 2]	0.249 0** (2.630 9) [0.012 7]	1.115 6*** (1.859 2) [0.085 5]
bp	−0.040 9 (−0.238 1) [0.812 9]	−0.740 2 (−1.194 4) [0.239 4]	−0.183 3 (−0.621 3) [0.538 5]	0.655 3*** (1.935 6) [0.072 3]
be	0.299 0 (1.420 9) [0.162 4]	0.233 8 (1.266 7) [0.212 6]	0.411 2 (1.227 0) [0.228 2]	0.580 0** (2.341 3) [0.049 9]
bgi	0.284 4* (3.016 9) [0.004 2]	0.097 4 (0.827 6) [0.412 8]	0.030 4 (0.151 0) [0.881 0]	0.436 3* (2.938 4) [0.005 9]
C	2.373 7 (0.476 0) [0.636 5]	11.998 8 (1.378 2) [0.175 8]	4.549 6 (0.614 8) [0.542 8]	3.363 5 (0.208 2) [0.836 5]
R^2	0.971 3	0.980 9	0.976 2	0.982 8

表7.6(续)

变量	混合效应 模型	个体固定 效应模型	时间固定 效应模型	双固定 效应模型
调整 R^2	0. 964 8	0. 974 2	0. 962 3	0. 969 1
F	148. 858 1	146. 369 3	69. 945 7	71. 503 7
Prob	0. 000 0	0. 000 0	0. 000 0	0. 000 0

注:"( )"内为 t 检验值,"[ ]"内为 P 值。* 表示通过 1%的显著性水平,** 表示通过 5%的显著性水平,*** 表示通过 10%的显著性水平。

7.3 土地利用碳排放效率与经济发展水平关系的深入分析

7.3.1 理论分析

从西北地区整体来看,经济发展水平对土地利用碳排放效率有显著的负向影响,即经济规模的扩张会抑制土地利用碳排放效率的提升。

根据环境库兹涅茨曲线假说,经济增长与碳排放的变化可以分为三个阶段:第一个阶段表现为经济迅猛增长和碳排放规模加大;第二阶段表现为碳排放达到峰值后逐渐开始下降;第三阶段表现为碳排放污染改善与经济稳定增长阶段。也就是说,经济增长与碳排放之间存在倒"U"形关系。根据这个假说,在经济增长的初期,经济发展模式传统粗放,经济增长速度慢但导致的碳排放量较大,所以第一个阶段表现为经济增长带来了大规模的碳排放而导致碳排放效率的下降;当经济增长到一定阶段后,随着经济结构的改变及技术的进步,经济发展水平得到迅速提升,而碳排放速度减缓、碳排放效率继续下降的趋势得以扭转,所以第二阶段表现为碳排放效率降低到最小值后逐渐开始好转；当经济发展水平较高时，随着产业结构的升级和技术的革新，要素的资源利用效率得到不断提升，导致的碳排放量逐渐减少，碳排放效率逐渐提升，所以第三阶段表现为碳排放效率与经济稳定提升双增长阶段。因此，我们提出经济增长与碳排放效率之间存在"U"形曲线关系的假说。碳排放效率环境库兹涅茨曲线如图7.11所示。

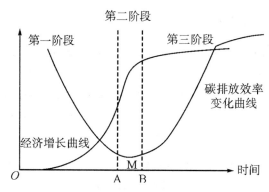

图7.11 碳排放效率环境库兹涅茨曲线

7.3.2 研究分析

根据环境库兹涅茨曲线的性质和特征可知，该曲线是一个典型的一元二次函数，所以碳排放效率的环境库兹涅茨曲线的模型表达式如式（7.4）所示。

$$Y = AX^2 + BX + C \tag{7.4}$$

其中，Y表示土地利用碳排放效率，X表示经济发展水平，A表示经济发展水平的二次项系数，B表示经济发展水平的一次项系数，C表示常量。

若A>0，B、C为任何实数，则表明土地利用碳排放效率与经济发展水平之间存在"U"形曲线关系。

若A<0，B、C为任何实数，则表明土地利用碳排放效率与

经济发展水平之间存在倒"U"形曲线关系。

若 A=0，B>0，C 为任何实数，则表明土地利用碳排放效率与经济发展水平之间存在线性递增的关系。

若 A=0，B<0，C 为任何实数，则表明土地利用碳排放效率与经济发展水平之间存在线性递减的关系。参数估计过程采用 Eviews8.0 软件完成。

7.3.3 结果分析

7.3.2.1 农用地碳排放效率与农业经济发展水平的"U"形曲线检验

我们采用面板非线性模型对西北地区农用地碳排放效率与农业经济发展水平之间的"U"形关系进行检验，其检验结果见表 7.7。

表 7.7 农用地碳排放效率与农业经济发展水平之间的
"U"形关系的检验结果

变量	西北地区	陕西	甘肃	青海	宁夏	新疆
pagdp	7.23E−05 ** (2.210 9) [0.039 2]	7.06E−07 *** (1.521 2) [0.083 4]	−3.86E−05 * (−10.018 9) [0.000 0]	−4.18E−05 ** (−2.990 0) [0.017 3]	−1.17E−04 * (−10.008 9) [0.000 0]	−2.88E−05 *** (−2.240 6) [0.055 4]
pagdp²	3.26E−09 * (4.930 2) [0.000 2]	1.36E−10 *** (1.829 1) [0.073 1]	1.65E−09 * (8.297 0) [0.000 0]	1.87E−09 ** (2.591 4) [0.032 0]	4.20E−09 * (6.978 1) [0.000 1]	1.01E−09 *** (1.920 3) [0.096 9]
C	0.239 3 * (13.903 4) [0.000 0]	0.352 4 * (23.245 6) [0.000 0]	0.530 3 * (34.238 9) [0.000 0]	1.234 1 * (34.235 6) [0.000 0]	1.973 2 * (42.010 5) [0.000 0]	1.330 9 * (11.098 5) [0.000 0]
拐点值	22 544.95	9 631.73	21 373.06	22 368.42	17 948.72	17 534.72
R^2	0.768 7	0.832 3	0.983 2	0.628 7	0.980 5	0.735 0
调整 R^2	0.738 2	0.790 4	0.949 7	0.535 9	0.975 6	0.668 8
F	34.688 7	64.345 0	95.469 9	6.774 4	201.265 1	11.098 5
P	0.000 0	0.000 1	0.000 0	0.018 9	0.000 0	0.004 9

注："（ ）"内为 t 检验值，"［ ］"内为 P 值。* 表示通过 1% 的显著性水平，** 表示通过 5% 的显著性水平，*** 表示通过 10% 的显著性水平。西北地区采用面板非线性模型，分省采用时间序列非线性模型。

由表7.7可知，整体而言，pagdp 的二次项系数通过 1% 的显著性水平检验，且符号为正，表明在农用地开发利用的初期，经济增长与农用地碳排放效率表现出相反的关系。当农业经济发展到一定程度后，农业经济发展与农用地碳排放效率表现出同步增长的关系。这反映出随着农业经济发展水平的进一步提高，农业现代化进程不断加快，农业生产技术水平不断上升，农业产业结构不断合理化，农资使用环境友好化，降低了碳排放强度，提高了农用地碳排放效率。由此可见，农用地碳排放效率与农业经济发展水平之间存在"U"形曲线的关系，假设得到验证。我们进一步分析发现，西北地区农用地碳排放效率还处在"U"形曲线的左半部分，在未来一段时间内，农用地碳排放效率随着农业经济的增长还会继续下降。当西北地区人均农牧渔业产值达到 22 544.95 元后，农用地碳排放效率继续下降的趋势可能得以扭转。

　　我们采用时间序列非线性模型对西北五省（自治区）农用地碳排放效率与农业经济增长之间的"U"形曲线关系进行检验。由表7.7可知，陕西、甘肃、青海、宁夏和新疆的 pagdp 的二次项系数分别通过 10%、1%、5%、1% 和 10% 的显著性水平检验，且符号为正，拟合优度较好。模型证明西北五省（自治区）农用地碳排放效率与农业经济发展水平之间存在"U"形曲线的关系。但是西北五省（自治区）农用地碳排放效率与经济发展水平之间的"U"形曲线关系存在不同的特征（见图7.11）。

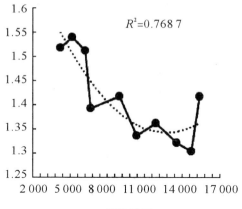

$R^2=0.768\ 7$

a 西北地区

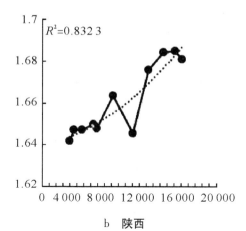

$R^2=0.832\ 3$

b 陕西

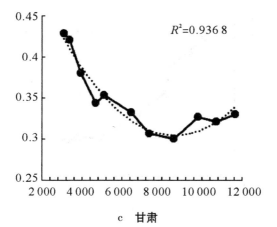

c 甘肃

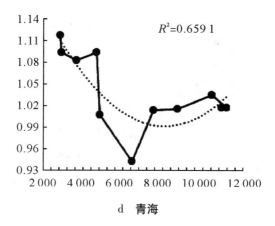

d 青海

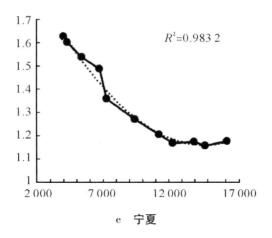

e 宁夏

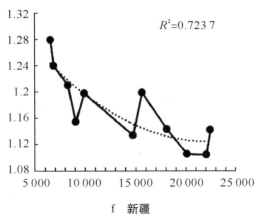

f 新疆

注：图 a 至图 f 中，横坐标表示经济发展水平，纵坐标表示农用
地碳排放效率。

**图 7.12 西北五省（自治区）农用地碳排放效率与农业经济
发展水平之间的"U"形曲线关系**

具体来看，当陕西人均农林牧渔业产值达到 9 631.73 元时，
碳排放效率处于"U"形曲线最小值的拐点。2015 年，陕西人

均农林牧渔业产值为 16 095.52 元，碳排放效率已经跨过了"U"形曲线的波谷点，跨越的时间大约在 2010—2011 年。这反映出农用地碳排放效率位于"U"形曲线的右半部分，说明在未来一段时间内，农用地利用产生经济效益增长的同时，将会促进其碳排放效率的上升。

当甘肃人均农林牧渔业产值达到 21 373.06 元时，碳排放效率处于"U"形曲线最小值的拐点。2015 年，甘肃人均农林牧渔业产值为 11 661.23 元，距离拐点还有较大的距离，农用地碳排放效率位于"U"形曲线的左半部分，且环境库兹涅茨曲线斜率减小的趋势还不明显。这说明，在未来一段时间内，农用地利用产生经济效益的增长的同时，将会继续导致其碳排放效率的下降，但是下降的速度有所减缓。

当青海人均农林牧渔业产值达到 22 368.42 元时，碳排放效率处于"U"形曲线最小值的拐点。2015 年，青海人均农林牧渔业产值为 10 917.12 元，距离拐点还有较大的距离，农用地碳排放效率位于"U"形曲线的左半部分，且环境库兹涅茨曲线斜率减小的趋势还不明显。这说明，在未来一段时间内，农用地利用产生经济效益的增长将会继续导致其碳排放效率的下降，但是下降的速度有所减缓。

当宁夏人均农林牧渔业产值达到 17 948.72 元时，碳排放效率处于"U"形曲线最小值的拐点。2015 年，宁夏人均农林牧渔业产值为 16 156.98 元，距离拐点距离很近，农用地碳排放效率位于"U"形曲线的左半部分的低端，近几年估计会跨越"U"形曲线的波谷点，即宁夏农用地碳排放效率继续下降的趋势将得以扭转。

当新疆人均农林牧业渔产值达到 17 534.72 元时，碳排放效率处于"U"形曲线最小值的拐点。2015 年，新疆人均农林牧渔业产值为 22 521.27 元，碳排放效率已经跨过了"U"形曲线的波谷点，跨越的时间大约在 2011—2012 年。这反映出农用地碳排放效率位于"U"形曲线的右半部分，说明在未来一段时间内，农用地利用产生经济效益的增长将会促进其碳排放效率的上升。

7.3.2.2 建设用地碳排放效率与城镇经济发展水平的"U"形曲线检验

我们采用面板非线性模型对西北地区建设用地碳排放效率与城镇经济增长之间的"U"形曲线关系进行检验。由表 7.8 可知，整体而言，pbgdp 的二次项系数通过 10% 的显著性水平检验，且符号为正。在建设用地开发利用的初期，城镇经济增长与建设用地碳排放效率表现出相反的关系，当城镇经济发展到一定水平时，社会开始关注环境质量，政府也开始注重经济发展的质量，调整产业结构和能源使用结构，投入资金进行科技创新，降低了碳排放强度，提高了建设用地碳排放效率。由此可见，建设用地碳排放效率与第二、第三产业经济发展水平之间存在"U"形曲线的关系，假设得到验证。我们进一步分析发现，西北地区建设用地碳排放效率处在"U"形曲线的右半部分，在未来一段时间内，建设用地碳排放效率随着第二、第三产业经济的增长而上升。

我们采用时间序列非线性模型对西北五省（自治区）建设用地碳排放效率与农业经济增长之间的"U"形曲线关系进行检验，其检验结果见表 7.9。

表 7.8　西北五省（自治区）建设用地碳排放效率与农业经济增长之间的"U"形曲线关系的检验结果

变量	西北地区	陕西	甘肃	青海	宁夏	新疆
pagdp	$-8.11E-06$ (-1.0900) $[0.2807]$	$-2.56E-06$ (-0.2140) $[0.8359]$	$2.99E-05$** (3.0815) $[0.0151]$	$2.78E-05$ (1.5637) $[0.1565]$	$2.18E-05$*** (1.8393) $[0.0992]$	$1.78E-05$** (2.3637) $[0.0239]$

表7.8(续)

变量	西北地区	陕西	甘肃	青海	宁夏	新疆
pagdp^2	4.96E-11*** (1.355 5) [0.081 1]	1.48E-11 (6.16E-10) [0.981 5]	1.27E-09** (-2.551 8) [0.034 1]	-2.15E-09** (-2.353 9) [0.046 4]	-2.56E-10* (-3.453 5) [0.001 3]	9.15E-09** (-3.455 7) [0.023 5]
C	1.247 8* (4.314 9) [0.000 1]	1.078 5 (0.048 0)* [0.000 0]	1.170 8* (30.046 7) [0.000 0]	0.376 0* (5.269 4) [0.000 8]	0.145 8* (12.234 6) [0.000 1]	0.876 0* (10.211 1) [0.000 6]
拐点值	30 579.53	—	21 237.75	38 669.06	58 715.59	25 702.24
R^2	0.947 8	0.152 9	0.693 0	0.766 6	0.846 7	0.765 5
调整R^2	0.911 2	0.116 1	0.616 3	0.708 3	0.846 7	0.742 1
F	1.307 0	23.200 5	9.032 2	13.144 3	10.231 1	34.232 4
P	0.079 3	0.000 4	0.008 8	0.002 9	0.002 0	0.049 5

注:*表示通过1%的显著性水平检验,**表示通过5%的显著性水平检验,***表示通过10%的显著性水平检验。西北地区采用面板非线性模型,分省(自治区)采用时间序列非线性模型。

　　陕西pagdp的二次项系数未通过经济意义和统计意义上的检验,且拟合优度很小,表明陕西建设用地碳排放效率与城镇经济发展水平之间不存在"U"形曲线的关系。甘肃和新疆pbgdp的二次项系数均通过5%的显著性水平检验,且符号为正,拟合优度较好,表明甘肃和新疆建设用地碳排放效率与城镇经济发展水平之间存在"U"形曲线的关系。青海和宁夏的pbgdp的二次项系数均通过5%、1%的显著性水平检验,但符号为负,拟合优度较好,表明青海和宁夏建设用地碳排放效率与城镇经济发展水平之间不存在"U"形曲线的关系,而是存在明显的倒"U"形关系。

　　西北五省(自治区)建设用地碳排放效率与城镇经济发展水平之间的"U"形曲线关系见图7.13。我们进一步分析发现,青海和宁夏属于西北地区中经济发展最差的地区。在城镇经济发展的初期,其城镇经济基础薄弱,城镇经济发展缺乏支柱产业,第二、第三产业发展较为落后,建设用地利用碳排放的规模也较小。随着城镇经济的不断提升,促进了建设用地的碳排放效率，但是西北地区社会经济的发展受国家政策的影响较大。近几年来，青海和宁夏的第二、第三产业得到快速发展，投入建设用地上的要素资源较多，由于其未得到充分高效利用，产生了大量的碳排放，碳排放增长速度大于城镇经济增长速度，导致了建设用地碳排放效率的下降。这可能是导致青海和宁夏建设用地碳排放效率与城镇经济发展水平之间存在倒"U"形曲线关系的原因。

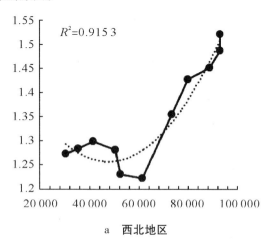

a　西北地区

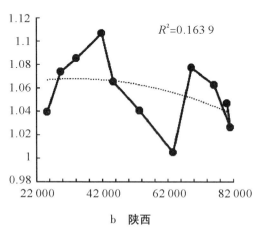

b　陕西

西北地区土地利用碳排放效率研究

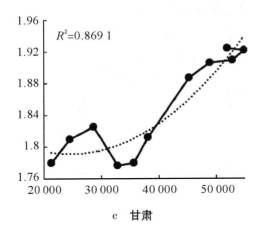

c 甘肃

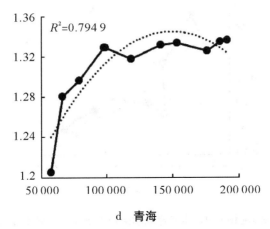

d 青海

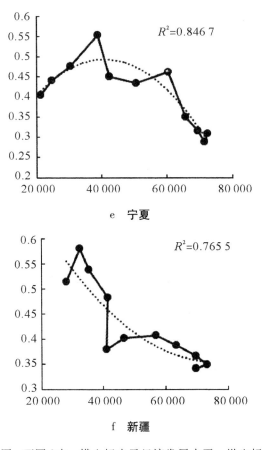

e 宁夏

f 新疆

注：图 a 至图 f 中，横坐标表示经济发展水平，纵坐标表示建设用地碳排放效率。

图 7.13 西北五省（自治区）建设用地碳排放效率与城镇经济发展水平之间的"U"形曲线关系

具体来看，当甘肃人均第二、第三产业产值达到 21 373.06 元时，建设用地碳排放效率处于"U"形曲线最小值的拐点。2015 年，甘肃人均第二、第三产业产值为 51 981.56 元，碳排放效率已经跨过了"U"形曲线的波谷点，跨越的时间大约在

2005—2006 年。这反映出建设用地碳排放效率位于"U"形曲线的右半部分，说明在未来一段时间内，建设用地利用产生经济效益增长的同时，将会促进其碳排放效率的上升。

当青海人均第二、第三产业产值达到 38 669.06 元时，建设用地碳排放效率处于倒"U"形曲线最大值的拐点。2015 年，青海人均第二、第三产业产值为 185 841.60 元，碳排放效率已经跨过了倒"U"形曲线的波峰点，跨越的时间大约在 2000—2001 年。这反映出建设用地碳排放效率位于倒"U"形曲线的右半部分，说明在未来一段时间内，建设用地利用产生经济效益增长的同时，将会导致碳排放效率下降。

当宁夏人均第二、第三产业产值达到 58 715.59 元时，建设用地碳排放效率处于倒"U"形曲线最大值的拐点，2015 年，宁夏人均第二、第三产业产值为 40 037.28 元，碳排放效率未跨过倒"U"形曲线的波峰点，处在曲线左半部分，说明在未来一段时间内，建设用地利用产生经济效益增长的同时，将会促进碳排放效率上升。

当新疆人均第二、第三产业产值达到 25 702.24 元时，碳排放效率处于"U"形曲线最小值的拐点。2015 年，新疆人均第二、第三产业产值为 69 678.96 元，碳排放效率已经跨过了"U"形曲线的波谷点，跨越的时间大约在 2004—2005 年。这反映出建设用地碳排放效率位于"U"形曲线的右半部分，说明在未来一段时间内，建设用地利用产生经济效益增长的同时，将会促进其碳排放效率的上升。

7.4　本章小结

本章从经济、社会和自然三个方面对影响土地利用碳排放效率的影响因素进行了理论分析，采用面板数据模型对影响西北地区土地利用碳排放效率的各个因素进行验证，并检验了土地利用碳排放效率与经济发展水平之间是否存在"U"形曲线的关系。我们得到以下结论：

（1）对于农用地而言，经济发展水平、经济结构、自然灾害、政府干预与农用地碳排放效率呈现出负相关的关系，技术创新、人力资金与农用地碳排放效率呈现出正相关的关系，而对外开放程度、人口规模和金融发展对于农用地碳排放效率的影响不显著。

（2）对于建设用地而言，经济发展水平、经济结构、人口规模、金融发展和外商投资不利于建设用地碳排放效率的提升，技术创新、人力资金和政府干预有利于建设用地碳排放效率的提升，而对外贸易对于建设用地碳排放效率的影响不显著。

（3）整体而言，经济发展水平与农用地碳排放效率之间存在"U"形曲线关系，同时西北五省（自治区）也存在这样的"U"形曲线关系。其中，陕西、新疆农用地碳排放效率位于"U"形曲线的右半部分，甘肃、青海和宁夏农用地碳排放效率位于"U"形曲线的左半部分。

（4）整体而言，经济发展水平与建设用地碳排放效率之间存在"U"形曲线关系，但并不是每个省（自治区）都存在这样的"U"形曲线关系。其中，甘肃和新疆建设用地碳排放效率位于"U"形曲线的右半部分；青海和宁夏经济发展水平与建设用地碳排放效率不存在"U"形曲线关系，而是存在较为明显的倒"U"形曲线关系；而陕西经济发展水平与建设用地碳排放效率之间均不存在"U"形曲线关系和倒"U"形曲线关系。

我们从上述研究结论中得到以下几点启示：第一，影响农用地和建设用地利用碳排放效率的因素具有相同性，也存在不同性，在进行调控和提升效率的过程中需要区别对待。第二，进一步加快技术创新以及人力资金深化，对于提高农用地和建设用地利用碳排放效率的作用是不言而喻的。第三，积极引导金融进入高新技术产业领域或者绿色产业领域投资，对于扭转金融发展对土地利用碳排放效率的负面影响是非常必要的。第四，西北地区在承接东部沿海产业转移时，应该提高企业进驻的门槛，或者将新型的管理经验和先进的技术一并引进，充分发挥外商投资技术溢出的作用，改变西北地区成为污染避难所的尴尬境况。第五，由于地区之间经济发展基础、经济发展阶段和国家政策影响程度的不同，经济发展水平与土地利用碳排放效率之间的环境库兹涅茨曲线的存在具有普遍性，同时也具有个性，也不能一味地按照环境库兹涅茨曲线的一般变化规律来解释土地利用碳排放效率与经济发展水平之间的关系。研究结论证实了，农用地碳排放效率与经济发展水平之间存在"U"形曲线关系，甘肃、青海、宁夏等可采取积极措施，尽早跨越或者穿越"U"形曲线的最低点，进入"U"形曲线的右半部分；而建设用地碳排放效率与经济发展水平之间存在"U"形曲线关系不是很明显。

8 提升西北地区土地利用碳排放效率的措施

　　我国作为世界上最大的发展中国家，仍然需要保持较高的经济增长速度，尤其是西北地区，其作为欠发达地区，发展经济、摆脱贫困、全面建成小康仍然是发展的第一要义。此外，我国承担着碳减排的大国责任，西北地区作为我国生态屏障，更要注重经济发展过程中的生态环境问题，因此实现经济发展与碳减排以及效率的提升尤为重要。综合全书的理论研究和实证研究结果，本章提出土地利用碳排放效率提升的思路和土地利用碳排放效率提升的具体措施。

8.1 基本原则

8.1.1 节约高效

　　土地低碳利用要求在保障粮食安全、社会稳定、经济发展的前提下，在土地利用过程中，政府应尽可能减少化石能源、化肥、农药、地膜、饲料添加剂等各种高碳排放的要素资源的投入，降低工业生产过程中废弃物的排放，减少日常生活垃圾的排放，在很大程度上节省土地利用成本，推动土地生产效益和促进人民收入的增加，减少碳排放量，提高土地利用碳排放效率。政府应尽可能节约各类要素资源，减少对人力、物力和资金的消耗，低碳利用土地能够最大限度地利用生态环境条件，通过资源再生和循环利用获取最大的产出效益，以尽可能少的投入得到更多好的产出和更少坏的产出，因而它是一种高效益的土地利用模式。如精确农用地利用模式和循环农用地利用模式等。

8.1.2　优质环保

由于减少了土地利用过程中各类化学品、高排放能源的使用和污染物的排放，特别是推广了节能、生态减灾排技术与措施。一方面，减少了农用地利用过程中对农药、化肥等有害、有毒化学品的使用，减少了畜牧养殖过程中废弃物的排放量；另一方面，减少了工业生产过程中对各类化学品的使用，有利于提高产品的质量并提升安全性，也有利于减轻土地利用对环境的破坏作用，减缓土地利用过程中的碳排放效应，提高土地利用碳排放效率。土地低碳利用能够将生产链全过程中对人类经济、社会、生态带来的不良影响降至最低限度，实现经济、社会、生态相统一，如有机农业、绿色农业和碳汇农业等。

8.1.3　现代集约

土地低碳利用是现代生产要素和人工智能高度集成的一种土地利用模式。土地承载着人类一切社会经济活动，承担着保障人类文明可持续发展的功能，为了更好地发挥土地的功能和作用，我们必须最大限度地采用人类文明所创造的技术，来提高要素资源的利用效率。土地低碳利用并不是一味地排斥能源、化肥和农药等高碳排放要素资源的投入，而是提倡善用、精用、活用，重点提高利用效率，在增强土地功能、发挥土地作用的同时，降低温室气体碳排放强度，提升土地利用的可持续能力，进而提高土地利用的碳排放效率。

8.2 基本思路

形成对土地低碳利用的引导机制是实现土地利用碳排放效率提升的重点，主要通过行政、技术、经济、法律法规等手段，重新安排和调整土地利用方式、结构、规模和强度，从而改变土地利用的碳排放规模和强度，改变土地利用产出效益，最终达到实现碳减排和提升效率的目的。土地利用碳排放效率提升路径示意图如图 8.1 所示。

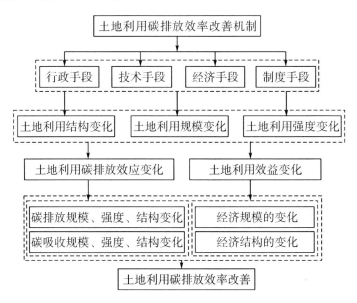

图 8.1　土地利用碳排放效率提升路径示意图

8.2.1 规模调控

随着人口增加和经济发展进一步加快土地利用开发的速度，尤其是工业化与城市化进程的推进过程中，建设用地规模大，扩张速度快，导致建设用地利用过程中能源消耗量大、工业产品生产规模大、废弃物的输出量大，导致碳排放量规模较大。而且在这个过程中，建设用地侵占具有碳汇功能的农用地的现象较为严重，又在无形中促使土地生态系统碳循环压力的增加。因此，适当减少土地利用规模有两方面好处：一是对土地利用规模的限制在一定程度上避免了土地的过度开发，从而间接地使碳排放量减少；二是减少农用地被建设用地侵占具有一定的碳排放效应，可以将土地利用规模和土地利用强度进行组合来评估碳排放，在不同的组合类型中找出提升土地利用效率和碳减排的最优组合类型。

8.2.2 结构调控

从土地碳汇、碳源的角度来看，一般来说，农用地主要表现出"强碳汇—弱排放"的特征，建设用地主要表现出"强碳排放—弱碳汇"的特征，而且不同的土地利用类型，碳源和碳汇的强度差异明显。从土地利用视角来看，包括林地碳汇、草地碳汇、耕地碳汇（农作物固碳）、园地碳汇、湿地碳汇、水域碳汇等。调节和控制会对碳源和碳汇的规模与强度产生一定的影响。调整土地利用结构，可以改变高碳排放用地和高碳汇用地的比重，使得高碳汇用地增加，高碳排放用地减少。针对不同地区的不同情况，为了使供地机制更加适应当地情况，进一步完善供地机制，我们应综合评估通过土地利用结构调整所带来的碳汇效应，使土地利用结构布局方式进一步促进碳减排和增汇。这样一来，既能保证经济发展和用地需求，又能在一定程度上使碳排放强度得到降低，减少土地利用净碳排放效应。

8.2.3 强度调控

人类对土地开发的利用程度往往是通过土地利用强度来反映的，它是影响土地生态系统碳循环和利用效率改善的重要影响因素。土地利用强度的提高，必然导致能源、土地、水和资金等各种要素资源投入的增加，也会导致各种污染物排放的增加，虽然能促进经济发展水平的提升，但也可能导致碳排放规模的增加，土地利用碳排放效率的降低。我们对土地的利用强度应进行合理的调控，提高土地利用过程中要素资源的利用效率，限制土地利用强度，减少土地利用碳排放，进而减缓其上升速度，实现碳减排和效率提升目的。

8.3 具体措施

8.3.1 尽快制订土地低碳利用规划

8.3.1.1 编制土地低碳利用总体规划

西北五省（自治区）要把相关土地利用规划、产业发展规划、国民经济规划结合起来，以低碳经济发展为土地利用理念，以碳排放效率提升为土地利用最终目的，编制土地低碳利用总体规划。西北五省（自治区）首先应从西北地区生态发展战略地位、经济发展战略地位等方面入手，制订具有理论性、战略性、实践性、时效性和可操作性的土地低碳利用规划，规划要体现长期性和短期性相结合、层次性和统筹性相结合的特点，明确西北地区土地低碳利用在全国生态文明建设中的地位和作用，制定土地低碳利用的路线图、低碳土地利用技术标准和减排目标；其次应提出土地低碳利用的任务、重点和促进措施，包括每一阶段土地低碳利用的重点领域和环节，研究提出土地低碳利用的统计方法和考核指标，计算出各阶段土地低碳利用需要减少的能源投入、废弃物处理量，以及需要减少这些碳源需要的替代品的效用和来源；再次需制订土地低碳利用专项规划，如农业部门需要为农用地低碳利用制订技术指导规划，住建部门需要为建设用地低碳利用提供低碳型住宅、低碳工业园区的设计方案，环保部门需要为土地低碳利用提出可行的废弃物处理路径、对策可行性措施，等等；最后要以减少碳排放和增加碳汇量为目标，对各省（自治区）进行土地利用结构优化，尽快形成减碳增汇的土地利用格局，并重点对碳汇减排功能区进行详细规划，最大程度地发挥出土地利用的碳汇功能，形成土地低碳利用的生态模式。

8.3.1.2 编制土地低碳利用功能区划

西北五省（自治区）以土地低碳利用为规划导向，对土地开发利用主体功能区划进行布局安排，重新构造土地优先利用区、重点利用区、限制利用区和禁止利用区，赋予传统意义上主体功能区新的解释和意义。第一，土地优先利用区，主要包括关中—天水地区、兰州—西宁地区、宁夏沿黄经济区和天山北坡地区。这些地区要优先发展，以提高经济发展水平、提升人们收入水平为目的，但同时要加强土地低碳技术的利用，在保证经济发展的同时，降低碳排放强度，提高土地利用效率。第二，土地重点利用区，主要包括环塔里木盆地城市群、柴达木盆地、河西走廊、河套城市群。这些地区土地可开发利用还具有一定潜力，需要重点开发，在开发利用过程中要充分考虑优先利用区高碳转移的产业，还需要注重碳汇功能用地的保护。第三，限制开发利用区，包括三江源草原草甸湿地生态功能区、黄土高原丘陵沟壑水土保持生态功能区、阿尔泰山地森林草原生态功能区、甘南黄河重要水源补给生态功能区、塔里木河荒漠化防治生态功能区。这些区域应尽量避免开发，以保护自然环境和增加碳汇水平为主。第四，禁止开发利用区，主要包括国家森林公园、湿地公园等。这些区域应完全禁止土地利用开发活动，培育森林和湿地碳汇，吸纳土地优先利用区和重点利用区排放的温室气体。

8.3.1.3　开展土地低碳利用试点示范

在制订土地低碳利用规划的基础上，西北五省（自治区）必须进行土地低碳利用试点示范，才能有效推广土地低碳利用的发展模式，才能形成土地低碳利用格局。各省（自治区）可以考虑在以下几个领域开展土地低碳利用示范：第一，低碳工矿业示范园区。该园区以土地低碳利用规划为导向，培育低碳示范企业，倡导土地低碳开发利用。建议在资源丰富、工业发达、经济基础好的地区建立低碳工矿业示范园区，如在新疆乌鲁木齐、克拉玛依等地建立低碳城市示范和低碳工矿业示范园区，逐渐向天山北坡矿产资源区和城市群示范推广；在甘肃兰州、青海西宁建立低碳城市示范和低碳工矿业示范园区，逐渐向河西走廊城市群和环柴达木盆地各城市推广；在陕西西安、宝鸡建立低碳城市示范和低碳工矿业示范园区，逐步向关中城市群示范推广。第二，低碳农牧业示范园区。该园区主要是开展农用地低碳利用技术的试点示范，包括有机肥（测土配方肥）施用、生物农药、秸秆综合利用、动物粪便综合利用、少耕免耕、滴灌、水土保持、低碳生活等低碳技术，如新疆可以借助昌吉国家农业科技园区、伊犁国家农业科技园区、喀什深喀现代农业产业示范园开展低碳农牧业技术示范；陕西可以借助杨凌农业高新技术产业示范区、紫阳富硒农业科技示范园区开展低碳农牧业技术示范。第三，低碳居民生活示范园区。该园区可以在人口规模较大的城市，如西北五省（自治区）的各个省会城市，从居民住房建设、基础设施配套、日常用品消耗、污染物处理等方面展开试点示范，通过低碳社区试点示范培养和引导市民的低碳生活和消费理念。

8.3.2 科学合理地调整土地利用结构

8.3.2.1 限制建设用地规模，降低碳排放量

建设用地是西北地区主要的土地利用碳排放地类，占比达到土地利用碳排放总量的80%，特别是工矿用地，它是能源消耗和碳排放强度最高的建设用地利用地类，是亟须控制碳排放、实现碳减排、提高碳排放效率的重点对象。西北地区首先应加大对建设用地规模总量的控制力度，严格按照土地低碳利用规划中的相关要求，限制建设用地的规模。其次应明确设定建设用地的扩张界线，严格审批建设用地，杜绝非法侵占农用地的行为，重点是要防止建设用地侵占具有强大碳汇功能的生态用地，如林地、湿地和草地等。再次应注重通过盘活建设用地存量，挖掘建设用地存量再利用的可能性，如旧城区改造、废弃工矿用地整理和农村居民点整理等，提高建设用地集约节约化程度。在保证城镇经济稳定发展的同时，通过限制建设用地规模，降低建设用地碳排放量，提高土地利用碳排放效率。最后应对高碳排放的土地利用方式进行调控。

8.3.2.2 稳定碳汇用地规模，增加碳吸收量

提高土地生态系统的碳吸收和碳汇能力，降低大气中温室气体的浓度，减缓全球变暖趋势，这是目前科学界公认的固定减少温室气体成本最低且负面影响最小的方法。耕地、林地是西北地区主要的土地利用碳汇地类，占土地利用碳汇总量的70%以上，是重点需要保护的土地利用碳汇地类，同时也要加强对草地、湿地、水域等其他碳汇地类的保护力度。第一，加强对自然林地的生态保护，同时进一步加强植树造林工程的建

设力度，如退耕还林工程、三北防护林体系工程等，增加林地碳汇能力。第二，注重基本农田保护，严格控制建设用地占用基本农田的行为，调整耕作制度，适当提高农作物复种指数，提高耕地的碳汇能力。第三，加强对自然和人工草地的生态保护，积极落实退牧还草工程、牧民定居工程，降低牧草地的利用强度，防止草地退化，确保草地的碳汇功能。第四，保护好水域和湿地，将水域和湿地划为禁止开发区，建立湿地生态保护区。同时，进一步加强对新疆塔里木河流域、艾比湖流域、甘肃黑河流域、石羊河流域、青海三江源头、青海湖流域的保护，确保水域和湿地固碳减、涵养水源、调节水源等的生态功能。第五，城市用地规划中应适当加大绿地、湿地公园的用地规模，对于城市系统碳循化有着积极的作用。

8.3.3 优化土地利用要素资源配置

8.3.3.1 降低高排放能源结构，提高清洁能源消耗比重

能源消耗是温室气体碳排放的主要源头。西北地区经济发展相对落后，经济发展对能源的依赖程度相当高，通过降低能源消费规模来降低碳排放量，在目前来看是不可行的。我们可通过调整能源结构，降低煤炭、石油等高排放能源的消耗，提高新兴清洁能源在能源消费中的比重，充分利用清洁能源技术，普及太阳能、风能、水能等清洁能源的使用，将大大减少土地利用过程中的碳排放，实现土地碳排放效率改善的目的。

8.3.3.2 调整资金投入方向，加大低碳技术研发资金投入

自西部大开发战略以及"对口援疆""一带一路"倡议和精准扶贫政策实施以来，中央政府以及中西部地区发达省份对于西北地区的资金投资力度是空前的，大规模的资金基本投放到基础建设领域以及工矿业领域，西北地区基础设施建设取得了辉煌成就，社会经济得到了快速发展。就上文研究的结果来

看，西北地区农用地和建设用地利用过程中的资金投入均是过度的。所以，西北地区未来需要调整资金投入方向，依托本土科研机构，借力高等院校，科学创新低碳土地利用技术，将资金倾斜到低碳技术人才的培养中，提高低碳产品研发效率和水平，促进新型设备和新型技术的研发，提高资金配置效率，进一步提升土地利用效率，达到改善土地利用碳排放效率的目的。

8.3.3.3 集约节约利用土地，挖掘土地存量的潜力

盲目、过度地开发利用土地带来的生态环境损失是不言而喻的。人口增长、社会经济发展对土地的需求规模必然是越来越大，西北地区土地资源丰富，但在开发利用过程中仍旧存在过度开发的现象。就上文分析的结论来看，现有的土地利用规模已经可以满足社会经济的发展需求，所以西北五省（自治区）需要控制土地开发利用的速度和规模。其未来土地开发利用调整的方针，是尽可能盘活、挖掘土地利用结构内部可利用的潜力，如农用地中要改造中低产农田、整理废弃沟壑和田埂，建设用地中要改造旧城区、整理废弃工矿用地等，同时要集约节约利用土地资源，降低土地资源的浪费量，提高土地利用效率，改善土地利用碳排放效率。

8.3.3.4 节约高效利用水资源，加快建设节水型社会

西北地区干旱缺水，水资源问题一直是遏制西北地区社会经济发展的重要因素，解决水资源的紧缺问题已被提上日程，节约高效利用水资源对于土地利用可持续发展的意义重大。当地政府应合理规划不同地区、不同流域水资源的分配，细分水资源用途，使生产、生活、生态用水得到良性循环发展；完善健全水资源管理制度，根据当地的实际供求情况制定合理的政策规定，对不同用途的水资源制定差异化的价格，有效地节约水资源；加大对水资源节水技术的资金投入，尽快培养相关领域的专业人才，与当地水利研究机构、农业院校合作研发节水

产品，推广节水技术，争取达到每一滴水都能用到实处，最大限度地提高水资源的利用效率；在水资源的利用中，不仅要注重节流，还要注重开源，双管齐下规划水资源的利用，坚持对水污染进行治理，间接地促进节水。

8.3.4　加强推广土地低碳利用技术

土地低碳利用的关键在于技术创新，加强应用这些低碳技术，促进土地利用节能减排和节本增效，降低土地利用碳排放的同时，也会减少其他污染物对生态环境的破坏。

8.3.4.1　农用地低碳利用技术

（1）有机肥及施肥管理技术

有机肥及施肥管理技术在满足培肥土壤、提高耕地利用效率、增加农作物产量、增加农业碳汇等低碳农用地利用的发展需求上发挥着重要作用。一方面，有机肥可以减少和替代化肥的生产和使用，而生产氮、磷、钾肥的主要原料为天然气、煤炭和石油等，大量施用化肥会增加化石能源消耗的碳排放，增加有机肥就可以抵消和减少这一排放；另一方面，有机肥可以改善土壤结构和疏松土质，增加土壤透气性，提高土壤微生物活性，增强耕地吸碳固碳能力，便于实施少耕免耕栽培，增加植物生物学产量和土壤碳源供应量，显著提高土壤活性有机碳含量。

（2）农田灌溉及分水管理技术

水分是农用地土壤排放和吸收温室气体的影响因素之一，因此改变水分条件是改变农用地碳排放效应的重要途径。目前，诸如全膜双垄沟播种技术、膜下滴灌技术、提蓄滴灌技术等节水灌溉技术在我国农业中被成功运用。西北地区水资源严重缺乏，尤其新疆、甘肃、宁夏表现得更为明显。因此，当地政府要大力推广滴灌、微灌等农用地低碳利用技术，根据农作物生产周期及土壤理化性质进行适时、适量供水，减少对农用地 N_2O 的排放；在实施节水灌溉的同时，需配合相应的施肥措施，减施氮肥，以减少对 CH_4 和 N_2O 等温室气体的排放。

（3）秸秆综合利用技术

秸秆燃烧不仅直接造成温室气体排放，还加快了土壤有机碳的分解损失。秸秆综合利用技术在满足培肥土壤、提供绿色能源、将农业废弃物再利用、固碳减排等农用地低碳利用发展要求上起着重要作用，可真正实现农用地利用的高效率、高效益、低排放和低污染的作用。西北地区秸秆综合利用效率的提高，大大降低了秸秆焚烧带来的环境问题，但是目前秸秆综合利用潜力还存在一定的提升空间，还要进一步提高秸秆综合利用率，尤其是新疆、陕西和甘肃三个省（自治区）应大力推广秸秆还田技术、秸秆肥料化技术、秸秆饲料化技术、秸秆建材化和秸秆沼气化技术。

（4）动物粪便沼气化技术

西北地区是我国主要的畜牧基地，牲畜规模养殖大，牲畜粪便导致的温室气体排放量较大，特别是新疆、青海、甘肃三个省（自治区）全面推广动物粪便沼气化技术的运用对低碳农业的发展具有重要作用。一方面，可以解决农村能源严重不足的情况，沼气可以用于农民照明、供暖等，大大节约了农村生活消耗，减少了柴薪、煤炭和天然气等能源消耗产生的碳排放；另一方面，沼渣可以作为肥料和饲料，沼液可以作为农药，使用它们可以减少化肥、农药带来的温室气体排放，实现高固碳、低消耗、低污染和低排放的作用。

（5）少耕免耕水土保持技术

土壤中蕴藏着大量的碳，在农用地利用过程中，土壤中大量的碳会释放到大气层，从而加重温室效应。少耕免耕栽培是一种不翻动表土，直接在茬地上播种的耕作制度，是将少耕免耕、秸秆还田和机播、机收等技术综合在一起的配套技术体系。发展土地少耕免耕技术，可以减少使用农业机械设备，节省柴油并减少机耕费用，从而减少化石燃料消耗，节约农业生产成本和能源消耗；也可以抑制风力侵蚀和水土流失，减少土壤水分蒸发，提高耕地蓄水保水能力，减少土壤碳排放和固碳的作用，同时也减少了化肥的使用。但是，此项技术仅适用于长期保持可持续耕作的耕地上，对于长期、过量且单一使用化肥的农用地，土壤质地差、土壤板结，不宜采用此技术。结合西北地区的实际情况，可以在新疆、甘肃和陕西等部分省（自治区）实施少耕免耕水土保持技术，减少翻耕带来的温室气体的排放。

（6）病虫害低碳防空技术

西北地区由于干旱的特征，病虫害较湿润地区发生的概率要少，但是农药使用量也出现上升的趋势。在农用地使用过程中，当地政府也应积极采取绿色防空技术和专业化统防统制技术，主要包括农业及物理措施、保护利用天敌、选用生物农药和高效低毒化学农药等方法，来有效控制作物发生病虫害，从而减少农药的使用量，达到减少农用地面源污染、降低农用地碳排放的目的。

8.3.4.2　建设用地低碳利用技术

（1）碳捕捉及封存技术

碳捕捉技术，碳捕捉是一种将 CO_2 从生产排放物中分离出来的技术手段，采取专业储存 CO_2 的方法将 CO_2 封闭到与大气隔绝的地方，如海底、地下等。碳捕获分为以下三个步骤：一是捕获。首先要区分 CO_2 和其他物质，将 CO_2 从各种生产中独立出来，其次压缩其体积集中收集。通常的做法是通过燃烧捕获 CO_2，其中有燃烧前捕获和燃烧后捕获之分，也有在氧气充足的状态下燃烧捕获。二是运输。CO_2 在集中收集之后，必须要与外界隔绝，人们一般是通过管道运输到地下或者通过船只将其埋藏在海底。三是封存。封存 CO_2 需要采用专门的技术，在充分了解其性质和存储条件后，我们可以利用特殊的地质、海水的特性或者特殊的化学方法将其封存。

（2）清洁能源转化技术

化石能源是建设用地上主要的碳排放源，也是碳排放量最大的能源。降低化石能源的消耗和提高清洁能源的使用，是降低建设用地碳排放的关键。因此，清洁能源转化技术的运用显得尤为重要。西北地区丰富的太阳能、风能资源使得开发清洁能源实现能源结构升级成为可能，特别是新疆、甘肃太阳能资源尤为丰裕。在可持续发展的基础上，当地政府应积极加大对这些能源的开发力度，改变西北地区经济发展高度依赖化石能源的局面。

（3）建筑节能设计技术

建筑节能是关系到我国建设低碳经济、完成节能减排目标、保持经济可持续发展的重要环节之一。近年来，西北地区人口增长速度快、城市化进程不断推进，在今后的发展过程中，当地政府应注重建筑节能设计技术的应用，注重节能建筑材料的开发，降低建筑在选址、建设和使用过程中的资源耗损。

（4）交通和运输低碳技术

近年来，西北地区交通基础设施不断完善，运输行业焕发着生机。但是就其发展方式来说，仍然属于过度依赖于土地、资源、劳动力等要素的粗放型发展方式。同时，其对环境造成较大的污染，使交通运输的全要素生产率较低，当地政府必须下大力气改变这种状况，加快构建低碳交通体系，循序渐进运用交通和运输低碳技术，降低交通运输用地的碳排放。

（5）废弃物清洁处理技术

目前，西北地区废弃物处理方式较为传统，尽管初始成本很低，但处理过程中产生了大量 CH_4 和 N_2O 等温室气体。我国可以引进发达国家或地区较为新型的废弃物清洁处理技术，如在固体废弃物填埋过程中，使用采集和利用 CH_4 技术，用于发电，这样既减少了温室气体排放又能增加清洁能源。固体废弃物焚烧过程中可采用流化床燃烧技术、气化和高温分解技术，废水处理过程中可采用厌氧发酵技术、去湿氧化技术。

8.3.5　强化碳排放权交易市场功能

8.3.5.1　尝试建立碳税征收机制

纵观发达国家实行的碳税政策，碳税在改善环境、减缓温室效应与全球变暖中扮演着重要角色。近年来，我国工业得到快速发展，CO_2 等温室气体的排放量也迅速增加，成为环境治理的一大难题。因此，我国根据实际情况将碳税政策作为降排减排的工具有一定的意义。碳税作为碳减排的有效工具，主要是通过两大机制来实现其目的：一是价格机制。碳税会增加能源使用的价格，从某种程度上讲，企业为了降低生产成本，一般会调整其产业结构或者采用相应的措施减少碳排放，从而达到盈利的目的。二是通过征税向中低收入人群进行再分配，实现消费模式转变和公平性提升。西北地区也可以尝试建立碳税征收机制，即在建设用地利用过程中征收碳税，以建设用地利用碳减排的边际成本作为碳税征收的初始基准。

8.3.5.2　尝试建立碳金融信贷机制

为了适应土地低碳利用的要求，当地政府应当建立市场机制与政府导向相结合的碳金融支持体系。财政部门在碳减排方面要采取相应的措施，助力降排减排，即给予节能减排项目一定的优惠，加大对节能减排相关项目的支持力度，通过降息、补贴等优惠政策为碳减排营造一个稳定的环境；积极宣传相关的保险项目，为降排减排项目的实施保驾护航，降低其实施风险；设立专门的低碳经济保险，为采用新型低碳技术的企业消除后顾之忧；发展低碳金融制度，增加对新型低碳技术、低碳农产品、低碳基础设施的贷款支出，为符合条件的低碳技术研发、低碳项目，为企业和机构提供优惠贷款；对高碳产业项目进行贷款限制。

8.3.5.3 积极参与碳排放权市场交易

参与清洁发展机制为我国企业带来了自愿减排项目开发机遇，也为我国用市场工具实施温室气体减排提供了经验。清洁发展机制参与主要有两方面的积极作用：一是对我国低碳经济发展的推动作用；二是对碳排放权交易市场制度建设的推进作用。西北地区发展清洁发展机制项目的成本要低于东部沿海发达省份，自从 2002 年我国政府批准了《京都议定书》，便积极推动了国内减排企业参与清洁发展机制。西北五省（自治区）积极响应国家政策，参与并推动清洁发展机制项目，实现节能减排，清洁发展机制项目在"十一五"与"十二五"期间得到了快速发展。西北地区清洁发展机制的发展还需要开拓新领域，丰富其减排类型，积极与其他经济发达的国家合作开发清洁发展机制，组建专业队伍，加强对清洁发展机制的技术学习和宣传，建立合作机制，加强与内地交流合作。

8.3.6 完善低碳土地利用法律法规

8.3.6.1 建立土地低碳利用法律法规监督体系

法律是促进节能减排、提高土地利用效率的有效途径，土地低碳利用规划的执行、土地低碳技术的运用、碳排放权交易市场功能的体现，需要政府发挥好立法保障者的角色，利用法律的强制性来约束土地利用开发者的生产经营及生活行为，避免因单纯追求经济发展而牺牲环境的情况，为低碳经济的发展提供法律基础和保障。我国应尽快制定土地低碳利用法律法规监督体系，制定各行各业节能减排的法律法规和地方标准，成立相应的监督部门。

8.3.6.2　健全土地低碳利用用途管制制度

转变土地用途管制制度的功能，从碳减排和效率提升的层面出发，根据土地碳排放和碳吸收的特征，针对土地低碳利用主体功能区规划，提高碳排放的相关指标标准，结合相应的土地利用规划、产业规划和社会经济规划，严格审批高排放的建设用地，尤其是对工矿用地加以严格的限制。要实现这一目标，我国政府必须严格把关，做好工矿产业项目的审批工作，提高进入门槛，抑制高排放地类的用地需求，对低碳产业用地提供相对宽松的供地政策，稳定、提高低碳土地利用地类。

8.3.6.3　建立土地低碳利用生态补偿制度

生态补偿机制就是通过一定的政策手段将生态保护外部性内部化，让生态保护成果的受益者支付相应的成本。对于土地利用过程中实施清洁生产、真正实现减排和发挥碳汇功能的低碳行为，当地政府应当进行合理的生态经济补偿，使其达到全社会的平均利润。可以考虑从不同土地利用地类开展，也可以考虑从减排和增汇两个方面开展。因此，当地政府应结合低碳经济发展和土地低碳利用要求，出台并推行土地低碳利用生态补偿制度，激励农户积极使用有机肥、生物农药、生物农膜、滴灌和粪便沼气等低碳农业生产技术，激励企业家使用风能、太阳能，鼓励居民购买使用低碳商品，对于这些碳减排行为进行相应的补贴；对碳汇林的土地所有者采取货币形式的补偿，属于生产建设用地对生态用地的补偿。

8.3.6.4　尽快制定绿色 GDP 考核制度

目前，政绩考核多以 GDP 等经济硬性指标为考核项目，忽视了环境成本，我国必须改革政绩考核指标体系，建立一套兼顾经济增长与节能减排的新的绩效考核指标体系，推行绿色GDP 考核制度。具体可从以下两个方面进行操作：第一，年底将国家赋予各地区节能减排的任务目标与地区实际的节能减排实现情况做比较，对于未完成的地区应给予一些惩罚措施，对于完成较好的地区给予政策奖励。第二，实现绿色 GDP 核算，将经济活动中所付出的资源耗损成本和环境损失成本从实际GDP 中扣除，有效控制个别地方政府因过分强调政绩而不顾生态环境效益、一味追求短期利益的行为，有利于促进低碳经济发展。

8.4　本章小结

本章分析了提升土地利用碳排放效率的原则、思路和具体措施。提升土地利用碳排放效率要遵循节约高效性、优质环保性和现代集约性的原则，按照土地规模调控、结构调控和强度调控的思路，从制订土地低碳利用规划、调整土地利用结构、优化要素资源配置、推广土地低碳利用技术、强化碳排放权市场交易功能、完善土地低碳利用法律法规等几个方面来提升。

9 结论及展望

9.1 研究结论

第一，本书构建了土地利用碳排放核算体系，估算了西北地区土地利用碳排放量，分析了土地利用碳排放量的时空变化特征。研究发现，西北地区土地利用碳排放量时空分异显著，主要表现在：①碳排放总量持续上升，增长速度快。建设用地是主要碳排放地类，碳排放量逐年上升，且其增长速度远远大于农用地；而农用地对碳排放的贡献率较小，碳排放量变化幅度不是很大。②耕地是农用地碳排放的第一大来源，其碳排放量呈现出倒"N"形变化特征；牧草地是农用地碳排放的第二大来源，其碳排放量呈现出"U"形变化特征；园地和林地占农用地碳排放量的比重很小。③工矿用地是建设用地碳排放的主要贡献地类，其碳排放量经历了"快速增长—缓慢增长"两个变化阶段；公共管理与公共服务用地对建设用地碳排放量的贡献率位居第二，其碳排放量经历了"缓慢增长—波动快速增长"两个变化阶段；商服用地、交通用地和居住用地占建设用地碳排放量的比重较小，商服用地和居住用地碳排放量经历了"下降—上升"两个变化阶段，交通用地碳排放量呈直线上升态势。④西北五省（自治区）农用地碳排放结构具有相似性，其中陕西、甘肃、宁夏和新疆农用地碳排放的主要来源是耕地，青海农用地碳排放的主要来源是牧草地。但各省（自治区）农用地碳排放量变化特征各不相同，陕西呈波动下降趋势；甘肃波动幅度较大，总体呈上升趋势；青海呈"M"形的波动变化趋势；宁夏波动变化特征明显，但变化幅度不大；新疆经历了"上升—下降—徘徊—上升"四个变化阶段。⑤西北五省（自治区）建设用地碳排放结构具有趋同性。陕西、甘肃、宁夏和新疆建设用地碳排放的主要来源是工矿用地碳排放，而青海建设用地碳排放的主要贡献地类是公共管理及公共服务用地。西北五省（自治区）建设用地碳排放量均呈上升趋势，但增长幅度和速度各不相同，其中青海和新疆的增长速度高于其他三省（自治区）。⑥经济发展较好、资源丰富、人口规模大的省（自治区）的土地利用碳排放量较大。碳排放总量由大到小依次为陕西、新疆、甘肃、青海和宁夏；农用地碳排放量由大到小依次为新疆、甘肃、陕西、青海和宁夏；建设用地碳排放量由大到小依次为陕西、新疆、甘肃、宁夏和青海。

第二，本书总结梳理了碳排放效率的测算方法，从单要素和全要素两个方面测算西北地区土地利用碳排放效率，并分析了土地利用碳排放效率的时空特征。研究发现：①从单要素碳排放效率来看，西北五省（自治区）农用地能源、资金、水资源投入的碳排放量下降趋势显著；土地资源和劳动力资源投入的碳排放量变化幅度不大，略有上升；经济产出碳排放量下降趋势明显。西北五省（自治区）建设用地能源、土地资源和水资源投入碳排放量呈上升趋势；资金投入和经济产出碳排放量下降趋势明显；劳动力投入碳排放量呈先上升后下降的变化特征。②从全要素碳排放效率来看，西北五省（自治区）农用地全要素碳排放效率呈现出波动下降趋势。其中，陕西农用地全要素碳排放效率呈逐年上升趋势；甘肃农用地全要素碳排放效率呈先下降后上升的趋势；青海农用地全要素碳排放效率呈下降的趋势，但下降幅度不大；宁夏农用地全要素碳排放效率呈逐年下降的趋势；新疆农用地全要素碳排放效率总体表现出"下降—上升—下降"的倒"N"形变化趋势。西北五省（自治区）农用地全要素碳排放效率历年平均值大小的关系为"陕西>宁夏>新疆>青海>甘肃"。西北五省（自治区）建设用地全要素碳排放效率先下降后上升，整体呈波动上升趋势。其中，陕西建设用地全要素碳排放效率波动变化特征显著，呈现出倒"W"形的"上升—下降—上升—下降"的变动趋势；甘肃建设用地全要素碳排放效率呈缓慢上升趋势；青海、宁夏建设用地全要素碳排放效率经历了先上升后下降两个阶段；新疆建设用地全要素碳排放综合效率下降趋势明显。西北五省（自治区）建设用地全要素碳排放效率历年平均值大小的关系为"陕西>宁夏>新疆>青海>甘肃"。

第三，本书首先从"追赶效应""锁定效应""竞争效应"和"梯度效应"四个方面对土地利用碳排放效率收敛性进行理论阐述，其次检验土地利用碳排放效率的 σ 收敛性、绝对 β 收敛性、条件 β 收敛性和随机收敛性。研究发现：①土地利用碳排放效率在某些时段存在 σ 收敛，但整体上看，农用地和建设用地均不存在 σ 收敛。②农用地碳排放效率不存在绝对 β 收敛，内部差距正逐步扩大，但存在条件 β 收敛；建设用地碳排放效率不存在绝对 β 收敛，内部差距正逐步扩大，但存在条件 β 收敛。③西北地区农用地碳排放效率存在随机收敛，建设用地碳排放效率不存在随机收敛。

第四，本书针对影响土地利用碳排放效率的因素进行了理论与实证分析。研究发现：①对于农用地而言，经济发展水平、经济结构、自然灾害、政府干预与农用地碳排放效率呈现出负相关关系，技术创新、人力资金与农用地碳排放效率呈现出正相关关系，而对外开放程度、人口规模、金融发展对农用地碳排放效率的影响不显著。整体而言，经济发展水平与农用地碳排放效率之间存在"U"形曲线关系，同时西北五省（自治区）也存在这样的"U"形曲线关系。其中，陕西、新疆农用地碳排放效率位于"U"形曲线的右半部分，甘肃、青海和宁夏农用地碳排放效率位于"U"形曲线的左半部分。②对于建设用地而言，经济发展水平、经济结构、人口规模、金融发展和外商投资不利于建设用地碳排放效率的提升，技术创新、人力资金和政府干预有利于建设用地碳排放效率的提升，而对外贸易对于建设用地碳排放效率的影响不显著。整体而言，经济发展水平与建设用地碳排放效率之间存在"U"形曲线关系，但并不是西北的每个省（自治区）都存在这样的"U"形曲线关系。其中，甘肃和新疆建设用地碳排放效率位于"U"形曲线的右半部分；青海和宁夏经济发展水平与建设用地碳排放效率不存在"U"形曲线关系，而是存在较为明显的倒"U"形曲线关系；陕西经济发展水平与建设用地碳排放效率之间不存在"U"形曲线关系和倒"U"形曲线关系。

第五，提升土地利用碳排放效率要遵循节约高效性、优质环保性、现代集约性的原则，本书按照土地规模调控、结构调控和强度调控的思路，从制订土地低碳利用规划、调整土地利用结构、优化要素资源配置、推广土地低碳利用技术、强化碳排放权市场交易功能和完善土地低碳利用法律法规等几个方面来提升土地利用碳排放效率。

9.2　研究展望

　　本书从土地利用视角对碳排放效率进行相关探索研究，也得到了一些有用的启示，但受统计资料、研究方法和研究时间的限制，本书还存在一些不足之处，该研究领域还有很多问题值得继续深入探究。

　　第一，目前，详细、全面的土地利用碳排放核算清单的研究成果较少，本书尝试将碳排放源按照不同土地利用类型进行分类，但由于统计口径以及一些碳排放源界限不清晰的原因，致使构建的土地利用碳排放核算清单并未完全涵盖所有的土地利用类型和所有的碳排放源。今后，相关部门在进行土地低碳利用规划时，可以尝试对不同土地利用类型上的碳排放源进行统计分类，有利于构建完整、系统、全面的土地利用碳排放核算体系，为土地利用碳减排提供决策支持。

　　第二，本书对于土地利用碳排放源的碳排放系数多采用或借鉴已经广泛运用的系数，虽然在选择碳排放系数时考虑了西北地区的特殊性，但是难免也存在误差。由于学科限制、时间限制和作者学术水平有限，如需要通过实验来测算碳排放系数的难度较大。

参考文献

王少彬，1994. 中国大气中氧化亚氮浓度及土壤排放通量的测定 [J]. 中国科学中国科学（B 辑 化学 生命科学 地学），(12)：1275-1280.

黄国宏，等，1995. 东北典型旱作农田 N_2O 和 CH_4 排放通量研究 [J]. 应用生态学报 (4)：383-386.

于克伟，等，1995. 几种旱地农作物在农田 N_2O 释放中的作用及环境因素的影响 [J]. 应用生态学报 (4)：387-391.

王朝辉，2002. 边际生产力理论质疑 [J]. 广西社会科学 (6)：67-68.

谭立红，2003. 功、功率和机械效率 [J]. 中学课程辅导（初二版）(Z1)：86.

王智平，胡春胜，杨居荣，2003. 无机氮对土壤甲烷氧化作用的影响 [J]. 应用生态学报 (2)：305-309.

周国梅，彭昊，曹凤中，2003. 循环经济和工业生态效率指标体系 [J]. 城市环境与城市生态 (6)：201-203.

高鹏飞，陈文颖，何建坤，2004. 中国的二氧化碳边际减排成本 [J]. 清华大学学报（自然科学版）(9)：1192-1195.

钟杏云，2004. 公共物品和私人物品定义的深层思考 [J]. 技术经济与管理研究 (5)：96-98.

戴铁军，陆钟武，2005. 钢铁企业生态效率分析 [J]. 东北

大学学报 (12): 1168-1173.

诸大建, 邱寿丰, 2006. 生态效率是循环经济的合适测度 [J]. 中国人口·资源与环境 (5): 1-6.

李迎春, 林而达, 甄晓林, 2007. 农业温室气体清单方法研究最新进展 [J]. 地球科学进展 (10): 1076-1080.

马晓钰, 2007. 西北地区生态环境与经济发展失衡的原因分析 [J]. 生态经济 (学术版)(2): 353-355.

孙源远, 2008. 石化企业生态效率评价研究 [D]. 大连: 大连理工大学.

陈红敏, 2009. 包含工业生产过程碳排放的产业部门隐含碳研究 [J]. 中国人口·资源与环境, 19 (3): 25-30.

李国璋, 霍宗杰, 2009. 中国全要素能源效率、收敛性及其影响因素: 基于 1995—2006 年省际面板数据的实证分析 [J]. 经济评论 (6): 101-109.

刘生龙, 张捷, 2009. 空间经济视角下中国区域经济收敛性再检验: 基于 1985—2007 年省级数据的实证研究 [J]. 财经研究, 35 (12): 16-26.

曲如晓, 吴洁, 2009. 碳排放权交易的环境效应及对策研究 [J]. 北京师范大学学报 (社会科学版)(6): 127-134.

陈勇, 冯永忠, 杨改河, 2010. 农业非点源污染源的环境库兹涅茨曲线实证研究: 基于陕西省农业投入和废弃物排放的研究 [J]. 干旱地区农业研究 (3): 191-198.

崔立新, 梁艳, 2010. 全球碳市场的实践及其对我国的启示 [J]. 金融发展评论 (5): 113-119.

付国印, 2010. 碳足迹概述与服务模式 [J]. 家电科技 (6): 52-55.

耿涌, 等, 2010. 应对气候变化的碳足迹研究综述 [J]. 中国人口·资源与环境, 20 (10): 6-12.

潘文卿，2010. 中国区域经济差异与收敛 [J]. 中国社会科学 (1)：72-84，222-223.

邱炜红，等，2010. 不同施氮水平对菜地土壤 N2O 排放的影响 [J]. 农业环境科学学报，29 (11)：2238-2243.

王宁寰，2010. 节能减排：低碳经济的必由之路 [M]. 济南：山东教育出版社.

王微，等，2010. 碳足迹分析方法研究综述 [J]. 环境科学与技术，33 (7)：71-78.

魏楚，杜立民，沈满洪，2010. 中国能否实现节能减排目标：基于 DEA 方法的评价与模拟 [J]. 世界经济，33 (3)：141-160.

魏巍贤，杨芳，2010. 技术进步对中国二氧化碳排放的影响 [J]. 统计研究，27 (7)：36-44.

许广月，宋德勇，2010. 中国碳排放环境库兹涅茨曲线的实证研究：基于省域面板数据 [J]. 中国工业经济 (5)：37-47.

谢高地，2010. 全球气候变化与碳排放空间 [J]. 生态文化 (3)：6-11.

中共广东省委宣传部，广东省社会科学院，2010. 低碳发展知识读本 [M]. 广州：广东教育出版社.

赵爽，2010. 能源法律制度生态化研究 [M]. 北京：法律出版社.

蔡博峰，2011. 城市温室气体清单研究 [J]. 气候变化研究进展，7 (1)：23-28.

淦未宇，徐细雄，易娟，2011. 我国西部大开发战略实施效果的阶段性评价与改进对策 [J]. 经济地理 (1)：40-46.

简泽，2011. 企业间的生产率差异、资源再配置与制造业部门的生产率 [J]. 管理世界 (5)：11-23.

荆哲峰，2011. 中国碳排放权交易市场建设路径研究 [D].

呼和浩特：内蒙古大学.

陆亚琴, 2011. 外商直接投资的环境效应及其管理：基于我国工业废气排放指标的分析 [M]. 北京：经济科学出版社.

刘丙泉, 李雷鸣, 宋杰鲲, 2011. 中国区域生态效率测度与差异性分析 [J]. 技术经济与管理研究（10）：3-6.

吴文洁, 王小妮, 2011. 陕西碳排放与经济增长关系研究：基于"EKC"与"脱钩"理论 [J]. 西南石油大学学报（社会科学版）（6）：69-75, 6.

颜璐, 马惠兰, 2011. 塔河流域农户化肥施用行为影响因素分析：以温宿县实证调查为例 [J]. 新疆农业科学（6）：1152-1156.

周文波, 陈燕, 2011. 论我国碳排放权交易市场的现状、问题与对策 [J]. 江西财经大学学报（3）：12-17.

赵雲泰, 等, 2011. 1999—2007 年中国能源消费碳排放强度空间演变特征 [J]. 环境科学, 32（11）：3145-3152.

杜运苏, 张为付, 2012. 中国出口贸易隐含碳排放增长及其驱动因素研究 [J]. 国际贸易问题（3）：97-107.

李凯杰, 曲如晓, 2012. 碳排放交易体系初始排放权分配机制的研究进展 [J]. 经济学动动态（6）：130-138.

林永生, 王雪磊, 2012. 碳金融市场：理论基础、国际经验与中国实践 [J]. 河北经贸大学学报（1）：54-58, 64.

刘倩, 赵普生, 2012. 十五个主要碳排放国碳排放与经济增长实证分析与比较研究 [J]. 经济问题探索（2）：137-144.

牛文元, 2012. 中国可持续发展的理论与实践 [J]. 中国科学院院刊, 27（3）：280-289.

田云, 张俊飚, 李波, 2012. 中国农业碳排放研究：测算、时空比较及脱钩效应 [J]. 资源科学（11）：2097-2105.

王刚, 2012. 美国与欧盟的碳减排方案分析及中国的应对策略［J］. 地域研究与开发，31（4）：142-145，160.

姚云飞，梁巧梅，魏一鸣，2012. 国际能源价格波动对中国边际减排成本的影响：基于 CEEPA 模型的分析［J］. 中国软科学（2）：156-165.

周五七，聂鸣，2012. 中国工业碳排放效率的区域差异研究：基于非参数前沿的实证分析［J］. 数量经济技术经济研究，29（9）：58-70，161.

张维阳，段学军，2012. 经济增长、产业结构与碳排放相互关系研究进展［J］. 地理科学进展，31（4）：442-450.

陈黎明，黄伟，2013. 基于随机前沿的我国省域碳排放效率研究［J］. 统计与决策（9）：136-138.

黄林军，2013. 环境安全管理体系理论与实践［M］. 广州：暨南大学出版社.

吕丽汀，王龙，赵建莉，2013. 温室气体排放量化换算系数的研究［J］. 山东建筑大学学报，28（3）：244-249.

刘承智，2013. 水泥制造企业 CO_2 排放量核算方法的实证研究［J］. 邵阳学院学报（自然科学版），10（4）：54-59.

宋红印，2013. 基于 DEA 的中国节能减排视在潜力分析方法研究［D］. 杭州：浙江大学.

苏洋，马惠兰，颜璐，2013. 新疆农地利用碳排放时空差异及驱动机理研究［J］. 干旱区地理（6）：1162-1169.

田云，张俊飚，2013. 中国省级区域农业碳排放公平性研究［J］. 中国人口·资源与环境，23（11）：36-44.

王苒，2013. 环境库兹涅茨曲线理论框架下的碳排放问题研究［D］. 对外经济贸易大学.

谢守红，王利霞，邵珠龙，2013. 中国碳排放强度的行业差异与动因分析［J］. 环境科学研究，26（11）：1252-1258.

杨新吉勒图，刘多多，2013. 内蒙古碳排放核算的实证分析

[J]. 内蒙古大学学报（自然科学版），44（1）：26-35.

杨国梁，刘文斌，郑海军，2013. 数据包络分析方法（DEA）综述 [J]. 系统工程报，28（6）：840-860.

张前兵，2013. 干旱区不同管理措施下绿洲棉田土壤呼吸及碳平衡研究 [D]. 石河子：石河子大学.

黄景裕，2014. 鄱阳湖生态经济区农作物生产碳效率的时空变化 [J]. 中国生态农业学报，22（10）：1231-1239.

李金叶，杜晓宇，2014. 援疆背景下的新疆经济发展研究 [J]. 干旱区地理（6）：1264-1271.

李志学，张肖杰，董英宇，2014. 中国碳排放权交易市场运行状况、问题和对策研究 [J]. 生态环境学报，23（11）：1876-1882.

罗婷，2014. 农业产业活动碳排放计量及其方法学开发：案例研究 [D]. 南京：南京农业大学.

彭瑜，2014. 广西区农业发展与碳排放实证研究：基于农业经济与土地利用的数据 [J]. 经营管理者（17）：8-9.

陶静，2014. 寻租行为对社会福利的损失分析 [J]. 现代经济信息（4）：411-419.

武珊珊，任建兰，2014. 山东省对外贸易的碳排放效应研究 [J]. 鲁东大学学报（自然科学版）（4）：347-353.

吴贤荣，2014a. 中国省域农业碳排放：测算、效率变动及影响因素研究：基于 DEA Malmquist 指数分解方法与 Tobit 模型运用 [J]. 资源科学，361（1）：129-138.

吴贤荣，2014b. 中国省域低碳农业绩效评估及边际减排成本分析 [J]. 中国人口·资源与环境，24（10）：57-63.

颜廷武，等，2014. 中国农业碳排放拐点变动及时空分异研究 [J]. 中国人口·资源与环境（11）：1-8.

赵妍，2014. "丝绸之路经济带"战略构想与新疆发展

［J］．人民论坛（32）：218-220.

郑松华，2014. 基于随机前沿模型的中国西部地区碳排放效率评价研究［J］．金融发展研究（1）：14-18.

朱万里，郑周胜，2014. 城镇化水平、技术进步与碳排放关系的实证研究：以甘肃省为例［J］．财会研究（6）：72-75.

周鹏，周迅，周德群，2014. 二氧化碳减排成本研究述评［J］．管理评论，26（11）：20-27，47.

曹丽红，等，2015. 我国养猪业碳排放时空特征及因素分解研究［J］．科技管理研究（12）：224-228.

封永刚，2015. 面源污染、碳排放双重视角下中国耕地利用效率的时空分异［J］．中国人口·资源与环境，25（8）：18-25.

古南正皓，李世平，2015. 农业碳排放库兹涅茨曲线实证研究［J］．统计与决策（10）：95-98.

高鸣，宋洪远，2015. 中国农业碳排放绩效的空间收敛与分异：基于 Malmquist-luenberger 指数与空间计量的实证分析［J］．经济地理，35（4）：142-148，185.

何艳秋，倪方平，钟秋波，2015. 中国碳排放统计核算体系基本框架的构建［J］．统计与信息论坛，30（10）：30-36.

洪业应，向思洁，陈景信，2015. 重庆市人口规模、结构对碳排放影响的实证研究：基于 STIRPAT 模型的分析［J］．西北人口，36（3）：13-17.

胡宗义，唐李伟，苏静，2015. 省域碳排放强度的收敛性与动态演进［J］．资源科学，37（1）：142-151.

胡海春，吕林，2015. 我国碳排放权交易的法律制度研究：以建立环首都经济圈交易市场为例［J］．开发研究（2）：29-32.

路正南，王志诚，2015. 我国工业碳排放效率的行业差异及动态演进研究［J］．科技管理研究（6）：230-235.

罗杏玲，2015. 钢铁供应链碳排放测算与控制模式研究

［D］. 长沙：中南林业科技大学.

吕洁华，张滨，张景鸣，2015. 黑龙江省温室气体排放统计核算的基本内涵与现实意义［J］. 统计与咨询（1）：33-34.

李子豪，2015. 外商直接投资对中国碳排放的门槛效应研究［J］. 资源科学（1）：163-174.

马大来，陈仲常，王玲，2015. 中国省际碳排放效率的空间计量［J］. 中国人口·资源与环境，25（1）：67-77.

吴文洁，巩芯仪，2015. 碳排放约束下陕西省全要素能源效率研究［J］. 当代经济科学（2）：97-105，127-128.

王莉，等，2015. 1995—2011年我国城乡居民家庭碳排放的分析与比较［J］. 干旱区资源与环境（5）：6-11.

王惠，卞艺杰，2015. 农业生产效率、农业碳排放的动态演进与门槛特征［J］. 农业技术经济（6）：36-47.

余泳泽，2015. 中国省际全要素生产率动态空间收敛性研究［J］. 世界经济，38（10）：30-55.

伊科，2015. 生态效率理念、方法及其在区域尺度的应用［M］. 北京：经济科学出版社.

张金灿，仲伟周，2015. 基于随机前沿的我国省域碳排放效率和全要素生产率研究［J］. 软科学（6）：105-109.

张广海，刘菁，2015. 山东省旅游发展与经济增长、碳排放关联研究［J］. 山东工商学院学报（2）：32-37.

张雪花，张宏伟，张宝安，2015. "全碳效率"测度与生态经济评价［M］. 北京：中国环境出版社.

张子龙，等，2015. 中国工业环境效率及其空间差异的收敛性［J］. 中国人口·资源与环境，25（2）：30-38.

陈贻健，陈敬根，2016. 国际碳减排义务分担方案评析及完善［J］. 大连海事大学学报（社会科学版），15（6）：33-40.

高奉先，2016. 我国省域能源效率与节能减排潜力研究

［D］. 北京：华北电力大学.

冯杰，王涛，2016. 中国土地利用碳排放演变与影响因素分析［J］. 软科学（5）：87-90.

刘海霞，马立志，2016. 西北地区生态环境问题及其治理路径［J］. 实事求是（4）：50-54.

潘家华，2016. 碳排放交易体系的构建、挑战与市场拓展［J］. 中国人口·资源与环境，26（8）：1-5.

唐洪松，马惠兰，2016. 新疆不同土地利用类型的碳排放与碳吸收［J］. 干旱区研究（3）：486-492.

王文举，李峰，2016. 碳排放权初始分配制度的欧盟镜鉴与引申［J］. 改革（7）：65-76.

杨玉海，等，2016. 塔里木河干流土地利用/覆被变化对土壤有机碳储量的影响［J］. 中国环境科学（9）：2784-2790.

杨秀玉，2016. 中国农业碳排放的地区差异与收敛性分析［J］. 湖北农业科学，55（4）：1066-1072.

于海燕，2016. 碳排放约束下西部地区节能减排潜力评价［D］. 乌鲁木齐：新疆大学.

方行明，魏静，郭丽丽，2017. 可持续发展理论的反思与重构［J］. 经济学家（3）：24-31.

李强谊，钟水映，徐飞，2017. 中国旅游业二氧化碳排放的地区差异与收敛性研究［J］. 经济问题探索（8）：28-38.

王许亮，王恕立，2017. 服务业能源生产率变迁及收敛性分析：基于全球40个经济体细分行业数据的经验研究［J］. 数量经济技术经济研究，12（28）：1-18.

钟小剑，等，2017. 中国碳交易市场的特征、动力机制与趋势：基于国际经验比较［J］. 生态学报，37（1）：331-340.

AINGER D J, CHU S F, 1968. On estimating the industry production function［J］. The American Ecoomic，Revi-ew，58（4）：

826-839.

CHARNES A, COOPER W W, RHODES E, 1987. Measuring the efficiency of decision making units [J]. European Joural of Operational Research, 2: 429-444.

HAVLINJL, et al., 1990. Crop rotation and tillage effects on soil organic carbon and nitrogen. Soil Sci Soc A m J (54): 448-452.

D B NELSON, 1991. Conditional heteroscedasticity in assert returns: A new approach [J]. Econometric: Journal of the Econometric Society: 347-370.

LIU X Q, ANG B W, ONG H L, 1992. The application of the Divisia index to the decomposition of changes in industrial energy consumption [J]. Energy Journal, 13 (40): 161-177.

ANDERSEN P, PETERSEN N C, 1993. A Procedure for ranking efficient units in data envelopment Analysis [J]. Management Science, 39 (10): 1261-1264.

FARE R, et al., 1993. Derivation of shadow prices for undesirable outputs: a distance function oppoach [J]. The Review of Economics and Statistics, 75 (2): 374-380.

PARTON W J, et al., 1993. Observations and modeling of biomass and soil organic matter developed by the intergovernmental panel on climate change [J]. Environmental Management, 7 (4): 785-809.

J M ZAKOIAN, 1994. Threshold heteroscedastic models [J]. Journal of Economic Dynamics and control, 18 (5): 931-955.

GALOR O, 1996. "Convergence? Inference form Theoretical Models" [J]. The Economic Journal (106): 23-28.

WBCSD, 1996. Eco-efficiency : Leadership for Improved Economic and Environmental Performance [M]. Geneva: WBCSD.

ROBERTS J T, CRIMES P E, 1997. Carbon intensity and economic development 1962—1991: a brief exploration of the EKC [J]. World Development, 25 (2): 191-198.

Walker B, Will S, 1997. A Synthesis of GCTE and related reseach [J]. IGBP Science NO 1, Stockhol, Sweden (1): 1.

CRIQUI P, MIMA S, VIGUIER L, 1999. Marginal abatement costs of CO2 emission reductions, geograp-hical flexilbility And concrete ceilings: an assessment using the POLESmodel [J]. Energy Policy, 27 (10): 585-601.

FISCHER C, et al., 1999. Instrument Choice for Environmental Protection When Technological Innovation is Endogenous [C]. Resources For the Future Discussion Paper.

TOL R S, 1999. The marginal costs of greenhouse gas emissions [J]. The Energy Journal, 20 (1): 215-223.

BOUSQUET P, et al., 2000. Regional changes in carbon dioxide fluxes of land and ocea since [J]. Science (290): 1342-1346.

CAMPBELL C A, et al., 2000. Organic C Accumulation in Soil Over 30 Years in Semiarid South-western Sasktchewan Effect of Crop Rotations and Fertilizers [J]. Canadian Journal of Soil Science (80): 179-192.

SCHALTEGGER S, BURRITT R, 2000. Contemporary Environmental Accounting. Issues, Concepts and Practice [M]. New York: Greenleaf publishing.

FULLERTON D, METCALF GE, 2001. Environmental controls scarcity rents, and preexisting distortions [J]. Journal of Public Econnmics (8): 249.

MOSNAIM A, 2001. Estimating CO2 abatement and sequestration potentials for Chile [J]. EnergyPolicy, 29 (8): 631-640.

TONE K, 2001. A slack-based measure of efficiency in date envelopment analysis. European Journal of Operation Research (130): 498-509.

CRUTZEN P J, 2002. Geology of Man kind [J]. NATURE, 415 (3): 23.

COX P M, BETT S R A, JONES C D, 2002. Acceleration of global warming due to carbon cycle feedbacks in a coupled Climate mode [J]. NATURE, 145 (3): 23.

M FINUS, 2002. Game theory and international environmental cooperation: any practical application? [J]. Controlling Global Warming: Perspectives from Economics, Game Theory and Public Choice: 9-104.

RAMANATHAN R, 2002. Combining indicators of energy consumption and CO2 emissions: a cross country co-mparison [J]. International Journal of Global Energy Issue, 17 (3): 214-227.

WILLARD B, 2002. The Sustainability Advantage: Seven Business Case Benefits of A Triple Bottom Line [M]. Gabriola Island: New Society Publishers.

WEST T O, MARLAND G, 2002. A Synthesis of Carbon Sequestration, Carbone Missions, and Net Carbon Flux in Agriculture: Comparing TillagePractices in the United State [J]. Agriculture Ecosystems and Environment: 91.

CAO M K, et al., 2003. Interannual Variation in Terrestrial Ecosystem Carbon Fluxes in china from 1988 to 1998. Acta Botan Sin (45): 552-560.

GU H L, et al., 2003. Response of deciduous forest to the mount Pinatubo eruption: Enhanced photosynthesis [J]. Science,

229: 2035-2038.

PETER G, JEFFREY K, 2003. Exporting the greenhouse: foreign capitalpenetration and CO2emissions 1980—1996 [J]. Journal of World-Systems Research (2): 261-275.

TOLMASQUIM M T, MACHADO G, 2003. Energy and carbon embodiedin the international trade of Brazil [J]. Mitigation and Adaptation Strategies for Global Change, 8 (2): 139.

BRANNLUND R, NORMANCE J, 2004. Carbon tax simulation using a household demand model [J]. European Economic Review, 48 (1): 211-233.

GREENING L A, 2004. Effects of human behavior on aggregate carbon intensity of personal Transportation: comparison of 10 OECD countries for the period 1970—1993 [J]. Energy Economics, 26 (1): 1-30.

LAL R, 2004. Carbon emission from farm operations [J]. Environment Internationl, 307 (7): 981-990.

NOWAK P, 2004. S1 Functional responses of plant to elevated atmospheric CO2 do photosynt hetic and productivity data from FACE experiments support early predictions? [J]. New Phytologist (162): 253-280.

HELLWEG S, DOKA G, GORAN F, 2005. Assessing the eco-efficiency of end-of-pipe technologies with the environmental cost eco-efficiency indicator: a case study of solid saste management [J]. Journal of Industrial Ecology, 9 (4): 189-203.

JOHNSON JMF, 2007. Agricultural opportunities to mintage greenhouse gas emissions [J]. Environmental Poll-tion, 150 (6): 107-124.

LIU L C, et al., 2007. Using LMDI method to abalyze the

change of China indstury CO2 emission from final fuel use: An empirical analysis [J]. Energy Policy, 35 (11): 5892-5900.

PALTSEV S, et al., 2007. Assessment of US. Cap-and- Trade ProSales [R]. NBDR Working Paper: 1376.

GOMIERO T, PAOLETTI M G, PIMENTL D, 2008. Energy and environmental issues in organic and conventional agriculture [J]. Critical Reviews in Plant Sciences, 27 (4): 239-254.

ANG B J, 2009. CO2 emissions, research and technology transfer in China [J]. Ecological Economics, 68 (10): 258-265.

DRUCKMAN A, JACKSON T, 2009. The carbon footprint of UK households 1990—2004; a social economically disaggregated, quasimutiiegional in put output model [J]. Ecological econo-mics, 68 (7): 2066-2077.

HERTWICH G, PETRS G P, 2009. Carbon footprint of nations: Aglobal, trade linked analysis [J] Environmental science and technology, 7 (2): 107-118.

LARSEN H N, HERTWICH E G, 2009. The case for consumption based accounting of greenhouse Gasemissions to promote local climate action [J]. Environmental Science and Policy, 12 (7): 791-798.

PANOPOULOU E, PANTELIDIS T, 2009. "Clud Convergence in Carbon Dioxide Emissions" [J]. Enviroment and Reso-urce (1): 44.

RADOSLAW L S, 2009. Essays on structural transformation in International economics [D]. Minnesota: the University of Minnesota.

ZHANG M, MU H, NING Y, 2009. Accounting for energy-related CO2 emission in china, 1991—2006 [J]. Ecolog Econnmics, 37 (3): 767-773.

B. Srensen, 2010. Greenhouse Warming Research [D]. Reference Module in Earth Systems and Environmental Sciences.

LOCKWOOD B, WHALLEY J, 2010. Carbon-motivated Boeder Tax Adjustments: Old Wine in Green Bottles? [J]. The World Economy, 33 (6): 810-819.

KESICKI F, EKINS P, 2012. Marginal abatement cost curves: a call for caution [J]. Climate Policy, 12 (2): 219-236.

MORRIS J, PALTSEV S, REILLY J, 2012. Marginal abatement costs and marginal welfare costs for greenhouse gas Emissions: results from the EPPA model [J]. Environmental Modeling and Assessment, 17 (4): 325-336.

RISTO HERRALA, RAJEEV K, 2012. Global CO2 efficiency: Country-wise estimates using a stochastic cost frontier [J]. Energy Policy (45): 762-770.

TAKASHI HOMMA, KEIGO AKIMOTO, TOSHIMASA TOMODA, 2012. Quantitative evaluation of time-series GHG emissions by sector and region using consumption-based accounting [J] Energy Policy (51): 816-827.

HUANG J, XIA J, 2013. "Regional Competition, Heterogeneous Factors and Pollution Intensity in china: A Spatial Econometric Analysis" [J]. Sustainability (5): 47.

JON MCKECHNIE, STEVE COLOMBO, HEATHER L, 2014. MacLean. Forest carbon accounting methods and the consequences of forest bioenergy for national greenhouse gas emissions inventories [J]. Environmental Science & Policy (44): 164-173.

BRANTLEY LIDDLE, 2015. What are the carbon emissions elasticities for income and population? Bridging STIRPAT and EKC via robust heterogeneous panel estimates [J]. Global Environmental

Change (31): 62-73.

ZHONGFEI CHEN, CARLOS PESTANA BARROS, MARIA ROSA BORGES, 2015. A Bayesian stochastic frontier analysis of Chinese fossil-fuel electricity generation companies [J]. Energy Policy (84): 142-154.

EVANS P, KIM J U, 2016. "Convergence Analysis as Spatial Dynamic Panel Rerression and Distriution Dyna-mic of CO2 Emissions in Asian Countries" [J]. Empirical Economics (3): 50.

GARETH BRYANT, 2016. Creating a level playing field? The concentration and centralization of emissions in the European Union E-missions Trading System [J]. Energy Policy (99): 308-318.

YONG ZHA, LINLIN ZHAO, YIWEN BIAN, 2016. Measuring regional efficiency of energy and carbon dioxide emissions in China: A chance constrained DEA approach [J]. Computers & Operations Research (66): 351-361.

HUSSAIN ALI BEKHET, ALI MATAR, TAHIRA YASMIN, 2017. CO2 emissions, energy consumption, economic growth, and financial development in GCC countries: Dynamic simultaneous equation models [J]. Renewable and Sustainable Energy Reviews (70): 117-132.

NICHOLAS APERGIS, CHRISTINA CHRISTOU, RANGAN GUPTA, 2017. Are there Environmental Kuznets Curve for US state-level CO2 emissions? [J]. Renewable and Sustainable Energy Reviews (69): 551-558.

NAJID AHMAD, et al., 2017. Muhammad Zaffar Hashmi. Modelling the CO2 emissions and economic growth in Croatia: Is there any environmental Kuznets curve? [J]. Energy, 123 (15): 164-172.

附录

附表 1　2005—2015 年西北五省（自治区）土地利用碳排放量

年份	农用地/万吨	比重/%	建设用地/万吨	比重/%	土地/万吨
2005	4 850.97	27.51	12 782.52	72.49	17 633.49
2006	4 862.16	25.40	14 283.96	74.60	19 146.12
2007	4 750.08	24.00	15 044.07	76.00	19 794.15
2008	4 997.81	22.67	17 049.75	77.33	22 047.56
2009	4 604.09	19.80	18 648.56	80.20	23 252.65
2010	4 899.43	17.69	22 800.88	82.31	27 700.31
2011	4 648.03	15.80	24 775.31	84.20	29 423.34
2012	4 759.79	13.86	29 574.26	86.14	34 334.05
2013	4 888.03	13.70	30 787.58	86.30	35 675.61
2014	4 821.70	13.18	31 756.29	86.82	36 577.99
2015	4 887.65	13.19	32 161.42	86.81	37 049.07
年均增速/%	0.07	—	9.67	—	7.71

附表 2　2005—2015 年西北五省（自治区）农用地碳排放量

年份	耕地/万吨	比重/%	园地/万吨	比重/%	牧草地/万吨	比重/%	林地/万吨	比重/%	总计/万吨
2005	2 610.88	53.82	57.93	1.19	2 111.82	43.53	70.34	1.45	4 850.97
2006	2 599.27	53.46	62.57	1.29	2 119.21	43.59	81.11	1.67	4 862.16
2007	2 559.54	53.88	69.40	1.46	2 015.44	42.43	105.70	2.23	4 750.08
2008	2 624.23	52.51	76.43	1.53	1 867.08	37.36	430.07	8.61	4 997.81
2009	2 652.29	57.61	85.85	1.86	1 783.86	38.75	82.09	1.78	4 604.09
2010	2 639.24	53.87	93.37	1.91	1 789.46	36.52	377.36	7.70	4 899.43
2011	2 684.87	57.76	103.03	2.22	1 779.75	38.29	80.38	1.73	4 648.03
2012	2 728.35	57.32	114.62	2.41	1 820.02	38.24	96.80	2.03	4 759.79
2013	2 678.95	54.81	124.41	2.55	1 892.10	38.71	192.57	3.94	4 888.03
2014	2 611.57	54.16	131.84	2.73	1 963.69	40.73	114.60	2.38	4 821.70
2015	2 584.26	52.87	142.03	2.91	2 041.59	41.77	119.77	2.45	4 887.65
增速/%	-0.10	—	9.38	—	-0.34	—	5.47	—	0.07

附表 3　2005—2015 年西北五省（自治区）建设用地碳排放量

年份	工矿用地/万吨	比重/%	商服用地/万吨	比重/%	交通用地/万吨	比重/%	居住用地/万吨	比重/%	公共管理与公共服务用地/万吨	比重/%	总计/万吨
2005	6 751.99	52.82	390.47	3.05	1 231.10	9.63	1 050.88	8.22	3 358.08	26.27	12 782.52
2006	7 937.31	55.57	408.80	2.86	1 363.39	9.54	917.53	6.42	3 656.91	25.60	14 283.96
2007	8 569.23	56.96	338.35	2.25	1 497.69	9.96	748.55	4.98	3 890.25	25.86	15 044.07
2008	9 912.57	58.14	288.33	1.69	1 693.42	9.93	802.94	4.71	4 352.48	25.53	17 049.75
2009	11 391.71	61.09	264.05	1.42	1 826.62	9.79	935.20	5.01	4 230.98	22.69	18 648.56
2010	12 495.20	54.80	287.99	1.26	2 006.91	8.80	1 084.04	4.75	6 926.75	30.38	22 800.88
2011	14 417.68	58.19	296.93	1.20	2 149.06	8.67	1 014.46	4.09	6 897.18	27.84	24 775.31
2012	16 471.65	55.70	294.84	1.00	2 299.26	7.77	1 142.13	3.86	9 366.39	31.67	29 574.26
2013	17 073.01	55.45	331.00	1.08	2 368.24	7.69	1 131.92	3.68	9 883.40	32.10	30 787.58
2014	17 696.29	55.73	320.97	1.01	2 462.72	7.76	1 142.29	3.60	10 134.01	31.91	31 756.29
2015	17 506.55	54.43	344.53	1.07	2 542.95	7.91	1 183.56	3.68	10 583.83	32.91	32 161.42
增速/%	10.00	—	-1.24	—	7.52	—	1.20	—	12.16	—	9.67%

附表 4 西北地区农用地碳排放效率的平均值

年份	综合效率	纯技术效率	规模效率
2005	1.515 4	1.991 0	0.761 0
2006	1.537 3	2.028 1	0.758 0
2007	1.509 7	1.992 3	0.757 7
2008	1.389 8	1.800 8	0.771 7
2009	1.414 2	1.847 2	0.765 5
2010	1.333 7	1.739 6	0.766 6
2011	1.359 1	1.779 8	0.763 6
2012	1.318 2	1.718 6	0.766 9
2013	1.301 5	1.682 9	0.773 6
2014	1.414 7	1.868 2	0.757 2
2015	1.376 9	1.809 0	0.761 1

附表 5 陕西农用地碳排放效率

年份	综合效率	纯技术效率	规模效率	规模报酬
2005	1.641 7	1.667 3	0.984 6	Increasing
2006	1.647 1	1.653 9	0.995 9	Increasing
2007	1.647 2	1.648 5	0.999 2	Decreasing
2008	1.649 7	1.652	0.998 6	Decreasing
2009	1.647 7	1.653 9	0.996 3	Decreasing
2010	1.663 7	1.667 1	0.997 9	Decreasing
2011	1.645 5	1.659 2	0.991 8	Decreasing
2012	1.675 9	1.687 4	0.993 2	Decreasing
2013	1.684 2	1.693	0.994 8	Decreasing

年份	综合效率	纯技术效率	规模效率	规模报酬
2014	1.685 1	1.697 7	0.992 6	Decreasing
2015	1.681 1	1.693 9	0.992 5	Decreasing
均值	1.660 8	1.670 4	0.994 3	
涨幅/%	0.24	0.16	0.08	

附表 6　甘肃农用地碳排放效率

年份	综合效率	纯技术效率	规模效率	规模报酬
2005	0.428 9	0.468 1	0.916 2	Increasing
2006	0.420 2	0.462 5	0.908 5	Increasing
2007	0.380 3	0.420 8	0.903 9	Increasing
2008	0.343 4	0.394 8	0.869 8	Increasing
2009	0.353 2	0.399 8	0.883 5	Increasing
2010	0.332 1	0.384 0	0.864 7	Increasing
2011	0.306 8	0.364 5	0.841 8	Increasing
2012	0.299 9	0.354 4	0.846 4	Increasing
2013	0.326 7	0.384 2	0.850 2	Increasing
2014	0.321 2	0.373 1	0.861 0	Increasing
2015	0.330 1	0.380 9	0.866 8	Increasing
均值	0.349 3	0.398 8	0.873 9	
涨幅/%	−2.58	−2.04	−0.55	

附表7　青海农用地碳排放效率

年份	综合效率	纯技术效率	规模效率	规模报酬
2005	1.117 2	1.842 2	0.606 4	Increasing
2006	1.093 1	1.784 1	0.612 7	Increasing
2007	1.081 8	1.722 5	0.628	Increasing
2008	1.093 2	1.647 9	0.663 4	Increasing
2009	1.006 5	1.574 1	0.639 4	Increasing
2010	0.942 4	1.415 3	0.665 9	Increasing
2011	1.012 9	1.444 6	0.701 1	Increasing
2012	1.014 4	1.448 9	0.700 1	Increasing
2013	1.034 4	1.456 2	0.710 4	Increasing
2014	1.016 7	1.482 5	0.685 8	Increasing
2015	1.016 5	1.509 0	0.673 6	Increasing
均值	1.039 0	1.575 2	0.662 4	
涨幅/%	-0.94	-1.98	1.06	

附表8　新疆农用地碳排放效率

年份	综合效率	纯技术效率	规模效率	规模报酬
2005	1.278 4	1.350 7	0.946 5	Decreasing
2006	1.239 2	1.307 2	0.948 0	Decreasing
2007	1.209 5	1.283 3	0.942 5	Decreasing
2008	1.154	1.196 2	0.964 7	Decreasing
2009	1.197 7	1.197 7	1	Increasing
2010	1.233 0	1.251 8	0.985 0	Decreasing
2011	1.248 9	1.255 5	0.994 7	Increasing

年份	综合效率	纯技术效率	规模效率	规模报酬
2012	1. 142 4	1. 142 6	0. 999 8	Increasing
2013	1. 104 9	1. 104 9	0. 999 9	Increasing
2014	1. 103 8	1. 104	0. 999 8	Decreasing
2015	1. 142 0	1. 142 1	0. 999 9	Increasing
均值	1. 186 7	1. 212 3	0. 980 0	
涨幅/%	−1. 13	−1. 66	0. 55	

附表9 西北地区建设用地平均值

年份	综合效率	纯技术效率	规模效率
2005	1. 272 1	1. 859 7	0. 684 0
2006	1. 283 1	1. 793 9	0. 715 2
2007	1. 298 1	1. 794 0	0. 723 5
2008	1. 280 5	1. 712 2	0. 747 8
2009	1. 229 1	1. 705 1	0. 720 8
2010	1. 221 2	1. 696 9	0. 719 6
2011	1. 354 3	1. 951 2	0. 694 1
2012	1. 426 5	2. 117 7	0. 673 6
2013	1. 451 2	2. 180 7	0. 665 4
2014	1. 487 3	2. 360 9	0. 629 9
2015	1. 520 9	2. 400 4	0. 633 6

附表 10 陕西建设用地碳排放效率

年份	综合效率	纯技术效率	规模效率	规模报酬
2005	1.038 8	1.349 8	0.769 6	Decreasing
2006	1.073 7	1.358 9	0.790 2	Decreasing
2007	1.085 1	1.373 3	0.790 1	Decreasing
2008	1.106 2	1.388 9	0.796 5	Decreasing
2009	1.064 8	1.431 4	0.743 9	Decreasing
2010	1.040 1	1.418 1	0.733 4	Decreasing
2011	1.004 7	1.390 2	0.722 7	Decreasing
2012	1.076 7	1.396 5	0.771	Decreasing
2013	1.062 5	1.393 3	0.762 6	Decreasing
2014	1.026 1	1.410 9	0.727 3	Decreasing
2015	1.046 6	1.422 4	0.735 8	Decreasing
均值	1.056 8	1.394 0	0.758 5	
涨幅/%	0.07	0.53	-0.45	

附表 11 甘肃建设用地碳排放效率

年份	综合效率	纯技术效率	规模效率	规模报酬
2005	1.778 9	2.293 8	0.775 5	Increasing
2006	1.809	2.526 6	0.716	Increasing
2007	1.825 2	2.707 8	0.674 1	Increasing
2008	1.775 6	2.304 2	0.770 6	Increasing
2009	1.778 7	2.304 8	0.771 7	Increasing
2010	1.811 4	2.625 9	0.689 8	Increasing
2011	1.886 9	3.939 8	0.478 9	Increasing

年份	综合效率	纯技术效率	规模效率	规模报酬
2012	1.905 9	4.587 3	0.415 5	Increasing
2013	1.909 2	4.826 5	0.395 6	Increasing
2014	1.922	5.531 4	0.347 5	Increasing
2015	1.924 3	5.816 3	0.330 8	Increasing
均值	1.847 9	3.587 7	0.578 7	
涨幅/%	0.79	9.75	−8.17	

附表 12　青海建设用地碳排放效率

年份	综合效率	纯技术效率	规模效率	规模报酬
2005	1.305 2	1.970 7	0.662 3	Increasing
2006	1.280 3	1.516 2	0.844 4	Increasing
2007	1.296 3	1.444 1	0.897 6	Increasing
2008	1.329 1	1.572 2	0.845 4	Increasing
2009	1.329 0	1.641 4	0.809 7	Increasing
2010	1.357 7	1.609 9	0.843 3	Increasing
2011	1.331 8	1.536 8	0.866 7	Increasing
2012	1.333 6	1.706 9	0.781 3	Increasing
2013	1.325 5	1.771 4	0.748 3	Increasing
2014	1.334 9	1.897 4	0.703 5	Increasing
2015	1.316 3	1.745 3	0.754 2	Increasing
均值	1.321 8	1.673 8	0.796 1	
涨幅/%	0.13	−1.62	1.86	

附表 13　宁夏建设用地碳排放效率

年份	综合效率	纯技术效率	规模效率	规模报酬
2005	0.403 2	1.277 6	0.315 6	Increasing
2006	0.439 1	1.306 1	0.336 2	Increasing
2007	0.474 3	1.424 6	0.333	Increasing
2008	0.551 4	1.369 2	0.402 7	Increasing
2009	0.448 7	1.191 9	0.376 5	Increasing
2010	0.433	1.276 6	0.339 2	Increasing
2011	0.461	1.340 4	0.343 9	Increasing
2012	0.349 1	1.080 7	0.323 1	Increasing
2013	0.313 7	1.09	0.287 8	Increasing
2014	0.286 9	1.005 8	0.285 3	Increasing
2015	0.308 1	1.004	0.306 9	Increasing
均值	0.406 2	1.215 2	0.331 8	
涨幅/%	−2.65	−2.38	−0.28	

附表 14　新疆建设用地碳排放效率

年份	综合效率	纯技术效率	规模效率	规模报酬
2005	0.514 5	1.052 1	0.489	Decreasing
2006	0.580 4	1.049 2	0.553 2	Decreasing
2007	0.537 8	1.031 7	0.521 3	Decreasing
2008	0.482 7	1.014 3	0.475 9	Decreasing
2009	0.379 2	0.515 9	0.734 9	Decreasing
2010	0.402 4	0.545	0.738 4	Decreasing
2011	0.407 3	0.523 4	0.778 2	Decreasing

附表14(续)

年份	综合效率	纯技术效率	规模效率	规模报酬
2012	0.387 1	0.453 4	0.853 9	Decreasing
2013	0.365 9	0.433 9	0.843 4	Decreasing
2014	0.348 8	0.423 3	0.824 1	Decreasing
2015	0.341 7	0.403	0.848	Decreasing
均值	0.431 6	0.676 8	0.696 4	
涨幅/%	−4.01	−9.15	5.66	

附表 15　2005—2015 年西北五省（自治区）
建设用地利用要素投入与产出数据

年份	西北五省（自治区）	投入					期望产出	非期望产出
		劳动力/万人	水/亿立方米	资金/亿元	土地/万公顷	能源/万吨	GDP/亿元	碳排放/万吨
2005	陕西	957.00	52.22	109.98	1 817.80	158.46	730.72	1 154.05
2005	甘肃	885.82	94.98	786.05	2 541.44	240.24	549.71	1 094.36
2005	青海	147.40	21.06	10.11	4 370.60	14.67	94.04	498.08
2005	宁夏	145.08	72.27	28.10	461.08	6.33	138.00	343.17
2005	新疆	408.00	464.36	129.05	6 304.57	314.25	831.06	1 761.31
2006	陕西	956.00	56.80	119.48	1 818.00	186.40	821.54	1 109.03
2006	甘肃	886.08	94.31	923.92	2 541.73	249.05	593.70	1 071.83
2006	青海	143.80	21.79	11.41	4 371.70	15.19	97.64	505.09
2006	宁夏	140.10	71.73	29.99	410.58	7.78	148.18	339.79
2006	新疆	414.45	469.95	149.04	6 306.07	335.96	883.54	1 836.42
2007	陕西	933.00	55.51	135.01	1 817.40	187.81	1 002.85	1 057.28
2007	甘肃	886.48	96.05	1 177.46	2 541.79	245.10	686.10	1 066.03
2007	青海	138.50	20.47	14.01	4 372.00	15.22	121.25	502.09
2007	宁夏	141.50	64.75	34.01	393.63	9.27	182.95	335.81
2007	新疆	417.73	476.77	191.65	6 307.61	355.46	1 063.46	1 788.87
2008	陕西	909.00	59.51	183.29	1 816.59	201.56	1 277.86	1 121.85
2008	甘肃	901.79	96.93	1 510.75	2 541.66	257.53	808.10	1 157.07

年份	西北五省（自治区）	投入					期望产出	非期望产出
		劳动力/万人	水/亿立方米	资金/亿元	土地/万公顷	能源/万吨	GDP/亿元	碳排放/万吨
2008	青海	141.30	22.37	17.35	4 372.40	15.42	153.40	554.41
2008	宁夏	136.36	67.97	38.19	436.18	10.44	227.20	401.40
2008	新疆	421.32	486.15	234.33	6 308.05	372.07	1 176.69	1 763.08
2009	陕西	876.00	59.01	199.88	1 817.36	207.63	1 337.22	1 067.46
2009	甘肃	923.09	93.77	2 076.36	2 541.66	264.63	876.28	1 085.53
2009	青海	130.40	21.61	22.98	4 372.40	17.86	157.30	483.15
2009	宁夏	160.80	65.26	37.17	411.62	13.43	243.50	333.24
2009	新疆	427.48	489.39	291.30	6 308.48	383.96	1 297.61	1 634.71
2010	陕西	856.00	57.42	220.25	1 826.36	209.44	1 666.06	1 115.86
2010	甘肃	923.88	94.28	2 808.55	2 541.22	261.16	1 057.02	1 171.39
2010	青海	127.40	23.19	49.40	4 372.40	18.87	201.32	545.44
2010	宁夏	162.00	65.05	46.60	435.22	16.21	305.94	394.41
2010	新疆	438.13	484.64	358.11	6 308.91	408.45	1 846.18	1 672.34
2011	陕西	824.00	68.21	322.10	1 893.15	226.42	2 058.60	1 039.97
2011	甘肃	919.06	93.84	3 870.08	2 541.22	269.14	1 187.76	1 147.29
2011	青海	121.80	23.48	69.66	4 372.40	18.44	230.82	486.69
2011	宁夏	166.20	66.12	55.60	442.71	19.22	354.68	330.68
2011	新疆	463.91	488.41	187.15	6 309.34	472.69	1 955.39	1 643.40
2012	陕西	797.00	58.19	338.72	1 890.70	227.32	2 303.20	1 061.71
2012	甘肃	901.67	95.10	5 040.03	2 544.87	272.17	1 358.16	1 182.35
2012	青海	115.10	22.48	74.76	4 372.40	19.28	263.86	472.88
2012	宁夏	167.10	61.41	63.83	442.12	20.45	385.15	331.25
2012	新疆	492.36	561.75	300.82	6 309.77	492.98	2 275.67	1 711.60
2013	陕西	779.00	58.06	350.63	1 889.45	237.06	2 562.51	1 049.10
2013	甘肃	891.86	99.23	6 407.20	1 856.45	266.45	1 517.74	1 197.07
2013	青海	116.60	22.77	75.79	4 510.80	19.80	310.30	490.19
2013	宁夏	167.10	63.44	73.35	456.16	21.03	430.00	350.17
2013	新疆	506.35	557.69	361.06	6 310.20	512.23	2 538.88	1 801.49
2014	陕西	782.00	57.86	351.65	1 888.23	226.26	2 741.82	992.89

年份	西北五省（自治区）	投入					期望产出	非期望产出
		劳动力/万人	水/亿立方米	资金/亿元	土地/万公顷	能源/万吨	GDP/亿元	碳排放/万吨
2014	甘肃	881.88	97.78	7 759.63	1 855.61	260.73	1 618.80	1 187.85
2014	青海	116.20	21.01	72.32	4 510.80	20.88	327.49	478.87
2014	宁夏	161.80	61.26	79.87	336.90	20.59	445.47	336.42
2014	新疆	515.21	550.99	379.95	6 310.63	520.34	2 744.01	1 825.68
2015	陕西	789.00	57.90	351.21	1 861.31	213.27	2 813.50	960.23
2015	甘肃	876.27	96.20	8 626.60	1 855.32	255.01	1 722.09	1 196.23
2015	青海	115.09	20.90	66.46	4 510.15	23.57	319.27	481.12
2015	宁夏	159.90	62.00	79.02	380.25	19.34	483.02	344.82
2015	新疆	526.82	546.40	287.60	6 311.06	529.32	2 804.42	1 905.25

附表16 2005—2015年西北五省（自治区）建设用地利用要素投入与产出数据

年份	西北五省（自治区）	要素投入					期望产出	非期望产出
		劳动力/万人	水/亿立方米	资金/亿元	土地/万公顷	能源/万吨	GDP/亿元	碳排放/万吨
2005	陕西	1 019.00	25.80	1 840.72	79.90	4 982.41	3 497.95	4 590.63
2005	甘肃	505.54	24.92	51.47	96.66	4 127.43	1 625.92	2 867.43
2005	青海	150.40	9.42	310.84	32.00	1 592.44	1 220.58	1 109.46
2005	宁夏	154.52	5.20	381.99	20.30	1 750.49	540.54	1 504.26
2005	新疆	383.62	18.66	1 210.01	122.07	5 192.24	2 094.14	2 710.73
2006	陕西	1 030.00	26.48	2 415.24	80.50	5 167.05	4 258.80	5 245.29
2006	甘肃	515.28	24.90	55.30	96.93	4 494.00	1 943.35	2 810.60
2006	青海	160.10	10.25	384.61	32.20	1 841.00	1 427.15	1 489.20
2006	宁夏	168.00	5.23	438.73	20.50	2 151.83	646.36	1 547.52
2006	新疆	397.30	19.28	1 418.01	122.66	5 711.31	2 517.46	3 191.36
2007	陕西	1 080.00	25.22	3 395.93	80.80	5 738.94	5 164.66	5 267.71
2007	甘肃	528.28	23.48	56.33	97.19	4 864.19	2 316.43	3 268.64
2007	青海	173.90	10.45	443.69	32.50	2 025.60	1 747.62	1 652.14
2007	宁夏	167.90	5.28	527.69	20.90	2 564.44	821.22	1 430.06

年份	西北五省（自治区）	要素投入					期望产出	非期望产出
		劳动力/万人	水/亿立方米	资金/亿元	土地/万公顷	能源/万吨	GDP/亿元	碳排放/万吨
2007	新疆	412.69	20.52	1 659.19	123.43	6 220.46	2 894.44	3 425.51
2008	陕西	1 130.00	25.05	4 523.41	80.80	6 254.28	6 560.86	6 175.67
2008	甘肃	544.55	22.30	79.42	97.67	5 088.80	2 704.55	3 354.06
2008	青海	175.86	11.18	514.05	32.70	2 176.25	2 212.40	1 747.57
2008	宁夏	167.60	4.96	735.71	21.20	2 888.67	1 084.98	1 791.86
2008	新疆	426.26	21.97	2 025.64	123.98	6 697.32	3 492.14	3 980.57
2009	陕西	1 184.00	22.89	6 194.86	80.80	6 989.70	7 380.16	7 337.11
2009	甘肃	565.54	23.86	110.73	97.67	5 216.97	2 981.02	3 173.89
2009	青海	172.90	6.35	689.09	32.70	2 251.29	2 307.91	1 732.61
2009	宁夏	138.80	5.42	964.16	21.20	3 717.69	1 226.06	1 842.47
2009	新疆	438.67	25.00	2 434.15	126.00	7 141.60	3 517.31	4 562.47
2010	陕西	1 218.00	22.78	8 167.48	85.62	7 764.42	9 135.03	9 126.66
2010	甘肃	575.68	24.51	103.60	98.17	5 661.97	3 536.59	3 986.15
2010	青海	180.30	6.76	840.01	32.70	2 619.92	2 986.45	2 586.61
2010	宁夏	164.00	5.90	1 292.80	21.20	4 487.13	1 538.01	2 180.00
2010	新疆	456.52	23.95	3 065.13	128.02	7 881.75	4 358.84	4 921.46
2011	陕西	1 235.00	25.08	9 701.43	101.63	8 846.55	11 291.40	9 435.70
2011	甘肃	581.20	26.06	95.71	98.17	6 226.64	4 323.66	4 260.57
2011	青海	187.40	7.19	1 365.91	32.70	2 964.57	3 697.05	3 016.71
2011	宁夏	173.40	6.50	1 589.14	21.20	5 319.99	1 926.98	2 337.97
2011	新疆	489.43	26.38	4 444.99	130.04	9 453.81	5 471.02	5 724.36
2012	陕西	756.00	25.57	12 501.43	104.10	9 724.49	13 047.52	10 150.78
2012	甘肃	589.92	24.96	104.99	101.43	6 734.87	4 894.68	5 307.89
2012	青海	195.80	4.70	1 808.67	32.70	3 301.84	4 165.16	3 779.14
2012	宁夏	177.40	6.47	2 033.03	41.12	5 659.87	2 152.02	3 401.64
2012	新疆	518.08	24.37	5 857.98	132.06	11 338.64	6 214.89	6 934.82
2013	陕西	797.00	26.22	15 583.58	105.55	10 332.45	14 744.48	10 621.50
2013	甘肃	613.11	20.97	120.74	83.94	7 140.34	5 486.00	5 415.22
2013	青海	197.60	5.20	2 285.30	33.70	3 561.31	4 938.02	4 031.21

年份	西北五省(自治区)	要素投入					期望产出	非期望产出
		劳动力/万人	水/亿立方米	资金/亿元	土地/万公顷	能源/万吨	GDP/亿元	碳排放/万吨
2013	宁夏	184.20	6.65	2 577.79	50.89	5 818.86	2 366.76	3 541.05
2013	新疆	590.25	24.52	7 371.24	134.08	11 430.23	7 009.01	7 178.59
2014	陕西	863.00	26.76	18 357.84	100.23	10 181.32	16 125.00	11 358.85
2014	甘肃	637.98	20.99	124.50	86.44	7 545.81	5 936.06	5 631.84
2014	青海	201.10	4.92	2 788.91	33.70	3 837.13	5 396.84	3 657.36
2014	宁夏	195.40	6.73	3 093.92	60.00	5 697.07	2 535.11	3 834.07
2014	新疆	620.03	25.56	9 067.79	150.10	11 350.67	7 734.86	7 274.17
2015	陕西	950.00	27.47	19 826.65	93.77	10 111.82	16 424.23	11 226.86
2015	甘肃	659.42	19.80	127.63	88.30	7 951.28	5 836.23	5 365.41
2015	青海	206.32	5.50	3 144.17	34.38	4 007.60	5 657.00	4 045.80
2015	宁夏	202.30	6.20	3 426.42	61.37	5 352.30	2 674.01	4 127.52
2015	新疆	668.24	25.00	10 525.42	158.03	11 302.30	7 765.72	7 395.82

附表17　西北地区农用地碳排放效率影响因素数据

	陕西										
年份	碳排放效率	人均农林牧渔业产值/亿元	种植业占比/%	畜牧业占比/%	农产品贸易依存度/%	外资依存度/%	农村居民人均存款/万元	农业技术人员数量/万人	农村人口/万人	高中及以上程度人数占比/%	农林水利财政支出/亿元	农作物受灾率/%
2005	1.641 7	0.32	64.72	27.23	0.71	0.02	0.51	2.56	2 316	14.43	47.69	12.29
2006	1.647 1	0.36	63.71	26.06	0.68	0.03	0.56	2.48	2 252	14.89	53.89	18.46
2007	1.647 2	0.46	62.76	27.33	0.59	0.01	0.57	2.69	2 202	15.72	100.09	23.49
2008	1.649 7	0.59	60.71	30.15	0.49	0.01	0.70	2.53	2 153	16.40	146.29	52.13
2009	1.647 7	0.63	61.59	29.01	0.50	0.19	0.83	2.81	2 106	17.60	220.72	29.95
2010	1.663 7	0.82	66.46	26.11	0.42	0.05	0.93	3.06	2 028	15.80	267.16	31.22
2011	1.645 5	1.04	66.10	26.88	0.41	0.06	1.04	3.56	1 973	16.08	333.79	16.22
2012	1.675 9	1.23	66.27	25.99	0.41	0.06	1.15	3.65	1 876	17.60	376.45	26.56
2013	1.684 2	1.40	66.92	25.12	0.41	0.08	1.27	3.60	1 833	19.12	419.62	13.23
2014	1.685 1	1.53	68.23	23.64	0.29	0.07	1.35	3.69	1 790	20.64	445.97	43.38
2015	1.681 1	1.61	67.91	23.65	0.32	0.02	1.51	3.68	1 748	22.16	520.58	22.41

	甘肃										
年份	碳排放效率	人均农林牧渔业产值/亿元	种植业占比/%	畜牧业占比/%	农产品贸易依存度/%	外资依存度/%	农村居民人均存款/万元	农业技术人员数量/万人	农村人口/万人	高中及以上程度人数占比/%	农林水利财政支出/亿元	农作物受灾率/%
2005	0.428 9	0.31	66.01	20.80	0.16	0.02	0.35	2.22	1 781.06	13.30	39.54	31.52
2006	0.420 2	0.34	66.67	19.92	0.22	0.03	0.39	2.42	1 754.99	14.10	62.14	55.09
2007	0.380 3	0.39	66.86	19.12	0.22	0.01	0.39	2.42	1 743.22	15.31	84.74	62.42

甘肃											
年份	碳排放效率	人均农林牧渔业产值/亿元	种植业占比/%	畜牧业占比/%	农产品贸易依存度/%	外资依存度/%	农村居民人均存款/万元	农业技术人员数量/万人	农村人口/万人	高中及以上程度人数占比/%	农林水利财政支出/亿元	农作物受灾率/%
2008	0.343 4	0.47	65.53	20.82	0.27	0.01	0.48	2.50	1 730.77	15.80	107.34	35.49
2009	0.353 2	0.51	67.02	19.62	0.38	0.00	0.56	2.50	1 720.73	16.90	158.95	48.62
2010	0.332 1	0.65	71.67	17.20	0.29	0.03	0.59	2.39	1 635.32	17.60	196.27	33.11
2011	0.306 8	0.74	71.43	17.73	0.35	0.06	0.66	2.57	1 611.59	15.80	237.66	31.70
2012	0.299 9	0.86	72.47	17.06	0.38	0.00	0.74	2.55	1 578.75	16.00	302.37	24.82
2013	0.326 7	0.98	72.77	16.70	0.28	0.00	0.81	2.63	1 545.95	16.40	346.58	31.29
2014	0.321 2	1.07	72.58	16.58	0.35	0.15	0.87	2.51	1 510.94	17.45	366.17	38.93
2015	0.330 1	1.17	72.73	16.23	0.29	0.03	0.93	2.79	1 476.80	19.23	497.05	24.09

青海											
年份	碳排放效率	人均农林牧渔业产值/亿元	种植业占比/%	畜牧业占比/%	农产品贸易依存度/%	外资依存度/%	农村居民人均存款/万元	农业技术人员数量/万人	农村人口/万人	高中及以上程度人数占比/%	农林水利财政支出/亿元	农作物受灾率/%
2005	1.117 2	0.28	39.49	54.97	0.02	0.00	0.69	0.80	329.99	7.67	10.23	22.86
2006	1.093 1	0.29	38.75	55.39	0.06	0.00	0.83	0.82	332.68	8.10	20.34	62.57
2007	1.081 8	0.37	39.55	55.27	0.07	0.00	0.99	0.84	330.58	8.41	29.27	29.50
2008	1.093 2	0.47	40.54	58.12	0.07	0.00	1.22	0.88	327.81	8.50	42.44	23.81
2009	1.006 5	0.49	38.29	57.28	0.08	0.00	1.53	0.89	323.79	9.70	57.85	31.05
2010	0.942 4	0.65	38.98	50.39	0.11	0.02	1.84	0.89	311.49	10.01	69.50	20.35
2011	1.012 9	0.76	45.74	51.70	0.13	0.01	2.15	0.88	305.55	7.80	104.74	52.12
2012	1.014 4	0.88	45.91	51.95	0.15	0.01	2.60	0.87	301.25	9.40	134.31	27.95
2013	1.034 4	1.04	44.37	50.89	0.16	0.02	3.02	0.87	297.49	11.00	159.69	30.77
2014	1.016 7	1.12	45.29	51.65	0.18	2.28	2.43	0.86	293.02	12.60	190.04	30.70
2015	1.016 5	1.09	44.03	49.61	0.16	3.50	3.52	0.86	292.45	14.20	204.41	39.58

宁夏											
年份	碳排放效率	人均农林牧渔业产值/亿元	种植业占比/%	畜牧业占比/%	农产品贸易依存度/%	外资依存度/%	农村居民人均存款/万元	农业技术人员数量/万人	农村人口/万人	高中及以上程度人数占比/%	农林水利财政支出/亿元	农作物受灾率/%
2005	1.627 3	0.40	45.42	33.33	1.02	0.00	0.78	0.96	349.10	6.95	10.23	43.92
2006	1.603 0	0.43	57.20	28.33	1.42	0.00	0.87	1.09	344.13	7.33	15.34	56.61
2007	1.540 1	0.54	61.11	29.12	1.37	0.08	0.95	1.06	344.37	9.34	27.92	55.11
2008	1.489 5	0.67	60.74	32.16	1.05	0.31	1.15	0.98	341.60	9.80	45.20	56.02
2009	1.361 0	0.72	57.72	29.02	0.18	0.07	1.43	0.91	339.87	11.20	68.68	30.22
2010	1.272 5	0.93	60.28	26.85	0.39	0.08	1.70	0.92	336.99	11.70	94.23	11.85
2011	1.205 6	1.11	63.79	27.52	0.28	0.13	1.86	0.87	329.39	10.00	112.19	34.84
2012	1.169 7	1.21	63.04	27.45	0.36	0.03	2.13	0.86	320.90	11.20	139.80	20.65
2013	1.175 6	1.28	62.43	27.91	0.42	0.24	2.27	0.86	319.23	12.80	149.38	24.25
2014	1.156 7	1.45	62.56	28.46	0.45	0.25	2.37	0.86	313.92	13.60	157.05	34.63
2015	1.178 5	1.62	61.50	25.44	0.29	0.39	2.61	0.87	306.89	14.80	166.27	17.48

	新疆										
年份	碳排放效率	人均农林牧渔业产值/亿元	种植业占比/%	畜牧业占比/%	农产品贸易依存度/%	外资依存度/%	农村居民人均存款/万元	农业技术人员数量/万人	农村人口/万人	高中及以上程度人数占比/%	农林水利财政支出/亿元	农作物受灾率/%
2005	1.278 4	0.66	71.70	22.08	0.37	0.00	0.92	3.26	1 298.98	10.24	20.34	13.85
2006	1.239 2	0.69	72.28	21.40	0.46	0.18	1.04	3.40	1 272.23	9.24	53.70	17.61
2007	1.209 5	0.83	72.12	21.77	0.59	0.21	1.13	3.38	1 274.92	10.27	98.43	22.61
2008	1.154 0	0.91	66.64	27.04	0.64	0.17	1.28	3.31	1 286.16	10.03	143.16	48.40
2009	1.197 7	1.00	69.25	24.54	0.67	0.04	1.59	3.01	1 298.42	11.00	196.78	26.65
2010	1.233 0	1.48	74.58	20.35	0.61	0.05	1.90	2.84	1 248.01	11.60	220.50	27.46
2011	1.248 9	1.57	73.53	21.22	0.66	0.10	2.16	2.79	1 247.04	10.80	297.59	13.85
2012	1.142 4	1.82	73.60	21.33	0.51	0.12	2.51	3.04	1 250.80	10.90	365.39	21.97
2013	1.104 9	2.02	71.14	23.80	0.46	0.03	2.80	3.06	1 257.37	11.34	387.42	10.84
2014	1.103 8	2.21	71.25	23.73	0.45	0.01	2.84	2.98	1 239.56	12.43	477.27	33.51
2015	1.142 0	2.25	71.51	23.16	0.41	0.03	3.07	2.88	1 245.23	12.90	605.34	16.67

数据来源：根据西北五省（自治区）统计年鉴、中国农村统计年鉴等整理而得。

附表 18　西北地区建设用地碳排放效率影响因素数据

	陕西										
年份	碳排放效率	人均第二、第三产业产值/亿元	第二产业占比/%	第三产业占比/%	商品贸易依存度/%	外资依存度/%	城镇居民人均存款/万元	有效专利数量/件	城镇人口/万人	高中及以上程度人数占比/%	环保支出/亿元
2005	1.038 8	2.55	49.61	39.32	60.93	1.39	2.57	1 894	1 374	57.72	35.34
2006	1.073 7	2.94	51.70	38.08	61.71	1.77	2.81	2 473	1 447	59.56	42.12
2007	1.085 1	3.43	51.87	37.83	63.52	1.84	2.84	3 451	1 506	62.88	45.59
2008	1.106 2	4.19	52.07	36.41	58.94	1.62	3.51	4 392	1 565	65.60	58.72
2009	1.064 8	4.55	51.85	38.48	55.60	1.67	4.16	6 087	1 621	70.40	79.50
2010	1.040 1	5.35	53.80	36.44	61.77	1.55	4.66	10 034	1 707	74.00	82.88
2011	1.004 7	6.38	55.43	34.81	58.86	1.58	5.18	11 662	1 770	64.32	96.13
2012	1.076 7	6.95	55.61	34.66	50.63	1.67	5.71	14 908	1 877	70.40	94.14
2013	1.062 5	7.64	55.00	35.99	60.47	1.84	6.34	20 836	1 931	76.48	109.77
2014	1.026 1	8.12	54.14	37.01	76.81	1.91	6.77	22 820	1 985	82.56	112.51
2015	1.046 6	8.03	50.40	40.74	82.43	2.01	7.54	33 350	2 045	88.64	150.77
	甘肃										
年份	碳排放效率	人均第二、第三产业产值/亿元	第二产业占比/%	第三产业占比/%	商品贸易依存度/%	外资依存度/%	城镇居民人均存款/万元	有效专利数量/件	城镇人口/万人	高中及以上程度人数占比/%	环保支出/亿元
2005	1.778 9	2.13	43.36	40.71	11.32	0.58	1.77	547	764.04	53.20	25.34
2006	1.809 0	2.45	45.81	39.53	13.78	0.31	1.94	832	791.80	56.40	29.03
2007	1.825 2	2.88	47.31	38.35	16.61	0.46	1.93	1 025	804.97	61.24	33.60
2008	1.775 6	3.30	46.43	38.97	15.77	0.75	2.38	1 047	820.11	63.20	46.85
2009	1.778 7	3.57	45.59	40.12	9.07	0.81	2.81	1 274	834.18	67.60	53.15
2010	1.811 4	3.82	46.84	38.67	14.59	0.38	2.96	1 868	924.66	70.40	68.31
2011	1.886 9	4.54	46.07	40.36	14.17	0.43	3.29	2 383	952.60	63.20	84.99

甘肃											
年份	碳排放效率	人均第二、第三产业产值/亿元	第二产业占比/%	第三产业占比/%	商品贸易依存度/%	外资依存度/%	城镇居民人均存款/万元	有效专利数量/件	城镇人口/万人	高中及以上程度人数占比/%	环保出/亿元
2012	1.905 9	4.90	44.91	41.34	12.73	0.27	3.69	3 662	998.80	64.00	72.00
2013	1.909 2	5.29	43.37	43.29	13.12	0.67	4.03	4 737	1 036.23	65.60	69.82
2014	1.922 0	5.50	42.80	44.02	10.20	0.55	4.36	5 097	1 079.84	69.80	73.21
2015	1.924 3	5.20	36.74	49.21	9.54	0.52	4.64	6 912	1 122.75	76.92	95.35

青海											
年份	碳排放效率	人均第二、第三产业产值/亿元	第二产业占比/%	第三产业占比/%	商品贸易依存度/%	外资依存度/%	城镇居民人均存款/万元	有效专利数量/件	城镇人口/万人	高中及以上程度人数占比/%	环保出/亿元
2005	1.305 2	5.03	63.10	29.75	2.37	1.53	3.44	79	213.21	30.68	14.09
2006	1.280 3	5.72	64.10	29.50	3.20	1.35	4.17	97	215.02	32.40	16.34
2007	1.296 3	6.64	64.90	28.61	2.45	1.24	4.40	222	221.02	33.64	18.89
2008	1.329 1	7.91	66.30	27.22	2.18	0.70	6.11	228	226.49	34.00	19.55
2009	1.329 0	9.77	64.16	29.46	1.78	0.65	7.65	368	233.51	38.80	28.98
2010	1.357 7	9.88	66.75	26.93	1.85	0.51	9.21	264	251.98	40.04	36.15
2011	1.331 8	11.85	68.06	26.06	1.75	0.32	10.76	538	262.62	31.20	41.76
2012	1.333 6	14.08	68.08	25.96	1.95	0.35	12.98	527	271.92	37.60	43.99
2013	1.325 5	15.32	65.94	28.23	1.99	0.13	15.09	502	280.30	44.00	66.78
2014	1.334 9	17.62	65.47	28.89	2.23	0.06	12.15	619	290.40	50.40	56.73
2015	1.316 3	18.58	63.98	30.76	2.39	0.07	17.61	1 217	295.98	56.80	83.76

宁夏											
年份	碳排放效率	人均第二、第三产业产值/亿元	第二产业占比/%	第三产业占比/%	商品贸易依存度/%	外资依存度/%	城镇居民人均存款/万元	有效专利数量/件	城镇人口/万人	高中及以上程度人数占比/%	环保出/亿元
2005	0.403 2	2.14	45.88	42.36	17.11	1.83	3.91	214	252.07	27.80	8.21
2006	0.439 1	2.49	48.43	40.61	20.75	0.49	4.36	290	259.36	29.32	10.24
2007	0.474 3	3.06	49.51	39.84	17.21	0.85	4.76	296	268.66	37.36	12.76
2008	0.551 4	3.91	50.67	39.45	14.17	1.18	5.73	606	277.82	39.20	17.51
2009	0.448 7	4.25	48.94	41.66	7.81	1.20	7.14	910	288.21	44.80	22.59
2010	0.433 0	5.07	49.00	42.03	10.10	1.05	8.48	1 081	303.57	46.80	30.79
2011	0.461 0	6.05	50.24	41.42	8.94	1.24	9.31	613	318.56	40.00	35.23
2012	0.349 1	6.56	49.52	42.40	7.59	1.13	10.66	844	327.96	44.80	35.37
2013	0.313 7	6.96	48.87	42.95	9.82	0.60	11.37	1 211	340.28	49.60	32.93
2014	0.286 9	7.15	48.74	43.38	15.37	0.39	11.87	1 424	354.65	54.40	34.60
2015	0.308 1	7.25	47.38	44.45	10.23	0.58	13.03	1 865	368.90	59.20	45.49

新疆											
年份	碳排放效率	人均第二、第三产业产值/亿元	第二产业占比/%	第三产业占比/%	商品贸易依存度/%	外资依存度/%	城镇居民人均存款/万元	有效专利数量/件	城镇人口/万人	高中及以上程度人数占比/%	环保出/亿元
2005	0.514 5	2.80	44.73	35.69	26.55	0.14	4.59	792	746.85	40.96	10.34
2006	0.580 4	3.24	47.92	34.75	25.31	0.27	5.20	921	777.77	36.96	15.45
2007	0.537 8	3.53	46.76	35.39	33.17	0.28	5.63	1 187	820.27	41.08	22.62
2008	0.482 7	4.13	49.50	33.98	44.53	0.29	6.39	1 534	844.65	40.12	30.47

							新疆			
年份	碳排放效率	人均第二、第三产业产值/亿元	第二产业占比/%	第三产业占比/%	商品贸易依存度/%	外资依存度/%	城镇居民人均存款/万元	有效专利数量/件	城镇人口/万人	高中及以上程度人数占比/%	环保出/亿元
2009	0.379 2	4.09	45.11	37.12	27.52	0.40	7.96	1 493	860.21	44.00	36.42
2010	0.402 4	4.67	47.67	32.49	27.51	0.36	9.50	1 866	933.58	46.40	51.02
2011	0.407 3	5.69	48.80	33.97	29.20	0.32	10.80	2 562	961.67	43.20	53.67
2012	0.387 1	6.33	45.23	37.58	28.35	0.41	12.56	3 439	981.98	43.60	64.12
2013	0.365 9	6.96	42.34	40.67	27.53	0.36	13.99	4 998	1 006.93	45.36	68.99
2014	0.348 8	7.30	42.58	40.83	25.04	0.33	14.22	5 238	1 058.91	49.72	70.86
2015	0.341 7	6.97	38.57	44.71	17.74	0.38	15.36	8 761	1 114.50	51.60	71.51

数据来源：根据西北五省（自治区）统计年鉴、中国农村统计年鉴等整理而得。